周万亮

著

开国元勋的
领导艺术

中国文史出版社

图书在版编目（CIP）数据

开国元勋的领导艺术 / 周万亮著 . -- 北京 : 中国文史出版社 , 2021.5
ISBN 978-7-5205-3019-4

Ⅰ . ①开… Ⅱ . ①周… Ⅲ . ①党和国家领导人－生平事迹－中国
Ⅳ . ① K827=7

中国版本图书馆 CIP 数据核字（2021）第 104314 号

责任编辑：秦千里

出版发行：中国文史出版社
社　　址：北京市海淀区西八里庄路 69 号院　邮编：100142
电　　话：010-81136606　81136602　81136603（发行部）
传　　真：010-81136655
印　　装：廊坊市海涛印刷有限公司
经　　销：全国新华书店
开　　本：16 开
印　　张：21.5
字　　数：260 千字
版　　次：2021 年 10 月北京第 1 版
印　　次：2021 年 10 月第 1 次印刷
定　　价：68.00 元

前　言

可学可用的领导艺术

近年来，在全国各地朋友的热心帮助下，笔者利用讲授领导力课程的机会，相继走访了毛泽东故居、朱德故居、刘少奇故居、周恩来故居、任弼时故居、邓小平故居、彭德怀故居、刘伯承故居、陈毅故居、聂荣臻故居、叶剑英故居、陈赓故居……

《毛泽东传》作者、哈佛大学教授罗斯·特里尔曾说：三湾改编"支部建在连上"以后，"党便由一个抽象的概念转化成了一个每日都在的实体，党便来到了夜晚营地的篝火边，来到了每个战士的身旁。"

笔者拜访开国元勋故居，阅读开国元勋传记，研究开国元勋文选，深深沉浸在他们丰富多彩的领导艺术之中，感觉开国元勋仿佛来到了笔者身旁。

本书共分七篇：

"凝聚力量""独特贡献"，侧重于整体与个体的关系，即团结一切可以团结的力量，并做出个体最大贡献；

"心路历程""喜怒哀乐"，是理想、胸怀、情感、心理的自我探索和修炼；

"培养人才""高效执行"，侧重于领导人、达成事；

"将帅风采"，是领导培养领导、领导释放潜能的综合体现。

本书七篇标题处的坐标点"·"代表上海，大写字母"C"，象征着中国共产党从1921年到1949年、从上海到北平的革命足迹。每节标题处的数字"水滴"，象征着开国元勋领导艺术和行为习惯"滴水穿石"的力量。

开国元勋的领导艺术，可学、可用！

读者既可以从前到后依次阅读，也可以根据自己的兴趣，选择性地从某一篇的某一章节开始阅读。如果能结合自己的行为习惯或管理实践来阅读，收获会更大。也热忱欢迎广大读者将收获、感想、成功实践、批评和建议发送至笔者邮箱：bjzhouwl@163.com。

周万亮

目　录

第七篇·将帅风采

第一篇·凝聚力量

你们每天写日记不要写别的，
就只写一句"团结百分之九十"就行了。

——毛泽东

01 毛泽东真诚见绿林，坦荡会对手

毛泽东真诚见绿林，为秋收起义部队"上山"打开一扇门；
毛泽东坦荡会对手，为抗战胜利后暂时性和平推开一扇窗。

真诚见绿林

1927年10月，湘赣边界秋收起义部队到达宁冈县古城，召开前委扩大会议，认为在敌我力量悬殊的情况下，井冈山是理想的落脚场所。但这里过去有"山大王"，现有袁文才、王佐两支绿林式的农民武装。王佐在茨坪，袁文才在茅坪，互相配合，南北呼应，他们是当地人，有相当的社会基础，因"劫富济贫"而得到不少群众拥护。工农革命军要在井冈山落脚，必须得到袁文才、王佐的认可。

袁文才、王佐早年就参加绿林组织，但大革命时期都受过革命风暴的洗礼。1926年，袁文才担任宁冈县农民自卫军总指挥，并在同年加入中国共产党；王佐同袁文才是拜把兄弟，也将所部改为遂川县农民自卫军。1927年7月，他们曾组成赣西农民自卫军。中共永新县委

书记、永新县农民自卫军总指挥贺敏学，是袁文才中学同学，贺敏学与胞妹贺子珍等一批共产党员率领一部分农民自卫军携枪退守井冈山麓的茅坪，永新县委也到了山上。这是袁、王能够欢迎毛泽东率领的工农革命军上山的基础。

袁、王两人虽然参加过大革命，袁文才还是共产党员，但他们对工农革命军没有多少了解，甚至担心"火并山寨"，夺取他们原有地盘。工农革命军中有人提议解除他们的武装。毛泽东同志说，谈何容易，你们太狭隘了，度量太小啦。我们不能采取大鱼吃小鱼的吞并政策，不能只看到几十个人、几十杆枪的问题，是个政策问题，对他们只能用文，不能用武，要积极地争取改造他们，使他们变成跟我们一道走的真正革命武装。

毛泽东决定先从已加入中国共产党的袁文才入手，再通过他去做王佐的工作。经了解，袁文才最看重枪，人可以少一个，枪不能少一支。袁部有一百五六十人，只有60支枪。于是，毛泽东向前委提议，准备送他们100支枪，将袁文才的全部人员都武装起来。不缴枪，反而送枪，这个提议引起前委不少成员的怀疑或反对。经过毛泽东反复说明，才以多数通过。

1927年10月，毛泽东到宁冈大仓村去会见袁文才，考虑到绿林重义气、多猜疑，毛泽东只带了几个随员。袁文才原来还有些害怕，预先在林家祠堂埋伏下20多人，20多条枪。见到毛泽东只来几个人，他就比较放心了，埋伏的人始终没有出来。毛泽东充分肯定他们"劫富济贫"的革命性，同时说到工农革命军目前的困难。毛泽东当场宣布送给他们100支枪，袁文才很感动，随即回赠工农革命军600块银圆，同意革命军在茅坪建立后方医院和留守处，并答应上山做王佐的工作。真诚的"见面礼"为部队"上山"打开了一扇门。在毛泽东的直接指导关心下，经过何长工、徐彦刚、游雪程、陈伯钧等干部的辛勤努力，改造袁、王部队工作取得重大进展。1928 年初，王佐加入了中国共产党。2 月中旬，袁、王部队正式改编为工农革命军第一师第二团，袁文才任团长，王佐任副团长，何长工任团党代表。工农革命军和袁、王部队正式合为一体，在井冈山站稳了脚跟。

组织合并和文化再造，历来是企业经营中的难题。据统计，企业并购的成功率，国际上一般只有 30%，70% 效果不明显或者失败。袁、王部队的改造在如此短的时间内获得如此大的成效，令人惊叹！毛泽东的真诚、慷慨和"用文而不用武"的策略起了关键作用。

坦荡会对手

1945 年 8 月 14 日、20 日、23 日，蒋介石连续三次致电毛泽东，邀请毛泽东速到重庆"共定大计"。蒋介石的如意算盘是：如果毛泽东拒绝到重庆来，就给共产党安上拒绝谈判、蓄意内战的罪名，把战争的责任推到共产党身上，使自己在政治上处于有利地位；如果毛泽东来了，就给共产党几个内阁职位，迫使共产党交出解放区，交出军队，这样，他最后仍可以消灭已变成赤手空拳的共产党。此外，可以用谈判来取得准备全面内战，特别是调兵遣将所必需的时间。

在接到蒋介石的第一、第二次电报后，8 月 23 日，毛泽东主持召开中共中央政治局扩大会议。毛泽东着重提出一个问题："和平能否取得，内战能否避免？"他说：我们现在的新口号是"和平、民主、团结"。和平是能够取得的，但蒋介石想消灭共产党的方针没有改变也不会改变，所以斗争是长期的，迂回曲折的。……我们还要钻进去给蒋介石洗脸，而不是砍头。以后仍是蒋反我亦反，蒋停我亦停，以斗争达团结，有理有利有节。毛泽东建议周恩来同志马上就去谈判，谈两天就回来，他自己和赫尔利就去。这回不能拖，应该去，而且估计也不会有什么危险。①

毛泽东的"钻进去给蒋介石洗脸"，让人想起1936年12月周恩来在西安与蒋介石的对话。蒋介石停止内战的承诺言犹在耳，内战阴霾再次笼罩中华大地。也让人想起西安事变张学良将军送蒋介石去南京一去无返的悲怆经历。

毛泽东表示：蒋介石这个人我们是了解的。你们在前方打得好，我就安全一些，打得不好，我就危险一些。你们打了胜仗，我谈判就容易些，否则就困难一些。他风趣地说，目前的情况是有三种果子，我们可能得一批小的，失一批大的，另外，还要力争一批不大不小的。②

"我是否出去？我们今天还是决定出去而不是不出去。但出去的时机由政治局书记处决定。我出去，决定少奇同志代理我的职务，书记处另推陈云、彭真同志为候补书记，以便我和恩来出去后，书记处还有五人开会。"③

就在举行政治局扩大会议的同一天，蒋介石的第三封邀请电到了。在26日中央政治会议上，毛泽东根据形势的发展，对他去重庆谈判的问题，明确地表示："可以去，必须去"，"这样可以取得全部主动权"。④

1945年8月28日下午3时37分，在国民政府军事委员会政治部部长张治中、美国驻华大使赫尔利陪同下，毛泽东和周恩来、王若飞从延安飞抵重庆。这是一个万众瞩目的时刻，方纪的《挥手之间》留下了经典瞬间：

机场上人群静静地立着，千百双眼睛跟随着主席高大的身形在人群里移动，望着主席一步一步走近了飞机，一步一步踏上了飞机的梯子。这一会儿时间好长啊！人们屏住了呼吸，一动不动地望着主席的一举手，一投足，直到他在飞机舱口停住，回转身来，又向着送行的人群。

人群又一次像疾风卷过水面，向着飞机涌了过去。主席站在飞机舱口，取下头上的帽子，注视着送行的人们，像是安慰，像是鼓励。人们不知道怎样表达自己的心情，只是拼命地一齐挥手，像是机场上蓦地刮来一阵狂风，千百条手臂挥舞着，从下面，从远处，伸向主席。主席也举起手来，举起他那顶深灰色的盔式帽；但是举得很慢很慢，像是在举起一件十分沉重的东西。一点一点的，一点一点的，举起来，举起来；等到举过了头顶，忽然用力一挥，便停止在空中，一动不动了。

主席的这个动作，给全体在场的人，以极其深刻的印象。它像是表达了一种思维的过程，作出了断然的决定；像是集中了所有在场的人，以及不在场的所有革命的干部、战士和群众的心情，而用这个动作表达出来。这是一个特定的、历史性的动作，概括了当那个伟大的历史转折时期到来的时候，领袖，同志，战友，以及广大革命群众之间，无间的亲密，无比的决心，无上的英勇。

蒋介石本以为毛泽东不敢来，但是，毛泽东来了，为了中华民族的和平、民主、团结，毛泽东坦坦荡荡地来了，山城轰动了。没有任何谈判方案的国民党蒋介石不得不假戏真做、仓促应对了。

9月2日，毛泽东对这次谈判提出了"召开有各党派和无党派人士代表参加的政治会议"等八点原则性意见。据副官蒋泽民回忆，"无论谈判多么紧张，斗争多么尖锐，争执多么激烈，毛泽东的表情是平静的，举止是从容的，讲话时的语调也都是温和的"，"在屋外等候的我们，有时也隐隐约约听见里面的争吵声。我观察，毛泽东讲话并不多，但是很有分量，只要他的声音出现后，屋内就立刻安静下来。"⑤

针对赫尔利最后通牒式的施压，毛泽东从容不迫地回答：问题复杂，还要讨论，军队国家化，国家要统一，我们是完全赞成的，但前提是国家民主化。针对蒋介石所说的"天上不能同时有两个太阳"，毛泽东平静地回答："那就由人民来选择。"

谈判在艰苦曲折的道路上缓慢前进，斗争十分激烈。10月8日，双方代表最后就《会谈纪要》达成协议。10月10日下午，周恩来、王若飞和王世杰、张群、张治中、邵力子正式签署《国民政府与中共代表会谈纪要》（通常称作《双十协定》）。

对国民党内的各派人物，毛泽东也广泛接触。副官颜太龙等觉得不必要见戴季陶和中统特务陈立夫，毛泽东说：你不懂的，我们去见见好啊，如果他见我，我们去谈谈；不见我，我们礼行到了。他们确是一贯反共的。但是我们来重庆干什么呢？不就是为了跟反共头子蒋介石谈判吗？国民党现在是右派当权，要解决问题，光找左派不行，他们是赞成与我们合作的，但他们不掌权。解决问题还要找右派，不能放弃和右派的接触。国民党是一个政治联合体，要作具体分析，也有左中右之分，不能看作铁板一块。在由王炳南陪同去看戴季陶出来时，正好在小路上同蒋介石相遇。蒋问毛泽东去哪里，毛泽东说去见了戴季陶。蒋先是一怔，然后说："好，见见好，见见好。"⑥

毛泽东真诚、坦荡地与重庆各界人士广泛接触，交流政治见解，介绍中国共产党政治主张，了解大后方以及国外人士的想法，进行调查研究，感受到"我们在全国、全世界有很多朋友，我们不是孤立的"。"谈判的结果，国民党承认了和平团结的方针。这样很好，国民党再发动内战，他们就在全国和全世界面前输了理，我们就更有理由采取自卫战争，粉碎他们的进攻。"⑦

毛泽东真诚见绿林，为工农革命开辟稳固根据地！

毛泽东坦荡会对手，为解放战争赢得道义制高点！

参考文献：

①③④⑤⑥ 逄先知、金冲及主编：《毛泽东传》（二），中央文献出版社 2013 年版，第 737—738、738、739、745、747 页。

②《萧劲光回忆录》，解放军出版社 1987 年 5 月版，第 325 页。

⑦《毛泽东选集》第四卷，人民出版社 1991 年版，第 1159 页。

02 毛泽东、朱德、周恩来的完美组合

世间一切，似乎都是遇见。就像冷遇见暖，有了雨；春遇见冬，有了岁月；天遇见地，有了永恒；人遇见人，有了生机；毛泽东、朱德、周恩来遇见，中国革命有了希望。他们三人的完美团队，不仅是他们个人的幸运，更是中国共产党、中国人民、中国革命的幸运。

团队，是一些技能互补的人，以共享的价值观和行为方式，通过协作和共担责任，实现共同目的和目标的组织。刘邦当年对"技能互补"有过这样的描述："夫运筹帷幄之中，决胜千里之外，吾不如子房。镇国家，抚百姓，给馈饷而不绝粮道，吾不如萧何。连百万之军，战必胜，攻必取，吾不如韩信。此三人者，皆人杰也，吾能用之，此吾所以取天下也。"两人或两人以上即可构成一个团队，毛泽东、朱德、周恩来组合是世界历史上最伟大的团队。

朱德、毛泽东、周恩来分别诞生于 1886 年、1893 年、1898 年。朱德长周恩来 12 岁，毛泽东居中。1927 年以前，毛泽东的经历主要在于思想研究、工农宣传与发动、党的组织和发展；周恩来的经历主要在于宣传、政治与军事组织；三人中军事训练最系统最丰富的无疑是朱德。这也奠定了未来三人组合分工的基调。

1922 年，朱德在上海闸北的一所房子里会见了中国共产党中央执行委员会委员长陈独秀，向他提出入党要求。陈独秀打量着来客，冷冷地说，要参加共产党的话，必须以工人的事业为自己的事业，并且准备为它献出生命。对于像朱德这样的人来说，就需要长时间的学习和真诚的申请。朱德默然不发一言，失望地听着。他敲了未来的大门，而它拒绝为他打开，那一段日子让朱德感到难过、绝望和混乱。

迷茫的朱德在 9 月搭上法国轮船，前往欧洲去探寻拯救国家的道路。10 月 22 日，朱德和好友朱炳文来到柏林，找到中共旅欧支部负责人周恩来。史沫特莱是这样描述这次会见的：

> 周恩来的房门打开的时候，他们看到的是一个身材瘦长、比普通人略高一点的人，两眼闪着光辉，面貌很引人注意，称得上清秀。可是，那是个男子汉的面庞，严肃而聪颖，朱德看他大概是二十五六岁的年龄。周恩来举止优雅，待人体贴，在招呼他们坐下，询问有何见教的时候，甚至还有些腼腆。朱德顾不得拉过来的椅子，端端正正地站在这个比他年轻十岁的青年面前，用平稳的声调，说明自己的身份和经历：他怎样逃出云南，怎样会见孙中山，怎样在上海被陈独秀拒绝，怎样为了寻求自己的新的生活方式和中国的新的革命道路而来到欧洲。他要求加入中国共产党在柏林的党组织，他一定会努力学习和工作，只要不再回到旧的生活里去——它已经在他的脚底下化为尘埃了，派他做什么工作都行。他娓娓而谈，周恩来就站在他面前，习惯地侧着头，一直听到朱德把话说完，才提出问题。[①]

经中共旅欧组织负责人张申府、周恩来介绍，朱德加入了中国共产党，朱德从此视党为生命。在柏林会见的五年之后，周恩来、朱德相会在英雄城市南昌，周恩来作为中共前敌委员会书记，领导了南昌起义，朱德作为"一个很好的参谋和向导"也参与其中。起义前夕，周恩来曾住在朱德家里，朱德将自己亲手绘制的南昌地形图交给周恩来，并说明南昌及周边的敌人部署情况。朱德的任务是设法拖住留驻南昌的第三军两个团的团长，保证暴动顺利进行。朱德得知起义消息被泄密后第一时间赶到总指挥部告诉贺龙，前敌委员会决定提前两小时起义，这两小时对起义成功的意义不言而喻。

起义部队南下过程中，在三河坝决定，周恩来、贺龙、叶挺、刘伯承、聂荣臻带领 2 万主力南下作战，建立新的根据地，朱德带领原属叶挺的二十五师负责留在三河坝殿后，损失六七百人，还剩 2000 多人。

据聂荣臻回忆："当时，周恩来正在发高烧，处于昏迷状态……连稀饭都吃不下，有时神志不清，还喊冲啊！冲啊！我劝他好好休息。"当地党组织负责人杨石魂找来一副担架，又找来一条小船，送大家出海，船实在太小，真是一叶扁舟。"我们四个人——恩来、叶挺、我和杨石魂，再加上船工，把小船挤得满满的。我们把恩来安排在舱里躺下，舱里再也挤不下第二个人。我们三人和那位船工只好挤在舱面上。船太小，舱面没多少地方，风浪又大，小船摇晃得厉害，站不稳，甚至也坐不稳。我们就用绳子把身体拴到桅杆上，以免被晃到海里去。这段行程相当艰难，在茫茫大海中颠簸搏斗了两天一夜，好不容易才到了香港"。②

前方，一叶扁舟载着周恩来、叶挺在海上颠簸；后方，与前委失去联系的士兵茫然无措，只有跟着朱德寻一条出路。从 2000 多人走到江西安远天心圩只余下了 800 多人。此时，师级以上干部只剩朱德一人，团级军事干部只剩王尔琢，政工干部只剩陈毅，队伍成一哄而散之势。

在这千钧一发的关键时刻，朱德伸出他的手，发表了一篇激动人心的讲话：我们还要革命的，中国也会有个"1917 年"的，只要保存实力，革命就有办法。你们应该相信这一点。部队稳住了，继续向赣南进发。就在这支 800 人的队伍中，包括后来被授为十大元帅之首的朱德、十大元帅之三的林彪、十大元帅之六的陈毅、十大大将之首的粟裕。

周恩来领导了南昌起义，打响了武装反抗国民党反动统治的第一枪，而朱德保留了南昌起义的火种，并将这批火种带到了井冈山。

毛泽东领导的秋收起义，第一次旗帜鲜明地举起"中国工农革命"的大旗，但起义队伍多由工人纠察队、农民自卫军等组成，战斗力较弱。而南昌起义队伍是清一色北伐铁军的队伍，再加上湘南农军，朱德部有 10000 余人，而当时的井冈山，只有毛泽东部 1000 余人，王佐、袁文才部 600 余人，因此，会师后战斗力增加了五倍以上。谭震林同志对此有段非常珍贵的回忆，"假如朱老总不把南昌起义队伍拉上井冈山，光凭我们秋收暴动的力量很难坚持下去"，"朱德、毛泽东井冈山会师，部队大了，我们有力量打下永新。当然，在这之前打下茶陵、遂川，也占领了宁冈县城。那时不敢走远，因为国民党上来两个团我们就打不赢。可是朱毛会师后力量就大了，所以一打永新，二打永新，尤其是七溪岭打了一仗，这样就把江西来的三个师打败了。"

老红军吕黎平回忆说：从井冈山的军事斗争来讲，打仗主要是朱德，毛泽东主要负责党的建设、政权建设、思想政治工作，争取王佐、袁文才部队。正如斯诺在《西行漫记》中讲的，朱德是个军人，毛泽东是个文人，文武结合得很好。斯诺形容毛泽东是头脑，朱德是他热烈的心，两人不可分。③

朱德、毛泽东共同提出了游击战争的十六字诀："敌进我退，敌驻我扰，敌疲我打，敌退我追。"这是我军克敌制胜的法宝。

南昌起义、秋收起义、广州起义，是中国共产党独立领导武装起义的开始，但中国共产党要想真正地"独立"，必须有经济基础、群众基础和根据地。当南昌起义主力部队"下海"，前往广东东江，争取国际援助的时候，毛泽东则带领秋收起义部队"上山"，并率先提出"工农武装割据，农村包围城市"，在政治上创造了中国共产党人独特的理论，在军事上建立了中国共产党人自己的武装，在经济上也逐步摆脱了对共产国际的依赖。红军的三大工作"打仗、筹款、发动群众"，"打土豪分田地"，不但成为红色政权政治动员的基础，而且成为中国共产党经济独立的基础。只有独立的经济来源，才有独立的政治和军事基础，才能独立地选择自己的领袖，独立地制定自己的路线。

毛泽东当年把队伍拉到井冈山，探索中国革命胜利道路，并没有赢得当时党内最高领导者和共产国际的认可。"山沟沟里出不了马列主义"等讽刺、批评、警告，并没有动摇毛泽东探索中国革命独特道路的决心和意志。"鞋子合不合脚，只有自己知道！"毛泽东坚定地认为，中国革命的中心问题是农民问题，中国革命要解决农民问题、解决土地问题，中国革命斗争的胜利需要中国的同志自己来解决，这是毛泽东深刻的历史自觉，是多年来他关注和研究中国农民、中国社会和世界革命而对社会运行规律的深刻领悟，以及对中国历史发展愿景的主动营造。国画大师齐白石先生总结自己的艺术道路时，曾说过"学我者生，似我者死"。20世纪二三十年代的"城市中心论""中心城市暴动说"一次次失败，也宣告了机械地照搬外国经验"似我者死"的结局。毛泽东独立探索、"学而不似"，这种历史自觉不但极大地改变了他本人的命运，也极大地改变了国家和民族的命运。

毛泽东创建了井冈山根据地，使中国革命有了依托。井冈山会师后，根据湘南特委的决定，"朱、毛两部合编为第四军，由朱德任军长，毛泽东任党代表，王尔琢任参谋长，陈毅任政治部主任。"革命力量增强了，粉碎了国民党反动派的数次"围剿"。同时，在军事斗争中也出现了一些分歧，即指挥军队是需要"分权"还是"集权"。1929年6月，中共红四军第七次代表大会在龙岩召开，会议所作的决议对许多具体问题的决议是正确的或比较正确的，但错误地否定了毛泽东提出的党对红军领导必须实行集权制（当时对民主集中制的称谓）和必须反对不要根据地的流寇思想的正确意见。大会改选了红四军党的前敌委员会，陈毅被选为前委书记。④

在上海听到陈毅的如实汇报后，中共中央政治局通过了由周恩来召集、负责起草的指示信，即"九月来信"：在总结红四军经验基础上，着重指出"先有农村红军，后有城市政权，这是中国革命的特征，这是中国经济基础的产物"。规定了红军的基本任务，强调"党的一切权力集中于前委指导机关，这是正确的，绝对不能动摇。不能机械地引用'家长制'这个名词来削弱指导机关的权力，来作极端民主化的掩护"；同时，"前委对日常行政事务不要去管理，应交由行政机关去办"。这些指示，肯定了毛泽东提出的"工农武装割据"和红军建设的基本原则。指示信要求红四军维护朱德、毛泽东的领导，毛泽东"应仍为前委书记"。中央的"九月来信"，为红四军党内统一认识、纠正各种错误思想提供了根据。⑤

在红四军内部分歧时刻，周恩来坚守革命原则，维护了毛泽东在党内的地位，肯定了他的方向，为中国革命的胜利做出了重大贡献。

在遵义会议上，周恩来、朱德坚定地表示了对毛泽东的支持。周恩来的报告指出失利的主要原因是军事领导的战略战术的错误，并主动承担责任，作了自我批评。为李德担任翻译的伍修权回忆说：

> 朱德同志历来谦逊稳重，这次发言时却声色俱厉地追究临时中央的错误，谴责他们排斥了毛泽东同志，依靠外国人李德弄得丢掉根据地，牺牲了多少人命！他说："如果继续这样的领导，我们就不能再跟着走下去！"⑥

当红军准备一渡赤水时，毛泽东对红一师师长李聚奎谈了遵义会议情况，强调说："恩来同志起了重要作用。"⑦

1935年9月中旬，张国焘在阿坝召开会议，公开污蔑中央"不顾中国革命的利益""分裂逃跑""破坏红军团结"。面对张国焘一伙的喧嚣，朱德十分平静。张国焘逼着朱德表态反对北上，朱德从容地说：党中央北上抗日的方针是正确的。现在日本帝国主义侵占了我国的东三省，我们红军在这民族危亡的关头，应当担起抗日救国的责任。北上决议，我在政治局会议上是举过手的，我不能出尔反尔。我是共产党员，我的义务是执行党的决定，南下是没有出路的！张国焘和其追随者不断给朱德施加压力，甚至谩骂朱德"老糊涂""老右倾""老顽固"。"朱总很沉着，任你怎么斗，怎么骂，他总是一言不发，像不沉的'航空母舰'。等对方斗完骂完，他才不慌不忙地同他们讲道理。"⑧

当时随毛泽东北上的中央红军有7000人，而南下的红四方面军有8万人，为了保存红军主力，朱德没有与张国焘公开决裂，而是在不失原则的前提下，运用策略尽力周旋，再一次成为维护大局的"定海神针"。徐向前说，在中国工农红军、中国革命面临巨大危机的时候，"唯一能与张国焘平起平坐的朱老总"采取有理有节、团结和斗争并举的方法，使张国焘不敢走得太远，最终实现了三大主力红军的会师。毛泽东用了16个字来表达对朱老总的敬佩：

临大节而不辱，度量大如海，意志坚如钢！

抗日战争和解放战争时期，毛泽东、朱德、周恩来在战略制定、前线作战、统一战线方面既分工，又合作。1946年4月28日，将要离开重庆的周恩来面对两三百文化界人士，深沉地说，重庆真是一个谈判的城市！差不多10年了，我一直为团结谈商而奔走渝延之间。谈判耗去了我现有生命的五分之一，我已经谈老了！多少为民主事业努力的朋友却在这样长期的谈判中走向监狱，走向放逐，走向死亡……民主事业的进程是多么艰难啊！我虽然将近五十之年了，但不敢自馁，我们一定要走完这最后而又最艰苦的一段路！⑨这是周恩来长期从事谈判和统一战线工作的真情流露。

1950年2月27日，毛泽东在哈尔滨说："在陕北我和周恩来、任弼时同志在两个窑洞里指挥了全国的解放战争。"周恩来接着说："毛主席在世界上最小的司令部里，指挥了世界上最大的人民解放战争。"据当时军委作战室一位同志回忆说：当时一般来说，几乎每天所有的军事电报，都是先送到军委副主席、代理总参谋长周恩来那里，周恩来看了以后，考虑好自己的意见，通常在地图上也标明了，然后去找毛泽东，一起对重大问题共同商量。做出决定后的重要电文由毛泽东亲自动手起草，其他一些具体问题由周恩来处理。周恩来既是执行者，也是决策者。⑩

而在战争前线，总能看到朱老总忙碌而坚定的身影。尤其是在从游击战、运动战转向正规战、阵地战，在攻打国民党第一座坚固设防的省会城市石家庄（石门）战役中，朱老总提出"勇敢加技术"的战略口号和切实可行的攻坚方法，石家庄战役成为夺取大城市之创例！

毛泽东、朱德、周恩来把他们的一生彻底奉献给了中国革命和中国人民。毛泽东以对党的路线方针的制定，周恩来以无可代替的组织协调，朱德以最困难时期革命的坚定性和执行力，组成臻于完美的中国共产党领导团队。周恩来曾这样总结毛泽东同志的工作作风："中华民族的谦逊实际；中国农民的朴素勤勉；知识分子的好学深思；革命军人的机动沉着；布尔什维克的坚韧顽强。"⑪这实际上也是中国共产党领导团队的整体特点。

参考文献：
①［美］艾格妮丝·史沫特莱：《伟大的道路》，东方出版社2005

年版，第 181—182 页。

② 《聂荣臻回忆录》，解放军出版社 2007 年版，第 57—59 页。

③ 《学习强国》，文献纪录片《朱德》第二集，中央广播电视总台摄。

④⑤ 逄先知、金冲及主编：《毛泽东传》（一），中央文献出版社 2013 年版，第 204、208 页。

⑥⑧ 金冲及主编《朱德传》（上），中央文献出版社 2016 年版，第 399、426—427 页。

⑦ 李聚奎：《遵义会议前后》，《星火燎原》丛书之二，解放军出版社 1986 年版，第 53 页。

⑨ 《周恩来自述》，国际文化出版公司 2009 年版，第 210—211 页。

⑩ 金冲及：《向开国领袖学习工作方法》，三联书店 2016 年版，第 40 页。

⑪ 《周恩来选集》上卷，人民出版社 1980 年版，第 132 页。

03 毛泽东、朱德、周恩来的借钱借力

革命事业的成功，离不开"借"——借钱借力借地借道！借助一切可以借助的资源，团结一切可以团结的力量，汲取一切可以汲取的智慧。

毛泽东一辈子不关心钱，口袋里一般不装钱，平时也不亲手花钱。但是，两次"借"钱却发挥了大作用。

1918年6月，毛泽东从湖南省立第一师范学校毕业后，接到原湖南一师教员、后为北京大学伦理学教授的恩师杨昌济的来信，信中谈到赴法国勤工俭学、学习世界文明、改良中国社会。毛泽东大受启发，认为这确实是一条曲线救国的良策。他与何叔衡、蔡和森等讨论后一致认为：赴法留学意义重大，必须尽快做好筹备工作。在毛泽东、蔡和森等人的努力下，湖南许多有志青年积极响应，赴欧洲勤工俭学运动很快达到高潮。但是，资金成为拦路虎，杨昌济得知后，在病重之时将两位学生引荐给当时颇有影响的章士钊，向其写信推荐："吾郑重语君：毛、蔡海内人才，前程远大，君不言救国则已，救国必须先重二子。二子当代英才，望善视之！"

章士钊发动社会各界名流捐款，不久便在商界募集了两万元大

洋，第二批赴法留学的湖南学生得以成行，毛泽东在黄浦江畔为他们挥手送行，勉励他们"努力学习，拯救国家"。因为觉得国内还有很多事情需要了解，毛泽东没有随行。

对章士钊慷慨资助的义举，毛主席一直铭记于心，并带无限感激之情。1964年，毛主席学完英语后，在寒风中散步，对英语老师、章士钊女儿章含之说，"你回去告诉行老，我从现在开始还他这笔欠债，一年还2000元，10年还完2万。"几天之后，章士钊果然收到了毛主席派秘书送来的第一笔钱2000元。章士钊要女儿转告毛主席说，不能收此厚赠，并说当年这些钱都是募捐来的。当章含之把父亲的话带给毛主席时，毛主席笑了："你也不懂，我这是用我的稿费给行老一点生活补助啊。他给我们共产党的帮助哪里是我能用人民币偿还的呢？你们那位老人家我知道一生无钱，又爱管闲事，散钱去帮助许多人。他写给我的信多半是替别人解决问题。有的事政府解决不了，他自己掏腰包帮助了。我要是明说给他补助，他这位老先生的脾气我知道，是不会收的。所以我说还债。你就告诉他，我毛泽东说的，欠的账是无论如何要还的。这个钱是从我的稿酬中付的。"从此，每年春节初二，毛的秘书总会送2000元到章家中，一直到1973年章士钊去世。

秋收起义工兵革命军借助袁文才、王佐的帮助，在井冈山站稳脚跟，毛泽东开始思考革命长久发展问题，他从王佐的谈话中知道了朱聋子的故事。毛泽东对工农革命军分析形势时说："从前井冈山有个'山大王'朱聋子，同官方的兵打了几十年交道，总结出一条经验，叫作'不要会打仗，只要会打圈儿'。打圈是个好经验，不过他打圈只为保存自己，不是为了消灭敌人，扩大根据地。我们改他一句：既要会打圈，又要会打仗。打圈是为了避实就虚，强敌来了，先领他转几个圈子，等他晕头转向暴露出弱点以后，就抓准狠打，打得干净利落，打得要有收获，既消灭敌人，又激获武器。"毛泽东把这些通俗地概括成："赚钱就来，蚀本不干，这就是我们的战术。"

学习包括三种途径，向书本学，向他人学，从自己的实践中学。如果说朱德在早年滇军的山地战斗中学会了游击战，毛泽东则从朱聋子的一句话中汲取了灵感，这些经历共同汇成了毛泽东、朱德的游击战"十六字诀"："敌进我退，敌驻我扰，敌疲我打，敌退我追。"

1927年11月上旬，朱德率南昌起义余部克服了种种难以想象的困难，来到湘、粤、赣三省交界的山区江西崇义县西南的上堡，这时部队从2000人只剩下800人左右了，之后，这支部队竟然在国民党军的眼皮底下消失了。他们去了哪里？此时，天寒地冻，大家穿的还是起义时的单衣短裤，粮食、薪饷、枪支弹药和被服都无法得到补充。朱德在报上意外地看到范石生任军长的国民党第十六军已从广东韶关移防到同崇义接邻的湖南郴州一带，大喜，便写了一封信给范石生，希望开展合作。

范石生与朱德同时考入云南陆军讲武堂，都曾是同盟会会员，还一起参加过辛亥革命，感情笃深。朱德给范石生的信发出约半个月后，范复信："兄怀救国救民大志，远渡重洋，寻求兴邦救国之道。而南昌一举，世人瞩目，弟感佩良深……"并派人与朱德联系，争取双方合作。11月中旬，朱德从上堡出发向汝城开拔。最后，双方达成协议：一、同意朱德提出的部队编制、组织不变，要走随时可走的原则；二、起义军改用第十六军四十六师一四〇团的番号，朱德化名王楷，任四十六师副师长兼一四〇团团长（不久，范又委任朱为第十六军总参议）；三、按一个团的编制，先发一个月的薪饷，并立即发放弹药和被服。在受编的时候，朱德向范石生表示（大意）：我们是共产党的军队，我们党有命令要我们怎样时，我们还是怎样……对这些协议，范石生是认真执行了的。朱德说："他接济我们10万发子弹，我们的力量又增强了，他还一个月接济万把块钱、医生、西药、被单……在红军的发展上来讲，范石生是值得我们赞扬的。"①

朱德在党的活动分子会上讲到同范石生合作的意义时说过："范石生之所以与我们达成协议，实现联合，是想扩充队伍，壮大实力，同蒋介石以及其他军阀对抗。我们这样做，是为了与范部建立统一战线，以他为掩护，隐蔽目标，积蓄与发展力量，绝不是放弃原则，顺从他人，也绝不能束缚住自己的手脚，我们应该独立自主地进行活动。"大家一致拥护这一决定。

1928年初，蒋介石发觉南昌起义军余部隐蔽在范石生部队里，立即下令要范石生解除起义军的武装，逮捕朱德。范石生接到蒋介石的密电后，不忘旧谊，信守协议，立刻写信告诉朱德，劝他立刻离去，还送来一万块钱。他在给朱德的信上说："'孰能一之？不嗜杀人者能一之'……最后胜利是你们的，现在我是爱莫能助。"朱德当机立断地决定，在收集广州起义的一部分失散人员后，折向湘南，去实现他酝酿已久的湘南起义。

1934年秋，中央红军主力已经完全丧失在根据地内粉碎敌人第五次"围剿"的可能性，准备进行战略转移。但是从哪个方向突围？中央红军把目光放在了粤北。当时主政广东的是军阀陈济棠。第五次"围剿"红军时期，陈济棠任南路军总司令。他经过长期的苦心经营，把广东变成了他的天下，被人称为"南天王"。这位粤系军阀中最有实力的"南天王"，却绝非蒋介石可以轻易驯服的走卒。在1931年的"宁粤分裂"事件中，蒋介石被弹劾下野，陈济棠"功不可没"。后来他索性与蒋"均权分治"，使广东处于半独立状态。蒋介石恨之入骨，总想找机会收拾他。第五次"围剿"一开始，蒋介石就在兵力部署上北重南轻，想把红军逼进广东境内，借刀杀人，以收"一石二鸟"的功效。

陈济棠对蒋介石利用战争消灭异己的做法早有领教，对薛岳在红军北面追追停停的目的自然也是洞若观火。因此，他在接连接到蒋介石防堵红军的电令后，忧心忡忡地对部下们说："咱们与红军的这场战是输不得也赢不得。若输了，共军进广东，老蒋说，我来替你剿，广东就是老蒋的了。若赢了，共军覆灭，广东已疲惫不堪，老蒋说，我来替你善后，广东还是老蒋的。"

陈济棠当然不甘心丧失自己经营十载之久的半壁江山，经过左思右想，他终于找到了一条妙计："送客"。他召集心腹将领开会，安排他们依计而行："咱一面慢吞吞地在红军的必经之地修造工事，以免被蒋介石抓住把柄；一面又不完成碉堡封锁线，开放一条让红军西进的道路，不拦头，不斩腰，只击尾，专门从红军后卫部队身上做文章，以'送客早走'。"他希望此举也能收到"一举两得"之效：既防红军入粤也防蒋介石把自己的手伸进广东，以达到最终保住广东地盘的目的。

陈济棠通过广东生意人——红军九军团军团长罗炳辉的内弟与红军建立起联系。1934 年 9 月，罗炳辉内弟很快就找到了红军保卫局局长李克农，在李克农的亲自陪同下，他与周恩来、朱德进行了极其秘密的会晤，并将陈济棠的密函当面交给了周恩来。经过周恩来、朱德劝说，博古同意与对方进行秘密谈判，并让周恩来和朱德全权处理此事。潘汉年、何长工遵照指示，与对方达成了"五项协议"：就地停战，取消敌对局面；互通情报；解除封锁；互相通商，必要时红军可在陈的防区设后方，建立医院；必要时可以互相借道，红军有行动事先告诉陈部，陈部撤离 40 里。

1934 年 10 月 10 日晚，中央红军 5 个主力军团以及中央、军委纵队共 8.6 万人踏上了英勇悲壮的长征之路。粤军虚张声势地进行拦截，红军顺利突破第一、第二、第三道封锁线。蒋介石的计划一次次落空，部署一次次被打乱，他终于觉察到自己算计陈济棠不成，反被陈济棠狠狠"耍"了一把，不禁恼羞成怒，亲自给陈济棠拟写了一份措辞严厉的电报："此次按兵不动，任由共匪西窜，不予截击，贻我国民革命军以千秋万世之污点……"陈济棠部对红军的这种追堵，被蒋介石侍从室主任晏道刚喻之为"敲梆式的堵击，送行式的追击"。②

在 1928 年 10 月，毛泽东曾在《中国的红色政权为什么存在》一文中说："因为有了白色政权间的长期的分裂和战争，便给了一种条件，使一小块或若干小块的共产党领导的红色区域，能够在四周白色政权包围的中间发生和坚持下来。"③

朱德在南昌起义撤退过程中，面对敌人的追击，也坚定地表示："他总有一天不追的，因为中国军阀的军阀性、买办性、封建性，他们之间不能协调，他们自己打起来，就不会追我们了，我们就可以发展了。"④白色政权的分裂和军阀的割据也为红军战略转移和"借道"也创造了条件。

1935 年 5 月 25 日，18 位勇士在枪林弹雨中强渡大渡河，最终控制了渡口。但后面的渡河并不顺利，由于河面太宽，水流湍急，几次架桥都未成功。找到的船只也很少，船的最大容量一次只能坐 40 人，往返一次要一个多小时。直至第二天上午 10 点，红一团才全部渡完。照此速度，全军 2 万多人马全部渡完需要一个多月。此时，后面的尾追之敌正向大渡河逼近，形势十分严峻。

红军总政治部代主任李富春在镇上拜访了一个 90 多岁的老秀才宋大顺，他曾经亲眼看到石达开的覆灭。老秀才看见红军来到安顺场，对百姓秋毫无犯，还帮助百姓做事，把缴获的国民党部队的粮食分给百姓，于是对红军产生了同情之心，劝红军尽早离开安顺场。在毛泽东到达安顺场后，李富春连夜让两名警卫员提着灯笼请来了老秀才宋大顺。老秀才说，石达开本是不该被灭的，他向西可以到昌都，向南可以到云南，向北可以到康巴，但他耽误了时机，清军赶到后，紫打地（安顺场）地处高山峡谷之中，两头重兵堵截，就只剩下渡河一条路可走了。但此时大渡河洪水猛涨，渡河之路被截断，石达开覆没就成了定局。

老秀才见毛泽东陷入沉思，就再次提醒：此地非久留之地，留下必危险。毛泽东问老秀才，红军怎样才能脱离目前的险境？老秀才捋了一下胡须，说，目前，离开安顺场是比较困难，您要是不怕辛苦的话，只有顺着大渡河向上走，到泸定桥渡河，那里有一座康熙皇帝钦批、由朝廷出资建造的铁索桥。但是泸定桥离安顺场有 300 多里路，还远着呢！可是，现在若不带领军队快速离开安顺场，危险啊！如果两头有军队堵截，红军就再也无法走出安顺场了，成为太平军的可能性就太大了。红军的境况与当年的太平军是多么相似啊！

老秀才的一席话，更加坚定了毛泽东沿大渡河北上、过泸定桥、甩掉国民党追兵的决心。毛泽东站起身再次握住老秀才的手，感谢他为红军提供的宝贵情况。⑤

5 月 26 日，中央军委决定兵分两路，红一师继续在安顺场渡河，红二师北上夺取泸定桥。毛泽东特别指出：这是一个重要的战略性举动，只有夺取了泸定桥，我军大部队才能避免石达开的命运。

杨成武回忆说：

> 经过整夜的急行军，在第二天早晨六点多钟胜利赶到了泸定桥，并占领了西岸及西桥头。这一天，除了打仗、架桥外整整赶了 240 里路，真是飞毛腿呀！⑥

下半夜两点钟了，刘伯承总参谋长兴致勃勃地要杨成武带他和聂荣臻政委去看泸定桥。在从桥西折回桥中央的时候，刘伯承停住脚步，扶住桥栏，俯视大渡河的急流，着力地在桥板上连蹬三脚，感慨地说：

"泸定桥！泸定桥！我们为你付了多少精力，费了多少心血！现在我们胜利了！我们胜利了！"⑦

1935 年 9 月 21 日，在甘肃省岷县哈达铺镇（今属宕昌县）关帝庙召开了团以上干部大会，会上宣布红一、三军团和中央纵队整编为陕甘支队，约 7000 余人，由彭德怀任司令员，毛泽东任政治委员。9 月 28 日，陕甘支队在甘肃省通渭县榜罗镇举行中央政治局常委会，决定陕甘支队迅速北上，同西北红军和红二十五军会合，把长征的落脚点放在陕北。这次决策得益于在当地搜集到的《大公报》，让毛泽东知道了在陕北还有一块几乎与江西中央苏区面积一样大的根据地。

1935 年 10 月，中央红军长征到达陕北。为解决吃饭穿衣问题，毛主席特地写信向徐海东借钱过冬，徐海东从红二十五军所有家底 7000 元中拿出 5000 元送给中央红军。毛泽东、张闻天、周恩来、彭德怀等领导同志都把这 5000 块大洋看作是雪中送炭。很多年之后，毛泽东还说："那时候，多亏了那 5000 块大洋啊！"并盛赞徐海东是为中国革命立过大功的人！

短短的 28 年，有太多太多的"借"，刘伯承与小叶丹的歃血为盟，红军与东北军、西北军的"三位一体"……

借钱借力借地借道，向内借、向外借，站稳井冈山，突破封锁线，落脚宝塔山……借助一切可以借助的力量。每一份"借"，都是一份使命。毛泽东、朱德、周恩来等主动借钱借力借地借道的时候，总能"借到"，因为他们代表着人民，代表着进步，代表着未来！

参考文献：

①④ 金冲及主编：《朱德传》（上），中央文献出版社 2016 年版，第 116 页、108 页。

②王增勤：《陈济棠为中国工农红军长征"让道"之谜》，《福建党史月刊》2008年10期。

③《毛泽东选集》第一卷，人民出版社1991年版，第49页。

⑤孟兰英：《红军夺泸定神威泣鬼神》，《人民网·中国共产党新闻·党史频道》

⑥⑦杨成武：《飞夺泸定桥》，《星火燎原》第3卷，解放军出版社2009年版，第115、119页。

04 周恩来化敌为友

　　每天不写别的，只写"团结百分之九十"；每天不想别的，只想"团结百分之九十"。这七个字是何等的力量！这七个字实际上决定了 28 年中国革命的走向和国共两党不同的命运。

　　周恩来在 1949 年 5 月 7 日在中华全国青年第一次代表大会上作报告，号召广大青年学习毛泽东："中国的无产阶级数量只有几百万，在全中国的人口中连百分之一还不到。代表这样一个阶级的共产党怎样才能取得中国革命的胜利？毛主席的根本着眼点就是把无产阶级的马克思主义思想运用到中国，争取最广大的人民大众团结在无产阶级周围来取得革命的胜利，而不是把自己缩小到最小的圈子里来空谈革命。""把更广大的农民团结在一起，把百分之九十以上的人民团结在一起。所以毛主席对我们共产党的许多干部谈：你们每天写日记不要写别的，就只写一句'团结百分之九十'就行了。我想，在毛主席领导下，争取大多数，为着共同事业奋斗，消灭反动统治，这一政策的运用，是我们最大的成就。"①

　　"团结百分之九十"，究竟怎么去团结？让我们回顾一下周恩来是怎么化敌为友的，特别是如何对待国民党"三张"——张冲、张学良、张治中的。

周恩来与张冲

当这两个名字放在一起的时候，时空仿佛倒转到 90 年前，空气瞬间凝固了。周恩来是中共中央主要负责人及中央特科负责人，张冲是国民党特务机构中统前身中央组织部党务调查科总干事二号人物。在那个腥风血雨的时代，革命党人的每一次分别都可能是诀别，反动派的大肆搜捕和党内叛徒的无耻告密给革命造成了难以估量的损失。

1931 年 4 月下旬，叛徒顾顺章供出了中共中央机关的地址、周恩来等中共领导人的活动场所等机密。当时，张冲奉命立即赶往上海搜捕，准备把共产党中央一网打尽。幸亏国民党中统调查科主任徐恩曾的机要秘书、中共秘密党员钱壮飞截获这个秘密情报后，抢先一步通知了中共中央。周恩来得知这一紧急情况后，立即与陈云商讨对策，并在聂荣臻、陈赓、李克农、李强等人协助下，神速、果断、干净利落地处置了一切，使张冲处处落空，没抓到一个人。

组织上消灭不了中共领导人，张冲又设法于 1932 年 2 月在舆论上炮制了一个所谓"伍豪等人脱离共党启事"，在上海《时报》《新闻报》《申报》《时事新报》等报纸大肆刊登，企图制造"骨牌效应"，诱使意志不坚定的共产党员叛变。其实，周恩来当时并不在上海，他早在两个多月前就已机敏地摆脱敌人追捕，到了江西苏区。所以，中共上海地下党立即识破了阴谋，及时给予反击，在《申报》上迅速作出辟谣举措，张冲的阴谋没能得逞。

1935 年 11 月，张冲当选为国民党中央执行委员。西安事变后，张冲更受蒋介石的重用，奉命到西安与中共代表周恩来进行谈判，由此开始了与周恩来的直接交往，从前刀光剑影的对手坐到了一张谈判桌上。

张冲正是在和周恩来的激烈冲撞与交锋中，逐渐估量对手，认识对手，发现周恩来为人诚恳谦和，处世认真有信，报国尽忠有恒，谋事才智过人。张冲与周恩来建立起了日渐深厚的友谊，也通过周恩来，对中国共产党有了新的认识。

张冲后来说："当前日寇侵略日亟，共产党也是有爱国心的，为什么不可以联合起来一致对外？！"周恩来和张冲都以国家民族利益为重，竭智尽力调和谈判的条件，有时还设身处地考虑对方的难处，提出善意的建议，推进问题的解决。蒋经国的归国、国民党考察团对延安等地的访问，凝聚了周恩来和张冲的智慧。

1937年8月初，鉴于抗战全面爆发的紧急形势，为寻求国际援助，张冲奉蒋介石之命，接受了与苏联进行军援谈判的任务。张冲赴莫斯科谈判之前，去西安拜访周恩来请求帮助，周恩来给了一张名片，上有他和博古一句介绍语："张冲先生奔走国共合作工作，卓著功勋，请以同志关系接待。"张冲凭着这张名片，后来在莫斯科与王明会见，为实现与斯大林的直接会谈，起了促进作用。

周恩来待人接物最显著的特点是真诚相待，能够设身处地地为对方着想，照顾到对方的困难和接受程度，以平等的态度来交换意见。他曾对夏衍说："对过去不认识、不了解的人，第一件事就是要解除他们对共产党的疑惧。只有把对方当作朋友，人家才会把你当作朋友。"当然，无论何时何地，民族利益、党的原则是至高无上的。②

1941年1月，获悉新四军在皖南陷入重围，周恩来立刻向张冲提出严重抗议，接着又向蒋介石、何应钦等分别提出抗议。1941年3月，围绕第二届国民参政会，周恩来与国民党进行了针锋相对的斗争，而当时的直接对手依然是张冲。

1941年8月11日，张冲不幸在重庆逝世，年仅38岁。周恩来闻讯极为悲痛，他亲致挽联："安危谁与共？风雨忆同舟！"11月9日，张冲追悼会在重庆隆重举行。蒋介石表情肃穆，到场祭奠。周恩来和董必武、邓颖超等率中共驻重庆办事处人员前往吊唁。周恩来含泪致辞，沉痛哀悼，还在当天《新华日报》头版发表亲自撰写的《悼张淮南先生》：

> 我识淮南先生甚晚，西安事变后，始相往来，然自相识之日始，直到临终前四日，我与淮南先生往来何止二三百次，有时一日两三见，有时且于一地共起居，而所谈所为辄属于团结御侮。……
>
> 这种至死不息的卫道精神，淮南先生也是五年如一日。我与淮南先生初无私交，且隶两党，所往来者亦悉属公事，然由公谊而增友谊，彼此之间辄能推诚相见，绝未以一时恶化，疏其关系，更未以勤于往还，丧及党格。这种两党间相忍相重的精神，淮南先生是保持到最后一口气的。……
>
> 先生与我，并非无党见者，惟站在民族利益之上的党见，非私见私利可比，故无事不可谈通，无问题不可解决。先生与我，各以此自信，亦以此互信。每当问题争执之际，我辄以"敌人所欲者我不为，敌人所不欲者我为之"之义陈诸先生，先生亦常以此义相督责，故问题终得解决。……③

远在家乡乐清的张冲子女被急电召往重庆奔丧，周恩来对年方20岁的张炎很是关心，安慰他说：张冲的孩子就是我的孩子，今后有什么困难尽管来找我。

周恩来与张学良

1935 年 11 月，直罗镇战役，红军先后歼灭国民党东北军一〇九师全师和一〇六师一个团，击毙师长牛元峰以下 1000 余人，俘获 5000 人。真是"不打不相识"，经过两万五千里长征的衣衫褴褛的红军不仅没有散，竟然还能打胜仗，让国民党西北"剿总"副司令并代行总司令职权的张学良和东北军，认识了人民军队的力量，也彻底认清了蒋介石的险恶用心，加速了国民党的营垒分化，对日后西北地区"三位一体"及西安事变的爆发都产生了积极影响。直罗镇战役为中共中央把全国革命的大本营放在西北举行了"奠基礼"。

在东北军被俘团长高福源和中共中央联络局局长李克农先后与张学良沟通的基础上，1936 年 4 月 9 日晚，在肤施（延安）的一座天主教堂，周恩来与张学良进行会谈。刚一见面，周恩来就说：我是在东北长大的。张学良说，我了解，听我的老师张伯苓说过。周恩来很奇怪，问：张伯苓怎么是你的老师？张学良爽快地回答：我原来抽大烟、打吗啡，后来听了张伯苓的规劝，完全戒除了，因此拜张伯苓为师，并说：我和你是同师。会谈便在这种亲切而轻松的气氛中开始了。

"度尽劫波兄弟在，相逢一笑泯恩仇"，找到共同点，人们就更容易放下过去的恩怨，产生情感的共鸣。英文有个单词"Like"，既表示"相像"，也表示"喜欢"，因为相像，所以喜欢。

张学良了解了中国共产党第一步是抗日，第二步是建立富强的中国，感到中国的事好办了。张学良对身边的人说："我与周先生一见如故，他说话有情有理，解决了很多疑难。"这个疑难之一就包括了国家的出路问题，张学良曾把希望寄托在法西斯道路上。周恩来在肯定张学良救国心切的基础上，坦率地说：可惜张先生把路走错了，什么是法西斯，简单地讲，法西斯就是军事独裁。法西斯是帝国主义的产物，把资产阶级一点形式上的民主都抛弃了。在历史上，袁世凯搞过军事独裁，失败了。吴佩孚要武力统一中国，也失败了。这些张先生都知道，并经历过。法西斯是反历史、反人民、反共的，它没有群众基础。要抗日、要收复东北，没有广泛的群众基础是不可能的。要发动民众必须实行民主，中国的法西斯道路绝对走不通，它只能有利于日本的侵略。要是搞法西斯独裁，由个别人依照个人的意志专断，不要群众，就不可能树立真正的民族自信心，就绝不会取得最后的胜利。听了周恩来这一番析理入微的分析，张学良进一步认识到自己曾经欣赏和提倡的法西斯主义的荒谬和幼稚。他默默地点了点头。④

周恩来与张学良推心置腹，开诚布公，侃侃而谈，直到东方破晓。会谈结束后，张学良赠送给红军 3 万银圆，并拿出一本大地图（当时最先进的地图）送给周恩来，高兴地说："让我们共同保卫中国！"

周恩来与张治中

张治中，字文白，比周恩来大八岁，在黄埔军校时，两人一见如故，惺惺相惜。1927 年，国共内战爆发。张治中为避免与中共作战，退守二线任国民党中央陆军军官学校训练部主任、教育长，从此主持国民党军事教育，长达 10 年。

抗日战争和解放战争时期，张治中作为国民党首席代表，与作为共产党首席代表的周恩来一起进行过多次和谈。其中，最有名的即 1945 年的重庆谈判和 1949 年的北平和谈。据张治中小儿子张一纯回忆：周恩来虽然在谈判桌上寸步不让，在工作时可以与张治中互拍桌子，但到了桂园做客时，周恩来却总会谦虚地坐在张治中沙发旁的脚凳上，有时留在桂园吃饭，周恩来也会高声谈笑，对张一纯打招呼说：

"一纯，今天中午我在你家吃饭啊。"

经过43天艰苦谈判，重庆和谈达成《双十协定》。协议签订后的第二天，毛泽东在张治中陪同下返回延安。当晚，周恩来在桂园摆酒席感谢为毛泽东服务的工作人员，张一纯也参加了。周恩来拉着张一纯的手说："我和你说几句话，你在哪上学？""德精小学。""功课怎么样？""我算术不行，物理也不行，老不及格。""有什么行的？""语文好。国民教育行，地理常识也行。""有一门精通的就行。你找个本子来，我给你题词好不好？"说完，周恩来在张一纯的本子上写下："光明在望，前程万里，新中国是属于你们青年一代的。"⑤

周恩来是这样对待一个小学生的！"今天中午我在你家吃饭啊""你找个本子来，我给你题词好不好"。多么亲切的交流，多么温馨的画面！

对于1949年的北平和谈协定，李宗仁犹豫，白崇禧反对，蒋介石则拍案大骂："文白无能，丧权辱国！"4月20日，国民党中常会发表声明，表示绝对不能接受协定！4月21日，人民解放军百万雄师渡过长江。

和谈破裂，南京代表团的去留问题，无可避免地摆在面前。张治中囿于从一而终的伦理，反复强调："代表团是南京政府派来和谈的，和谈既然破裂，理应回去复命。同志们行动完全可以自由决定，但我是首席代表，不能不回去复命。"当时的张治中留居北平，心情苦闷，思想斗争很激烈。由于多年蒋介石对张治中的赏识和重用，张总是念念不忘知遇之恩。对此，周恩来坦诚指出："你这是封建道德，你为什么只为一个人着想，而不为全国人、为革命着想？西安事变时，我们已经对不起一位姓张的朋友，今天再不能对不起你这位姓张的朋友了。"

周恩来的这番话让人想到了乔布斯动员一家饮料公司高管加盟苹果的那句话："你是愿意一辈子卖汽水还是和我们一起改变世界。"

一者是激情澎湃雄心勃勃的商业梦想，一者是壮怀激烈指点江山的革命理想。

张治中和南京代表团其他代表终于留了下来。4月25日，白崇禧派飞机来北平接代表，不但代表一个没有回去，还把张治中夫人和家属九人一起送来北平，这是周恩来事先通知上海地下党秘密安排的。

"团结百分之九十"！周恩来与张冲、张学良、张治中的交往，是周恩来"团结百分之九十"的一个缩影。很多国统区人士正是通过周恩来了解了有原则、重感情、守信用的中国共产党。

参考文献：

①《周恩来选集》，人民出版社 1980 年版，第 339—340 页。

②夏衍：《懒寻旧梦录》，生活·读书·新知三联书店 1985 年版，第 491 页。

③重庆《新华日报》，1941 年 11 月 9 日。

④郝建生编著：《西安事变前后的周恩来》，中央文献出版社 2004 年版，第 62 页。

⑤金依莎、苏枫：《张治中与周恩来：虽是兄弟，寸步不让》，人民网·周恩来纪念网。

05 战友之爱

"战友"，意味着绝对的信任，绝对的承诺！

平型关大捷后不久，朱德总司令带着部队到榆社休整，将路过秦基伟部驻扎的下武村，秦基伟把部队集合起来，夹道等候。等总司令走近了，秦基伟大步踏上路中央，给总司令敬了个礼，向他报告说："总司令，我是一二九师派到太谷的游击教官，现任太谷游击支队司令，我的部队想见总司令。"总司令当时就翻身下马，同秦基伟和支队其他几个领导握了手，还给部队讲了话，临别时送给秦基伟一把东洋战刀和两支枪。见到总司令，部队受到很大鼓舞。①

1945年11月5日，罗荣桓一行离开山东赴东北，因保密需要，只有许世友等部分领导干部来送行。临分手了，罗荣桓问许世友："你留在山东了，有何打算？""准备打仗！"许世友豪迈地回答。罗荣桓点点头，握着许世友那双曾在少林寺练过武功的短粗刚硬的手，指了指身旁那匹随骑兵连而来的战马，说："把它留给你吧。"这匹战马已经陪伴罗荣桓四五年了。许世友没有思想准备，他怔了一下，便将自己佩带的手枪从腰带上解下来，双手托着，回赠给罗荣桓。②这个场景让人想起李白的诗《赠汪伦》："李白乘舟将欲行，忽闻岸上踏歌声。桃花潭水深千尺，不及汪伦送我情。"这是"诗友"为"诗仙"的送行。大唐盛世，和平岁月；现代烽火，戎马生涯，一文一武，不一样的送行，一样的真挚深沉。

战友之间，不仅有枪支和战马相赠的豪迈，还有心细如发的关心体贴。

杨得志回忆道：

> 翻山（夹金山）前一天傍晚，我们全团（红一团）到雪山下"村落露营"（即部分同志住房，部分同志露营）。离山越近，天气越冷，战士们身上一点棉絮都没有，冻得睡不着。不少连队班以上干部围成一个圆圈，为战士们挡风御寒。有的干部待战士睡着后，把他们的头、手、脚揽到自己的怀里（睡着前战士们不肯），为他们取暖。战士们则你靠着我，我靠着你，偎在一起，露宿在冰天野地里。③

这是红四方面军一位司号员对1935年炊事班老班长的回忆：

> 这天，我的头像马蜂窝一样嗡嗡乱叫，觉得地在摇，天在转，眼睛冒金花，身子一软就往地上栽去，老刘见我实在走不动了，对我说："来，小鬼，我把你担上。"我累得连哼一声的力气都没有，嘴里想说一句什么，但费了很大力气还是光动了动嘴没声音，只见老刘放下扁担，把我和另一个同样也快走不动路的小鬼卫生员，一人一头放进两个竹筐里，吃力地挑上肩，又向前走了……刚吃过饭，老刘就端了盆来叫我们几个小鬼烫脚，我一来是真的累了，想快点睡去，二来是心疼老刘，就说："我不洗脚。老刘把盆往我脚边一放，边帮我脱"鞋"边给我讲行军洗脚的好处："走路走累了，晚上烫一下脚，明天就又能走啦。"这套"洗脚经"老刘不知给我们几个

小鬼念叨过多少遍了，我们都背下来了。看着老刘脸上一道接一道的皱纹，和他那认真给我洗脚的样子，不知为什么，我鼻子一酸，泪就要往外冒。我突然想到了我的妈妈，老刘，和革命队伍里千千万万个红军战士们一样，就像妈妈那样疼爱我们，比自己的亲人还亲！④

这是西路军一位警卫员对 1937 年 3 月风雪祁连山的回忆：

昨天晚上，我们班十个战士挤在一个小山洞里过夜。山洞又窄又小，其实是挤不下这么多人的，大伙为了相互取暖，还是紧紧地挤在一起。副班长是最后一个进洞的，他看见大伙这么挤，也不说话，只把上半身靠在里边，两条腿却搁在洞口外面了，谁知他那双从马匪尸体上剥下来的靴子已经破了，白天走了一天，靴子湿淋淋的，经夜风一吹，早晨醒来，靴子跟脚冻在一起了，整个下半身失去了知觉。副班长知道自己两条腿给冻住了，想在大伙起身后悄悄地活动一下身子站起来，可怎么扭也不顶事。

正当他急得脸红脖子粗的当儿，陈富贵恰好摇摇晃晃地过来，他仔细察看了副班长的双脚，什么话也没说，立即解下了背后的一块羊皮，贴在副班长的靴子上，双手紧紧捧住那对冰柱子似的靴子，把它放到自己的怀里。"小陈，放下！你这是干什么呀！"副班长急得瞪着眼吼起来。副班长知道，又冻又饿的小陈身上也没什么热量了，这么冰凉的两条腿放在他怀里，等于让他去送死啊！不管副班长怎么说，小陈也不放手。副班长渐渐觉得两脚有些麻辣辣地发痛，他想把脚抽出来，可是陈富贵仍然死死地抱住他的靴子，瘦削的脸上仍然挂着微笑，一动不动地卧在自己的腿上。

"小陈！小陈！"副班长急叫起来，他发觉陈富贵脸已经变色，嘴唇乌黑发紫，死命抱住他的靴子。副班长伸手一摸小陈湿淋淋的胸口，身子已经冷了。同志们用力扳开他抱着靴子的双手，副班长猛地跳起来，扑到陈富贵身上，这个刚强的硬汉子，呜呜哇哇号啕痛哭起来。班长要大伙把小陈的遗体掩埋好，可是副班长霍地站起来，抹了把眼泪，什么话也没说，使劲将陈富贵托起来，放在自己的肩头上，头也不回地向前走了。他走得那样艰难，感动得同志们心里发酸。他走一段，用耳朵听听陈富贵的心脏，似乎小陈肯定会复活过来一般……⑤

这是晋察冀一位连指导员的回忆：

1948年1月，我们连在满城东南夏家庄阻击敌人，掩护大部队转移。经过一天的激战，敌人尸横遍野，我们自己也付出了巨大的代价，全连只剩下四五十人，被敌人团团围住。我们召开支委会，研究突围计划。大家都很清楚，不留下少数人掩护，连队就突不出去，但是，留下来掩护就很可能牺牲。在这生死关头，大家都争着自己留下来，让别的同志突围出去。经过一番激烈争论，支委会才决定，一排长带领部分战士掩护，我带领其余同志突围。敌人的火力被一排长他们吸引过去了，我们一阵冲杀，胜利突围了，可是，留下来掩护的同志却全部壮烈牺牲。⑥

战友是同志，战友是兄弟，为战友送上信任，为战友带来温暖，为战友留下生的希望！

参考文献：
①《秦基伟回忆录》，解放军出版社2007年版，第95页。
②《罗荣桓传》编写组著：《罗荣桓传》，当代中国出版社2006年

版，第 233 页。

③《杨得志回忆录》，解放军出版社 2011 年版，第 137 页。

④ 陈国清（时任红四方面军第 9 军 25 师 73 团 9 连司号员）：《炊事班长老刘》，《星火燎原》第 14 卷，解放军出版社 2009 年版，第 86 页。

⑤ 邱正基（时任红军西路军政治部主任李卓然的警卫员）：《风雪祁连山》，《星火燎原》第 15 卷，解放军出版社 2009 年版，第 83—84 页。

⑥ 王洪禧（时任晋察冀野战军第 4 纵队 10 旅 29 团 6 连指导员）：《亲如兄弟》，《星火燎原》第 19 卷，解放军出版社 2009 年版，第 171—172 页。

06 一个伤病员也不能丢下

　　"一个伤病员也不能丢下"，这是战争年代领导者对广大指战员的郑重承诺。这是对伤病员的尊重爱护，也是对健康者的尊重激励。

　　第五次反"围剿"以来，三军团三个师的师长、政委没有不挂彩的，九个团长死的死，伤的伤，到转移开始时，仅剩一个团长。十五团在第五次反"围剿"前有1700多人，到1934年9月初高虎垴战斗下来时，连、营干部全打光了，一个营只能编一个班，红军中很多干部战士都有意见。到了乌江边上，彭德怀要求尽量扔掉那些坛坛罐罐，部队很快渡过了浮桥。彭德怀军团长的脸色渐渐舒展了，他望着对岸自言自语地说："人比机器重要得多！"转身招呼贺诚部长："伤病员，只要还有一口气，就要抬着。"①

　　在一次风雪交加的行军中，仅红六师就牺牲了174人。贺龙心情十分沉重。他多次向部队下达命令：在任何艰难困苦的情况下，都绝不能丢掉一个伤病员，活着的同志只要有一口气的，都要抢救战友！贺龙亲自抓这项工作。各师、团都组织了收容队，全军所有的骡、马都驮着伤病员。有的人就是因为抓着牲口的尾巴走路才免于牺牲的。贺龙的乘马也一直驮着伤病员。②

在历次战斗中,罗荣桓都非常注意做好伤兵的政治工作。每次战斗结束,他都要亲自检查伤兵的安置,走到担架旁对伤兵进行慰问,逐个询问伤员,伤在哪里,感觉怎样,及时将前线的胜利消息告诉给伤员,鼓励他们到后方安心养伤,痊愈以后再返回前线杀敌。在第二次反"围剿"一次战斗结束后,罗荣桓在路上碰到十一师的干事邓逸凡,便问他:"你是干什么工作的?"邓逸凡回答:"组织担架队救伤员。"罗荣桓点点头,拍拍邓逸凡的肩膀,鼓励他说:"这一项工作非常重要,一定要把负伤的阶级弟兄全部救回来。"③

陈赓担任彭杨步兵学校校长时,一位连指导员因蛔虫侵害,身体十分虚弱,他送去两只鸡和一封信,信内简单地写着下面几句话:"魏洪亮同志:今天买了两只鸡给你送去,用以补养身体,因为我手头的钱只够买两只鸡。"当时陈校长和学员一样,每天一斤米,不但吃不到肉,有时甚至连油和盐都没有。④

聂荣臻政委听说一个伤员要截肢,对医生说:"不锯就没有别的办法吗?""我们现在是很艰苦,但是能眼睁睁地看着这些年轻战士缺肢断腿吗?他没了手臂,将来怎么办?"政委激动地在病床前走动着。房间里一片寂静,在场的每一个人都在认真地思考政委的话。停了一会儿,聂政委心平气和地接着说:"中国革命还要靠这些阶级兄弟与我们共同完成,他们还能活几十年,不能没有手,没有腿!我们能多挽救一只手,一条腿,就是我们多取得了一份胜利!"伤员眼泪浸湿了枕头,感到军团长说出了伤员的心里话!伤员的手臂保住了。⑤

将士们重视伤病员,关心伤病员,背后有一位模范领导——朱总司令。

1936年夏,红军部队到达阿坝地区,前面就是最难走的水草地。出发前的一天晚上,朱总司令了解到:有600多伤病员,绝大多数都不能走了,只有200多匹骡马担架。"我们红军,没有兵工厂,枪都是用生命和鲜血换来的,的确是宝贵的。"停了一下,朱总司令用手拍着红四方面军总兵站部吴先恩部长臂膀说,"可是同志,现在具体情况不同了,过去是人多枪少,随时都有兵员补充;现在是人少枪多,人是最宝贵的。多一个人,革命就多一份力量,有了人,不愁将来没有枪。"说到这里,朱总司令以拳击掌,坚定地说:"好,就这么办:要人不要枪。把牲口上驮的枪统统毁掉!如果受处分,由我替你顶!"

吴先恩汇报说,即使这样,还有百多伤病员带不走。朱总司令沉思了一下,就亲自向直属各单位打电话:"喂,我是朱德,有一个困难要请大家帮忙,兵站部伤病员多,担架少,各单位要算算账,把能抽的骡马和牦牛都抽出来,负责同志有两匹牲口的要抽一匹,年轻力壮的领导干部,可以两个人轮流骑一匹,尽量多抽出一些来,要想尽一切办法,把伤病员全部带走。"

听着总司令这番话,吴先恩心里热乎乎的:早就听说总司令爱兵如子,今天所见果然名不虚传!总司令真是和战士心连心啊!朱总司令的一个电话,各部队都很支持,总司令自己要抽出一匹牲口。吴先恩又着急,又激动,连忙说:"首长岁数大了,文件又多,这匹牲口不能抽。""怎么,我刚刚下达命令,自己就不执行了?你不收,回头我派人给你送来。"说着又把话题一转,极为亲切又严肃地说:"先恩同志,这批伤病员同志一定要照顾好。部队拂晓就要出发了,你快回去检查一下,有什么困难再来找我。我也对你下个命令:一个伤员不准丢下,丢了,就是你没有阶级感情,我要处分你!""请首长放心,我保证把伤病员全部带走!"

深夜,经过清点,各部队抽调的骡马加牦牛,共有150匹。当吴先恩赶到伤病员集结地,又遇到朱总司令派来的两位参谋,他们表示:"吴部长,总司令放心不下,派我们来看看你这里还有什么困难？"吴先恩乐呵呵地说："没啦，没啦，最大的困难首长给我们解决了。"谁骑骡马，谁坐担架，一个一个落实定位，看着伤病员都上了路，吴先恩和两位参谋同志一起去向总司令报告。朱总司令高兴地说："好，一个伤员没有丢，你们的任务完成得很好！"⑥

朱总司令布置任务，检查工作的方法体现在：

了解现状：伤员多，骡马少，担架少；

强调意义：伤员关系到"革命的力量"，引起重视；

提供支持：直接给相关单位打电话；

以身作则：自己抽出一匹牲口，带头支持；

获得承诺：要求尽到"阶级情感"，否则追究责任；

跟踪检查：派出参谋及时跟踪，了解困难和障碍；

赞扬努力：对完成任务表示肯定和鼓励。

"一个伤病员也不能丢下"，一个掷地有声的信任承诺，一种最朴素的阶级情感，一段最珍贵的温暖记忆！"农民的憨厚、母亲的慈祥、儒将的风度、大丈夫的气派"，这是对朱德的颂扬，也是开国元勋对人民负责的生动描述。

参考文献：

① 白志文（时任红军第3军团5师15团团长）：《特殊的连队特殊的班》，《星火燎原》第13卷，解放军出版社2009年版，第486页。

②《贺龙传》编写组著：《贺龙传》，当代中国出版社2015年版，第119—120页。

③《罗荣桓传》编写组著：《罗荣桓传》，当代中国出版社2006年版，第59页。

④ 魏洪亮（时任中国工农红军大学学员，彭杨步兵学校政治营8连

政治指导员）：《忆陈赓校长》，《星火燎原》第12卷，解放军出版社2009年版，第212页。

⑤伍生亭（时任中央红军第1军团警卫班战士）：《聂政委保住了我的手臂》，《星火燎原》第13卷，解放军出版社2009年版，第382页。

⑥吴先恩：《朱总司令来到红四方面军》，《星火燎原》第13卷，解放军出版社2009年版，第272—274页。

第二篇·独特贡献

中国革命斗争的胜利要靠中国同志了解中国情况。

——毛泽东

07 陈独秀赞赏毛泽东的埋头实干

陈独秀在中共三大上总结二大以来中央和各地区工作时，曾这样说："就地区来说，我们可以说，上海的同志为党做的工作太少了。北京的同志由于不了解党组织，造成了很多困难。湖北的同志没有及时防止冲突，因而工人的力量未能增加。只有湖南的同志可以说工作得很好。"①以毛泽东为代表的湖南同志为什么能得到陈独秀如此高的赞扬？

因为执行，因为踏石留印、抓铁有痕的执行。列宁说："少说些漂亮话，多做些日常平凡的事情。"这是对执行的强调。让我们回顾一下建党初期毛泽东做了哪些实实在在的事情。

一大会议上，毛泽东并不特别引人注目，除担任记录外，只作过一次发言，介绍长沙共产主义小组的情况。毛泽东有着许多实际活动经验，但他不像在座的李汉俊、刘仁静、李达等精通外文，饱读马克思著作，他给与会者留下的印象是老成持重，沉默寡言，"很少发言，但他十分注意听取别人的发言"。他很注意思考和消化同志们的意见，常在住的屋子里"走走想想，搔首寻思"，乃至"同志们经过窗前向他打交道的时候，他都不曾看到，有些同志不能体谅，反而说他是个

'书呆子''神经质'"②。

"组织工会，领导工人运动"是一大确定的中心任务，但怎样开展工作，会议并没有提供具体的办法。目标在"河"的彼岸，但如何到达彼岸，"桥"在哪里？毛泽东回湘后主要从两方面着手：利用职业关系进行宣传和发展党员；想法接近工人，组织工人运动。具体表现在：

关键行动一，创办自修大学。毛泽东首先利用船山学社的社址和经费，创办了一所湖南自修大学，"自修大学为一种平民主义的大学"，采取自学为主的方法，研究各种学术，"求知识与劳力两阶级之接近"，目的在改造现社会，9月开学时，入校者只有一人，即后来著名的共产党员夏明翰。到1923年11月，省长赵恒惕以"所倡学说不正，有害治安"的罪名封闭了湖南自修大学。这时，自修大学及附设补习学校已经培养了来自湖南34个县和外省4个县的200多名青年。

关键行动二，组建地方党组织和工人运动机关。在创办湖南自修大学的同时，毛泽东着手组建湖南地方党组织。10月10日，湖南省的共产党支部成立，毛泽东任书记，成员有何叔衡、易礼容等。湖南党支部成立后，毛泽东着手在工人和学生中发展党员，建立党的基层组织。夏曦、郭亮、陈昌、夏明翰、蒋先云、毛泽民、黄静源、杨开慧等，都是在这个时期入党的。为了接近工人，他脱下长衫，换上粗布短裤，赤脚穿了草鞋，到工人聚集的地方去，同他们做朋友。先后在第一纱厂、电灯公司、造币厂、黑冶炼厂，以及泥木、缝纫、印刷等行业中吸收一些先进分子入党。在学生中，首先是在自修大学、第一师范、商业专门学校、第一中学、甲种工业学校等基础较好的学校发展党员，有的学校还建立了支部。毛泽东还两次到衡阳省立第三师范，建立党支部。两次到安源煤矿了解情况，并于1922年2月成立了中共安源支部，由李立三任书记，是湖南党组织领导的最早的产业工人党支部。

到 1922 年 5 月，湖南（包括江西萍乡安源）已有中共党员 30 人。毛泽东和何叔衡在中共湖南支部的基础上建立了中共湘区委员会，毛泽东任书记。委员有何叔衡、易礼容、李立三等，后来增加郭亮。这个期间，毛泽东还以中共湘区委员会书记身份兼任社会主义青年团长和执行委员会书记，领导湘区团组织建设工作。

1921 年 8 月中旬，中国劳动组合书记部在上海成立，公开领导工人运动。10 月，劳动组合书记部湖南分部在长沙成立，毛泽东任主任。对于农家子弟毛泽东来说，工人运动是个陌生的领域，但他脚踏实地，一步一个脚印开始各项工作。

关键行动三，改组劳工会。争取黄爱、庞人铨所领导的湖南劳工会成为推动湖南工人运动的重要一步，这是个在湖南工人中较有基础而又受无政府工团主义影响的工人团体，它只作经济斗争，1920 年 11 月在长沙成立，会员约 7000 人。湖南劳工会成立一周年时，毛泽东同黄、庞商议改组劳工会，提出劳工会的目的不仅在从事经济斗争，"尤在养成阶级的自觉"，"谋全阶级的根本利益"等三项建议，得到黄、庞的赞同和采纳，他们随即对劳工会进行改组，把原来各工团的合议制，改变为书记制，黄爱还邀请毛泽东助理会务。他们接受毛泽东"小组织大联合"的主张，先后成立了土木、机械、印刷等 10 多个工会。劳工会从此进入了新的发展时期。

12 月 25 日，根据中共中央局指示，毛泽东通过湖南劳工会、省学联，发动长沙 1 万多工人、市民和学生，举行示威，反对美、英、日、法等国在华盛顿召开"共同支配中国"的所谓太平洋会议，黄、庞分任大会主席和游行总指挥。这是改组后的劳工会组织的第一次大规模活动，在全国影响很大。黄爱、庞人铨也在斗争中洗刷了无政府工团主义的影响，加入了中国社会主义青年团。

1922 年 1 月，黄爱、庞人铨因组织长沙纺织工人罢工而遭军阀赵恒惕逮捕并被秘密杀害。毛泽东立即联合长沙各界在船山学社两次召开追悼大会，发行纪念特刊，上海及全国各地掀起了追悼黄、庞，抗议赵恒惕摧残工运罪行的浪潮。

关键行动四，组建工会俱乐部。毛泽东指派党内干部，先后组建了粤汉铁路工人俱乐部、安源路矿工人俱乐部、长沙泥木工会、长沙人力车工会、长沙笔业工会、长沙理发工会、长沙缝纫工会、长沙铅印活版工会等，影响覆盖长沙10万产业工人。各工会和俱乐部的秘书都由共产党员担任，毛泽东还亲自兼任长沙铅印活版工会的秘书。

关键行动五，指导安源路矿等工人运动。毛泽东先后七次到安源指导工作。1921年秋，毛泽东到安源考察，向工人宣传劳工解放思想，启发他们的阶级觉悟。同年12月底，李立三遵照毛泽东的指示，在安源开办平民学校，开始发动和组织工人运动。随后，安源党组织通过创办工人补习学校、妇女职业部、工人师范班等，初步形成了一个比较完整的工人学校教育体系，积累了丰富的经验。1924年，随着安源工人运动的发展，安源党和团地委等组织也随之成立，安源的党员人数骤增，到年底，安源地委拥有198名党员，占当时全国党员总数（994名）的五分之一，成为全国最大和产业工人成分最多的地方党组织。③除毛泽东、刘少奇、李立三外，还有一批中共早期领导和高级将领都曾经在安源路矿工作过，如朱少连、刘昌炎、萧劲光、周怀德、张浩（林育英）、陈潭秋、黄静源、蒋先云、滕代远、丁秋生、王耀南、刘先胜、许建国、余波生、余益元、吴烈、吴运铎、肖华湘、杨得志、罗华生、罗桂华、幸元林、晏福生、姜彬、唐延杰、韩伟、韩联生、蔡树藩、熊飞等，安源路矿也是人才的"富矿"。

从1922年下半年到1923年初，毛泽东等先后领导发动了安源路矿、粤汉铁路、水口山铅锌矿和长沙泥木工人等一系列的大罢工，斗争高潮是1922年9月14日安源路矿大罢工，李立三任总指挥，刘少奇为工人总代表，口号是"从前是牛马，现在要做人"，经过五天激烈斗争，工人俱乐部未伤一人，未败一事，而得到完全胜利。安源路矿大罢工的胜利，使工人深切认识到团结奋斗的重要，极大地提高了工人们的阶级觉悟和组织性。罢工胜利后不久，工人俱乐部的成员就由罢工前的700多人猛增到1.2万多人。路矿全体工人团结起来，形成了以中共党组织为领导核心、以工人俱乐部为公开组织形式的阶级队伍。

关键行动六，争取泥木工人权益。1922年10月，紧接安源罢工胜利之后，毛泽东又发动和领导了长沙6000多泥木工人的罢工斗争。毛泽东亲自担任泥木工人首席代表，率领工人代表到省政府谈判。赵恒惕不得不批准泥木工人工价从二角四分增长到三角四分的要求。至此，泥木工人经过20天罢工斗争，取得完全胜利。

关键行动七，组建全省工团联合会。1922年11月粤汉铁路总工会在长沙新河站开成立大会，大会由毛泽东主持，全省30多个工会组织各派代表参加。与会代表一致赞成组建全省工团联合会，随即又召开联合会第一次代表会议，毛泽东被推为主席。湖南全省工团联合会成立后做的一件大事，是同赵恒惕政府进行了三天说理请愿斗争和谈判，迫使赵恒惕等宣称，政府对工人全采用保护主义，并无压迫之意，还承认省宪法第十二条规定的人民有自由结社、和平集会的权利。事后赵恒惕对左右说：湖南再来一个毛泽东，我就不能立足了。

在工人运动的这些关键行动中，毛泽东采用的策略是：依靠群众、组织群众，培养骨干，利用矛盾，争取舆论，以合法斗争掩护和配合非法斗争，后来毛泽东身上表现出来的出色的领导力和执行力，此时已初见端倪。他领导的湖南工人运动，罢工10次，胜利及半胜利九次，失败一次，"大引起社会之注目"[④]。这种真抓的实劲、敢抓的狠劲、善抓的巧劲、常抓的韧劲，让一大时不引人注目的毛泽东在两年间脱颖而出，得到陈独秀的高度赞赏。1923 年 1 月他着手筹备党的三大，便决定调毛泽东到中央工作。

周恩来在《学习毛泽东》中号召青年学习毛主席坚持方向并实现方向："方向的实现，只有一个人懂或者少数人赞成是不成的，要在群众中实现。要实现原则，就要使它具体化，使它能得到多数人的同意，多数人都来执行。"⑤"我们青年人学习毛泽东，不仅要懂得毛主席指示的方向、原则、真理，还要研究他的具体的政策、策略，才能使我们的工作深入实际。我们青年人不是要空谈，而是要实行。"⑥青春是用来奋斗的，幸福是奋斗出来的！

参加过长征的女红军、张闻天夫人刘英后来曾这样说："毛主席是有学问的，他对中国特别了解，他打仗也是有经验，他那是打出来的。"⑦刘英说得太形象了！上溯到建党初期，毛泽东搞工人运动，不说漂亮话，多做实际工作，积累了丰富经验，他那是干出来的，他是真正的实干家！

参考文献：

①②④《毛泽东传》，人民出版社 1991 年版，第 91、80、91 页。

③《安源地委党校——中国共产党第一所党校》，萍乡党建网微平台，2018 年 5 月 18 日。

⑤⑥《周恩来选集》（上），人民出版社 1980 年版，第 335、336 页。

⑦学习强国，文献纪录片《毛泽东》第 6 集，中央广播电视总台摄，1993 年。

08 瞿秋白赞赏毛泽东的独立思考

如果说，第一任中央最高领导陈独秀赞赏毛泽东的实干，那么第二任中央最高领导瞿秋白则赞赏毛泽东的独立思考。

1923年6月，中国共产党第三次全国代表大会在广州召开。参加这次大会的张国焘回忆说，毛泽东在会上提出一个新问题——农民运动，是"这个农家子弟对于中共极大的贡献"。张说：毛泽东向大会提出，"湖南工人数量很少，国民党员和共产党员更少，可是漫山遍野都是农民。因而他得出结论：任何革命，农民问题都是最重要的。他还证以中国历代的造反和革命，每次都是以农民暴动为主力。中国国民党在广东有基础，无非是有些农民组成的军队，如果中共也注重农民运动，把农民发动起来，也不难形成广东这类的局面"。[①]

四一二反革命政变后，国共两党的全面破裂已如箭在弦上。1927年7月4日，在武汉召开的中共中央政治局扩大会议上，针对敌人对湖南农民协会和农民自卫武装的搜捕和屠杀，毛泽东就提出了"上山"和"投入军队中去"的两条出路，并指出："不保存武力，则将来一到事变，我们即无办法。"这是针对当时以陈独秀为首的中共中央忽视掌握军队、忽视汪精卫随时可能背叛革命的严重局面而说的。11天后，汪精卫控制下的武汉国民政府公开宣布"分共"，中国共产党从"合法"变成"非法"，由地上被迫转入地下。

刚刚经过改组的由张国焘、周恩来、李立三、张太雷、李维汉五人组成的临时政治局常委，在这个关头断然决定：将中国共产党所掌握或影响的部队向南昌集中，准备起义；在秋收季节，组织湘鄂粤赣四省农民暴动；召集中央会议，讨论决定新时期的新政策。

1927年8月1日，周恩来、贺龙、叶挺、朱德、刘伯承等领导了南昌起义，打响了武装反抗国民党反动派的第一枪。李立三说，南昌起义，"在广大群众没有出路的时候，全国树出新的革命旗帜，使革命有新的中心。"②1972年6月周恩来回顾说："八一起义在共产党领导下，向国民党反动派打响了第一枪，这在大方向上是对的。"失败的教训就是没有"就地闹革命"，"当时武装暴动的思想，不是马上就地深入农村，发动土地革命，武装农民。""它用国民革命左派政府的名义，南下广东，想依赖外援，攻打大城市，而没有到农村去发动和武装农民，实行土地革命，建立农村根据地，这是基本政策的错误。"

1927年8月7日，毛泽东出席在汉口秘密举行的中央紧急会议，即在中国共产党历史上有着重大转折意义的八七会议。在共产国际代表罗明那兹帮助下，会议正式将陈独秀（缺席）免职，指定瞿秋白担任临时中央政治局常委，并主持中央工作。瞿秋白成为继陈独秀之后，中国共产党第二任最高领导人。会议总结了大革命失败的经验教训，批判了以陈独秀为代表的右倾投降主义错误，确定了实行土地革命和武装反抗国民党反动派的总方针。毛泽东当选为中共中央临时政治局候补委员，毛泽东以自己的亲身经历阐述了对两个总方针的独立思考。

独立思考一，关于军事工作。毛泽东尖锐地指出："从前我们骂中山专做军事运动，我们则恰恰相反，不做军事运动专做民众运动。蒋唐（指蒋介石、唐生智——引者注）都是拿枪杆子起家的，我们独不管。"这实际上提出了要把军事运动和民众运动相结合的思想，反对专做军事运动或专做民众运动这两种各走极端的做法。他着重强调："以后要非常注意军事，须知政权是由枪杆子中取得的。"这是一个对中国革命有着极其重要意义的论断，这是从大革命失败的血的教训中取得的。毛泽东的独特贡献在于：在事实的教育下，能够迅速看清问题的实质，作出合乎实际的新的理论概括，指导今后的实践。

独立思考二，关于农民土地问题。毛泽东提出了区别对待对大地主、小地主、自耕农的不同方针。共产国际代表没有采纳毛泽东的意见，也不让大家再讨论土地问题。但这不能抹杀毛泽东独立思考的贡献。③

谭震林回忆说，八七会议后，瞿秋白向毛泽东征求意见，要他到上海中央机关去工作。毛泽东回答：我不愿跟你们去住高楼大厦，我要上山结交绿林朋友。④

8月9日召开的中共中央临时政治局第一次会议，决定毛泽东以中央特派员身份回湖南传达八七会议精神，改组省委，领导秋收起义。

毛泽东秘密回到长沙后，认真调研了湖南社会情况和群众心理状态。趁送家属回板仓老家的机会，毛泽东在杨开慧家里，邀请五位农民、一位篾匠和一位小学教师开了两天调查会；回长沙城里，他又征询由韶山来省城的五位农民的意见，从而了解到当地农民要求全盘解决土地问题的想法以及对国民党军队看法的完全转变。毛泽东在给中央的信中说："国民党旗子已成军阀的旗子，只有共产党旗子才是人民的旗子。这一点我在鄂时还不大觉得，到湖南来这几天，看见唐生智的省党部是那样，而人民对之则是这样，便可以断定国民党的旗子真不能打了。"⑤

正是基于这种独立思考，毛泽东在秋收起义中果断抛弃了"国民革命军"的旗号，第一次打出了"工农革命军"的旗号，这是基于现实的决断，是对群众呼声的正面回应。

基于第一手调研材料和自己的深入思考，在 1927 年 8 月 18 日湖南省委会议上，毛泽东发表了自己的独立见解。

独立见解一，举什么旗？南昌起义时打的是"国民党左派"的旗子，八七会议作出的是同样的规定。中共中央还认为，湖南国民党左派的下级党部比任何省要有基础，更需要团结他们共同斗争。毛泽东坚决主张：湖南秋收起义时"我们应高高打出共产党的旗子"，不能再照八七会议规定的那样打"左派国民党旗帜"。

独立见解二，暴动问题。毛泽东明确地提出："要发动暴动，单靠农民的力量是不行的，必须有一个军事的帮助。""暴动的发展是要夺取政权。要夺取政权，没有兵力的拥卫或去夺取，这是自欺的话。我们党从前的错误，就是忽略了军事，现在应以百分之六十的精力注意军事运动。实行在枪杆上夺取政权，建设政权。"

独立见解三，土地问题。八七会议决定的是没收大中地主的土地。毛泽东提出："中国大地主少，小地主多，若只没收大地主的土地，则没有好多被没收者。被没收的土地既少，贫农要求土地的又多，单只没收大地主的土地，不能满足农民的要求和需要。"并且提到："对被没收土地的地主，必须有一个妥善的方法安插。"

独立见解四，暴动区域。中共中央要求湖南举行"全省暴动"。湖南省委经过反复讨论，认为"以党的精力及经济力量计算，只能制造湘中四围各县的暴动，于是放弃其他几个中心。湘中的中心是长沙"。据省委书记彭公达说："缩小范围的暴动计划，泽东持之最坚。"⑥

八七会议正确地确定了实行土地革命和武装反抗国民党反动派的总方针，但是如何反抗、如何革命，年幼的中国共产党十分缺乏经验。能够在这些重大政策问题上，旗帜鲜明地而又切合实际地提出和中共中央以至共产国际代表不同的意见，充分显示了毛泽东的过人胆识和求实精神。瞿秋白在一个多月后的一次政治局常委会上说："我党有独立意见的要算泽东。"⑦

1927年9月的秋收起义，毛泽东第一次打出了"工农革命军"的旗帜，果断地放弃了进攻长沙的计划，把起义军向南转移到敌人统治力量薄弱的农村山区，寻找落脚点，以保存革命力量，再图发展，独创性地走上了武装斗争、以农村包围城市、最终夺取城市的道路。

实事求是、群众路线、独立自主是毛泽东思想的灵魂。这些思想不是一天形成的，而是在实践中摸索出来的。陈独秀赞赏毛泽东的埋头苦干，瞿秋白赞赏毛泽东的独立思考。毛泽东不仅是踏石留印的实干家，也是实事求是的思想家！

参考文献：

① 张国焘：《我的回忆》第1册，现代史料编刊社1980年版，第294页。

②③④⑤⑥⑦ 逄先知、金冲及主编：《毛泽东传》（一），中央文献出版社2013年版，第139、141、142、144、146、146页。

09 朱德因为相信所以看见

人民的力量是无穷无尽的，但人民需要领袖指引方向！当人民徘徊在十字路口、不知所措的时候，需要领导者挺身而出。局势越混乱，越需要真正的领导者！

1927年7月27日，中央决定成立南昌起义党的前敌委员会，由周恩来、李立三、恽代英、彭湃四人组成，周恩来担任前委书记，委任贺龙为起义军总指挥，分配给朱德的任务是，"加强在敌军中的工作，了解南昌敌军动态"，要求朱德在起义当晚用宴请、打牌和闲谈的方式，拖住滇军的两个团长，保证起义顺利进行。

朱德发挥关键作用，是在这支部队面临溃败的时候。1927年10月7日的茂芝会议上，朱德在介绍了潮汕失利的情况后，毅然决然地表示："我是共产党员，我有责任把八一南昌起义的革命种子保留下来，有决心担起革命重担，有信心把这支队伍带出敌人的包围圈，和同志们团结一起，一直把革命干到底！"①

危难时期朱德同志强烈的责任感，让人想起他在柏林入党时的坚定承诺："从那以后，党就是生命，一切依附于党。"

起义军在朱德带领下向闽粤边界和闽赣边界进军。据粟裕回忆：

"朱德同志突然出现在队前，他一面镇定地指挥部队疏散隐蔽，一面亲自带领几个警卫人员，从长满灌木的悬崖陡壁攀登而上，出其不意地在敌人侧后发起进攻，敌人惊恐万状，纷纷逃跑，给我们让开了一条前进的道路。当大家怀着胜利的喜悦，通过由朱德同志亲自杀开的这条血路时，只见他威武地站在一块断壁上，手里掂着驳壳枪，正指挥后续部队通过隘口。这次战斗，我亲眼看到朱德同志攀陡壁、登悬崖的英姿，内心里油然产生了对他无限钦佩和信赖之情。""经过这次石径岭隘口的战斗，我才发觉，朱德同志不仅是一位宽宏大度、慈祥和蔼的长者，而且是一位英勇善战、身先士卒的勇将。"[②]

10月下旬，起义军余部到达赣南安远县天心圩，官兵仍然穿着单衣，有的甚至还穿着南昌起义时的短裤，打着赤脚，连草鞋都没有。饥寒交迫，疾病流行。无处筹措粮食，官兵常常饿肚子，战斗力越来越弱。从师、团级主官开始，各级干部纷纷离队。团以上干部仅剩朱德、王尔琢、陈毅三人。部队面临顷刻瓦解、一哄而散之势。南昌起义留下的这点火种，有立即熄灭的可能。关键时刻，站出来的是朱德。杨至成上将的《艰苦转战》一文完整地记录了当时的场景：

> 现在，人们的思想也和队伍一样的乱。每个人都考虑着同样的问题：现在部队失败了，到处都是敌人，我们这一支孤军，一无给养，二无援兵，应当怎样办？该走到哪里去？

> 在天心圩军人大会上，朱德严肃坚定地说道："大家知道，大革命是失败了，我们的起义军也失败了！但是我们还是要革命的。同志们，要革命的跟我走，不革命的可以回家！不勉强！"说到这里，朱德同志略略停了一停，眼睛缓慢地向大家扫视了一下。大家都痛苦地垂下了头，谁也没有说话，河坝子里静悄悄的，只有风吹着竹林，刷刷地响。朱德同志又把声音提高了点，说："但是，大家要把

革命的前途看清楚。1927 年的中国革命，好比 1905 年的俄国革命。俄国在 1905 年革命失败后，是黑暗的，但黑暗是暂时的。到了 1917 年，革命终于成功了。中国革命现在失败了，也是黑暗的。但黑暗也是暂时的。中国也会有个'1917 年'的。只要保存实力，革命就有办法。你们应该相信这一点。"

"我们该怎么办？"人群里一个人低声地问。

"打游击呀！"朱德同志向着发问的方向望了一眼，弯下身来对大家说："这一带有大革命时期农民运动的基础。我们一定要跟农民运动结合起来，找个地方站住脚，然后就能发展。"

"站不住脚哟，反革命天天跟在屁股后头追……"

"他们总有一天不追的。这些封建军阀们，他们之间是协调不起来的。等他们自己打起来，就顾不上追我们了，我们就可以发展了。"

接着，朱德同志又反复地讲了革命的前途和保存力量、继续革命的道理。足足讲了一个多钟头。朱德同志的讲话，既平易，又简单，却讲出了很深的革命道理，在这革命失败后黑暗的日子里，在群众情绪极其低落的时候，他的讲话像黑夜里的一盏明灯，使我们看见了未来的光明前途，增强了我们的革命信念。我们觉得心里开朗多了。③

朱德的讲话实际阐明了"共产主义必然胜利，革命必须自愿"。朱德将起义部队带向敌人力量薄弱的湘粤赣边界地区，而且认为军阀混战将造成我军的发展，这与毛泽东对革命道路的探索惊人的一致。秋收起义失败后，毛泽东将队伍带到了湘赣边界的井冈山。中国的红色政权为什么能够存在？毛泽东提出的第一个条件就是："因为有了白色政权间的长期的分裂和战争，便给了一种条件，使一小块或若干小块的共产党领导的红色区域，能够在四周白色政权包围的中间发生和坚持下来。"④

粟裕清晰记得朱德当时的讲话："我们只要留得一点人，在将来的革命中间就要起很大的作用。过去那个搞法不行，我们现在'伸伸展展'来搞一下。""蒋桂战争一定要爆发的，蒋冯战争也是一定要爆发的。军阀不争地盘是不可能的，要争地盘就要打仗，现在新军阀也不可能不打。他们一打，那个时候我们就可以发展了。""朱德同志这些铿锵有力、掷地有声的话语，精辟地剖析了当时的政治形势，展示了革命必然要继续向前发展的光明前景，令人信服，感人至深。"⑤

当时的起义队伍中没有几个人知道1905年的俄国革命，但朱德的坚定话语，让官兵真切感受到了他心中对革命那股不可抑制的激情与信心，这种信心与激情像火焰一般传播给了留下来的官兵。

陈毅说："人们听了朱总司令的话，也逐渐坚定，看到光明前途了，当时如果没有总司令领导，这个部队肯定地说，是会垮台的。""朱总司令在最黑暗的日子里，在群众情绪低到零度，灰心丧气的时候，指出了光明的前途，增加群众的革命信念，这是总司令的伟大。没有马列主义的远见，是不可能的。"⑥

作为师、团级政工干部中仅存的七十三团指导员陈毅同志，也挺身而出，积极协助朱德同志带领部队。他恳挚地开导大家说：只有经过失败考验的英雄，才是真正的英雄，我们要做失败时的英雄。陈毅同志严肃地告诫想离开队伍的人：中国革命是有希望的，拖枪逃跑最可耻！

粟裕深情地回忆说：在这难以想象的艰难时刻，我们的朱德同志和陈毅同志，真是像青松那样挺拔，像高山那样耸立，他们坚决率领这支革命队伍，坚持走武装斗争的道路，成为整个部队的中流砥柱。可以毫不夸张地说，那时如果不是朱德同志的领导和陈毅同志的协助，这支部队肯定是要垮掉的。"从这次全体军人大会以后，朱德同志和陈毅同志才真正成了我们这支部队的领袖，我们这支部队也度过了最艰难的阶段，走上了新的发展的道路。"⑦

理想信念是中国共产党人的精神支柱和政治灵魂，是共产党人精神上的"钙"，理想信念高于天！理想信念坚定，骨头就硬！1927年10月底，在江西安远天心圩，朱德在关键时刻为即将崩溃的队伍树立起高山一样的信仰。绝大多数人因为看见而相信，只有少数人因为相信而看见，他们是领导者！领导者能够预见未来，看到即将到来的机会。在反动军阀天天围追的情况下，朱德预见到"不追"的可能和在军阀混战中生存下来的前景。真正的领导者，在队伍迷茫的时候，伸出指引方向的有力的一只手。

朱德，黑夜里的一盏明灯！

参考文献：

①金冲及主编：《朱德传》，中央文献出版社2016年版，第103页。

②⑤⑦粟裕（时任南昌起义军革命委员会警卫队班长，国民革命军第5纵队、第16军47师140团、工农革命军第1师5连指导员）：《激流归大海》，《星火燎原》第1卷，解放军出版社2009年版，第67、70—71、71页。

③杨至成（时任革命革命军第20军3师6团6连连长）：《艰苦转战》，《星火燎原》第1卷，解放军出版社2009年版，第84—85页。

④《毛泽东选集》第一卷，人民出版社1991年版，第49页。

⑥陈毅：《关于八一南昌起义》，《近代史研究》1981年第2期，第26页。

10 刘少奇危难之时显身手

危难之时总能见到刘少奇的身影，在安源，在满洲，在华北，深入华中，发展苏北，抢占东北……

一身是胆的谈判者

1922年9月，刘少奇接到毛泽东通知后，迅速前往安源。14日，安源路矿1.3万名工人为改善生活和工作条件发起大罢工，李立三为总指挥，刘少奇为工人俱乐部全权代表。工人们的口号是"从前是牛马，现在要做人"。大罢工开始后，路矿当局为镇压工人运动，勾结军阀，派出军队，在各个重要部门都安置机关枪进行威吓，并宣布安源为特别戒严区，赣军旅长李鸿程为戒严司令。9月16日，戒严司令部已被闻讯赶来的数千名工人围得水泄不通，喧声如雷。

不满24岁的刘少奇代表工人孤身前往戒严司令部与矿局谈判。当他穿过两侧全是长枪和刺刀的走廊进入办公大楼后，矿长和戒严司令以审问的口气质问："你们俱乐部为什么要鼓动工人作乱？"刘少奇义正词严地讲清了工人为什么要罢工。戒严司令听后威吓道:"如果坚持作乱,就把代表先行正法!"面对死的威胁,刘少奇严正回答说:"万余工人如此要求,虽把代表砍成肉泥,仍是不能解决!"戒严司令又说:"我对万余人也有法子制裁,我有万余军队在这儿!"刘少奇愤怒地说:"就请你下令制裁去!"这时,大楼外数千工人大喝:"谁敢动刘代表半根毫毛,我们就打得路矿两局片瓦不留!"在此声势下,戒严司令不得不和气地说:"请代表下午再来这里商量。"刘少奇厉声道:"若不磋商条件,即可以不来。至于说用别的方法可以解决,请你们把我斫碎罢!"①

9月18日,经过艰苦的谈判,路矿当局不得不屈服,最后达成13条协议:路矿两局承认俱乐部代表工人的权利,开除工人需有正当理由,罢工期间工资照发,工头不得殴打工人,增加工人工资等。工人俱乐部提出的条件几乎全部实现,坚持五天的大罢工取得完全胜利。安源工人们对刘少奇只身前往戒严司令部,同全副武装的军政当局进行面对面斗争的壮举交口称赞,说他"一身是胆"!

1923年8月,刘少奇当选为俱乐部总主任。在他的领导下,俱乐部在全路矿开办了七所工人学校,五个工人读书处,一个工人图书馆,两个消费合作社。俱乐部保护着工人的权益,也丰富了工人的物质文化生活:"现在安源的工人,做完了工可以读书,可以看戏,可以听讲,又可以做各种游艺。子弟读书不要钱,秩序有自己的纠察团维持,不受兵警的蹂躏……"②

这年秋天,刘少奇还在安源办了一所党校,这是中共历史上最早的党校。1924年9月,刘少奇兼任机关已迁驻安源的汉冶萍总工会临时执行委员会委员长,主持工作,全国各地共产党员聚集此地,最多时占全国党员人数的三分之一到二分之一,仅安源本地15个支部就有300名党员,上缴的党费是党中央最大的经费来源。据杨尚昆回忆,1925年初全国900名党员,安源占300多。安源被称为"小莫斯科"。③

东北披荆斩棘的拓荒者

1929 年 4 月，在东北进行了三个月调查研究的中央特派员谢觉哉给中共中央写了一封信："总之，满洲的环境是很好的，有广大的无产阶级和农民……只是文化非常落后，旧思想非常浓厚，我们党的影响非常小，可谓等于零。但是不能说那地方不能做不好做。满洲党需要一个有本事的领导者，首先做点斩除荆棘的垦荒工作，经过相当时日，不难有很好的成绩出来。"④

6 月 4 日，中共中央政治局决定派有丰富斗争经验的刘少奇出任中共满洲省委书记。刘少奇抓紧恢复和整顿党的组织，建设强有力的省委班子，发展党员和党支部，同时自己选定奉天纱厂（今沈阳纺织厂）作为开展工人运动的重点。9 月 1 日，由周恩来为中央起草的给中共满洲省委的信中指出，刘少奇等到满洲省委后的工作，"在精神上和路线上迥然与前异，的确创造了满洲党之斗争的精神"。⑤

刘少奇在中共满洲省委前后工作八个多月，他受命于危难之际，肩负重托来到东北，以"拓荒者"的姿态，进行着披荆斩棘的工作，打开了满洲党工作的局面，取得了相当成绩，为党在白区工作正确路线的制定，做出了重要贡献。

华北形势大转变

1936 年春，刘少奇到达天津，开始以中共中央代表的身份，领导中共中央北方局的工作。到年底，北平的共产党员人数比"一二·九"运动时增加了近 10 倍。张闻天在 8 月 5 日代表中央书记处写了《中央给北方局及河北省委的指示信》，指出："北方党的工作，自胡服同志（刘少奇的化名——作者注）到后，有了基本的转变"：第一，政治领导的加强，纠正了过去河北党中严重的关门主义倾向；第二，努力扩大抗日战线，不仅企图建立华北各界的救国联合，而且能顾及全国，在学生、军队、农民群众中，均有较好的成绩；第三，在组织上，河北的党不仅能够帮助环绕河北各省建立党的组织，而且能够顾及到上海、西南、武汉等地党的建立，等等。"这些主要转变，是已奠定了胜利的基础，开展着光明灿烂的伟大前途"。⑥在给刘少奇的长信中，张闻天说道："北方工作，我们认为自你去后，已经有了基本的转变。大家都很高兴，望继续努力，并经常把新的问题与新的经验告诉我们。"⑦

这段时间，刘少奇在党内外刊物上发表了《肃清立三路线的残余——关门主义冒险主义》《肃清空谈的领导》《关于共产党的一封信》《公开工作与秘密工作的区别及其联系》《民族统一战线的基本原则》《关于白区职工运动的提纲》《关于大革命历史教训的一个问题》《关于过去白区工作》，这些文章是清算关门主义、冒险主义，大力贯彻中共中央瓦窑堡会议精神和中共在白区工作经验教训的理论总结，对指导党的建设和白区工作，弥足珍贵。

1937年7月全面抗战爆发，八路军三个师开往华北前线。7月16日，刘少奇和杨尚昆从延安启程，前往华北，准备根据变化了的形势重新组建北方局领导机构。此时华北地区在刘少奇领导下，中共组织已经普遍重建和恢复，党员人数大量增加。这样，两支队伍、两股力量会合起来，迅速打开了华北抗日斗争的新局面。与此同时，刘少奇抓住由于日军侵占造成敌后政权真空的时机，委派干部出任专员、县长，并力主建立共产党领导下的抗日民主政权。刘少奇派黄敬率一批干部赴晋察冀，由黄敬担任晋察冀省委书记，并在各地成立同各个军分区领导范围相应的特委，县以下各级党组织也先后建立起来。晋察冀边区临时行政委员会的成立，在全国是首创，成为插在日本占领区的一把尖刀和鼓舞晋察冀边界地区1000多万人民坚持敌后抗战的坚强堡垒。

到1938年2月，华北的晋东北、晋西北、晋东南、冀西南、晋西南敌后抗日根据地已基本建立，并先后粉碎了日军大规模的多路围攻。各根据地的军事领导一般由八路军干部兼任，而担任党、政领导的，大多是北方局系统的干部。毛泽东在同美国合众社记者谈话时，充满信心地说："从这些区域看来，中国失去的不过是几条铁路及若干城市而已，其他并没有失掉。这一实例给全国以具体的证明：只要到处采用这种办法，敌人是无法灭亡中国的。这是将来收复失地的有力基础之一。"⑧

刘少奇在总结抗战初期华北工作时说道："总起来说，华北党在这个时期执行的路线是正确的，是灵活地执行了中央路线的。在这样一个重要的、复杂的、紧急的转变关头，我们没有迷失方向，没有堕落为政治上的庸人，而是在克服了许多错误的意见之后，正确、及时地决定了前进的方向，并且动员和组织了数百万群众朝着我党指定的方向前进了。"⑨

彭德怀在党的七大上有这样的评论：在敌后进行游击战，"这一道理，在今天看来，这是极平常简单的，是很容易的，但是在当时是很不容易的事。在这里证明了刘少奇同志不仅有白区城市工作的经验，他也懂得农村的敌后战场。"⑩

刘少奇领导北方局工作的三年内，华北形势发生了极大的变化。中国共产党已成长为华北最大的政党，在许多地方成为决定性的力量。八路军已成为坚持华北抗战的主力。到1938年10月，八路军由原来的4.4万人增至15.6万人，在中共领导下建立起来的山西新军到1939年夏有50个团7万余人。这是全党全军共同努力的结果，也同刘少奇这几年卓有成效的工作分不开。

深入华中发展苏北

1938 年 11 月，中共六届六中全会确定党在敌后武装斗争的战略部署是巩固华北、发展华中，派刘少奇任中原局书记，执行发展华中的重任。在刘少奇领导下，华中各部队纷纷深入敌后，放手发动群众，壮大抗日武装力量，先后建立了豫皖苏、皖东、皖东北、苏北根据地。经刘少奇提议，中共中央调八路军黄克诚部从华北挥师南下，皖南新四军陈毅部也从苏南渡江北上。到 1940 年 6 月，在刘少奇的统一指挥下，八路军、新四军南北夹击，一举歼灭不断进攻新四军的顽固派韩德勤部主力 12 个团共 1.1 万余人。黄桥决战的胜利，使苏北陇海铁路以南、长江以北、大运河以东直到黄海边的广大地区，都已被共产党控制。中共中央确定的开辟苏北、发展华中的战略方针胜利实现。

1941 年 1 月皖南事变发生后，针对国民党反动派消灭新四军的图谋，刘少奇于 1 月 17 日、18 日两次向中共中央提议，重新新四军军部。1 月 20 日，中共中央革命军事委员会正式向全国发布重建新四军军部的命令，任命陈毅为代理军长，刘少奇为政治委员。新四军军部重建后，以崭新的面貌纵横驰骋在华中苏、皖、鲁、鄂、豫 5 省的抗日战场。全军总人数当年即由 9 万人发展到 13.5 万人，成为继八路军之后中国共产党领导的又一支劲旅。

只争朝夕抢占东北

1945 年 8 月 23 日，政治局召开扩大会议，决定在重庆谈判期间，刘少奇代理中共中央主席职务，并任命刘少奇为中央军委副主席和总政治部主任，并兼城市工作部部长。毛泽东总结时说："东北工作如何？派干部去是确定的，派军队去不能定，要看。有可能不能去。"⑪

在此历史转折关头，刘少奇留在延安主持全党领导工作，分量之重可想而知。临行前，毛泽东与刘少奇整整谈了一天一夜。"要看"的重任就落到了刘少奇身上。8 月 28 日上午，刘少奇隆重送别毛泽东赴重庆后，下午和朱老总直奔中央党校，为首批出发赴东北工作的干部送行，刘少奇说："我们决定还是派军队去，能走路的先走，能快走的先到，到了热河边境，瞪着眼睛望一望，能进去就进去，以后再抽些队伍抽些干部去东北，抽几万去，一切要看情况，有空子就钻，铁路不能走就跑路，大路不能走走小路。日本人垮了，满洲皇帝溥仪捉到了，苏联红军走了，国民党还没有去，你们要赶快去抢。"⑫

9 月 17 日，刘少奇起草中共中央致重庆中共谈判代表团的电报，提出："我们全国战略必须确定向北推进、向南防御的方针。否则我之主力分散，地区太大，处处陷于被动。"提议新四军江南主力立即转移到江北，皖南、皖中新四军第七师也向北撤退，从山东、华中抽调 10 万至 15 万人北上，控制冀东、热河。以毛泽东、周恩来为首的中共代表团回电完全同意。

9 月 19 日，刘少奇起草中共中央给全党的指示《目前任务和战略部署》，正式提出"全国战略方针是向北发展，向南防御"。

9 月 20 日，刘少奇又致电山东分局，指出："发展东北，控制冀东、热河，进而控制东北的任务，除开各地派去的部队和干部外，中央完全依靠你们及山东的部队和干部，原则上要以山东的全部力量来完成，必须全力执行，越快越好。"⑬

同时命令：山东部队主力迅速向冀东及东北出动，3万兵力到冀东，3万兵力进入东北；新四军除五师外，调8万兵力到山东和冀东；浙东部队撤向苏南，苏南、皖南主力撤返江北；晋冀鲁豫军区准备3万兵力在11月调到冀东和进入东北。随后，刘少奇从各单位抽调大批政治、军事干部派往东北。

在这样短促的时间内，数十万部队和干部，从南到北在数千里战线上移动着，在中国共产党历史上是史无前例的。这一重大战略调动，打破了国民党企图抢占东北以便南北夹击关内解放区的图谋，同时又及时将驻在南方国民党心腹地带的兵力集中到江北，避免了被各个击破的危险。"向北发展、向南防御"战略，为夺取全国解放战争的胜利奠定了基础。

在多少次危难时刻，刘少奇以敏锐的思想、扎实的行动，有力地改变了局面。

参考文献：

①④⑤⑥⑦⑩⑪⑫金冲及主编：《刘少奇传》（上），中央文献出版社2008年版，第46、123、129、223、223、249、477、477页。

②《刘少奇论工人运动》，中央文献出版社1988年版，第17页。

③刘源：《梦回万里卫黄保华》，人民出版社2018年版，第11页。

⑧《毛泽东军事文集》第2卷，军事科学出版社、中央文献出版社1993年版，第171页。

⑨《刘少奇选集》上卷，人民出版社1981年版，第263页。

⑬《罗荣桓传》，当代中国出版社2006年版，第230—231页。

11 周恩来领导于"无痕"

1943 年 4 月，周恩来在《怎样做一个好的领导者》提纲中阐述了"领导群众结交朋友"的五点方法：

一、领导党的方式和领导群众的方式是不同的，领导群众的方式和态度要使他们不感觉我们是在领导。

二、领导群众的基本方法是说服，决不是命令；只有在多数已经同意而少数尚不同意的情形下，必要时可用多数的意见强制少数执行。

三、领导群众和结交朋友，领导者自己要起模范作用。

四、领导者在必要时应忘记他所受的侮辱。

五、领导者切勿轻视自己的作用和影响，要戒慎恐惧地工作。

也阐述了两点"领导艺术"："列宁、斯大林论领导艺术，不可跑得太前，也不可落在运动后面，而应抓住中心一环，推向前进。毛泽东同志论领导艺术，要照顾全局，照顾多数，以及和同盟者一道干。"①

让群众"不感觉我们是在领导"，即领导于"无痕"状态，没有居高临下，没有强制命令，要说服教育，要模范带头，要戒慎恐惧，要团结多数，要不后也不太前。简短的提纲蕴含了多么丰富的领导力内涵和待人接物艺术。对这些道理和方法，知道，并不容易；做到，就更不容易。让我们通过两三个场景回顾一下周恩来是怎么做的。

周恩来在重庆期间，与留居那里的进步的学术工作者保持着密切接触。皖南事变后，沉闷的政治空气压得许多人透不过气来，周恩来神态自若地对他们说："形势不利于大规模地搞公开活动，但这也是一个机会。有研究能力的人，尽可以利用这个机会，坐下来搞点研究，抓紧时间深造自己，深入研究几个问题，想写什么书，赶快把它写出来。""等革命胜利了，要做的事情多得很呢。到那个时候，大家就更忙啦，你们想研究问题、写书，时间就难找啦！"②周恩来的话，使很多人顿时豁然开朗，开始埋头从事研究和著述，侯外庐的《中国古典社会史论》、翦伯赞的《中国史纲》等便是在这段时间开始写作或完成的。

据侯外庐先生回忆：周恩来还经常参加进步学者的读书会——

有时，因为形势不利，与会者显得不活跃的时候，周恩来同志出现在大家面前，总是谈笑风生，甚至讲点笑话。当我们讨论热烈的时候，他则通常是静听不语。在我的印象中，周恩来同志与会时，读书会的成员想说什么就说什么，想问什么就问什么，大家丝毫不觉得拘束。有时，他也发言，那是一种完全以平等身份发表意见、探讨问题的发言。事实上，周恩来同志的意见只要一经提出，总被大家接受、采纳，奉为原则。他的意见能有这样的力量，并不是由他的地位决定的，而是由他在大量的学术问题上，就如同在政治问题上一样，都有着敏锐的洞察力、透彻的分析力、准确的判断力所决定的。③

在抗战时期国民党统治的心脏所在地——重庆，周恩来同志，把我们一群渴望为抗战出力，有志于研究而困难重重的学术工作者组织起来，充分调动了每一个人的积极性，还为我们创造了一个学风正派、方向明确、大家同舟共济、人人脚踏实地的研究环境。这是多么难能可贵啊！如果说，我一生还曾取得一些成绩的话，一个极重要的原因便是，我受到过周恩来同志的指导，我在那个环境中得到过支持，得到过锻炼。④

如果你是部下，愿意在这样的领导下工作吗？毫无疑问，百分百愿意！周恩来那是在领导吗？那分明是在帮助朋友！

苦闷时，他开启愿景；

谈话时，他专注倾听；

沉闷时，他活跃气氛；

交流时，他平等参与。

这就是领导于"无痕"！领导者的重要使命是创造环境，在自然界有强力、弱力、电磁力和万有引力等四力，在有人际互动的场合，就有一种独特的"第五力场"，即人文环境，有了良好的第五力场，就会有良好的行为和习惯，就会有良好的结果和成效。

邹韬奋是著名的救国会"七君子"之一。他所主办的《生活》周刊和生活书店，在全国，特别是青年中有着极大的影响。周恩来在武汉第一次同他见面，就好像是遇到老朋友一样。他对邹韬奋说："我们还没见面的时候已经是朋友，好朋友了。救国会的抗日主张和我们是一致的，爱国七君子的风节我是很佩服的。"谈话中，周恩来关切地询问他出狱后的身体和家庭情况，向他分析抗战的形势和任务，指出："现在我们一起奋斗，以彻底打败日本帝国主义。将来，我们还要共同努力，以建设繁荣富强的新中国。"临别时，周恩来紧紧地握住他的手说："请你们记住，爱国知识分子是国家的宝贵财富，无论什么时候都需要，有什么要求，请随时提出来。"周恩来的热情强烈地感染了邹韬奋。他后来不止一次地对别人说："周恩来先生的确是我们的'良师益友'，'是最可敬佩的朋友'。"

太平洋战争爆发后，中共中央和周恩来十分关心被困香港的民主人士、文化界人士，不惜任何代价、不怕困难、不惜牺牲，想尽一切办法把他们抢救出来。安排邹韬奋夫人及子女暂住桂林，邹韬奋本人暂时避居在广东梅县，后经过上海转移去苏北解放区。1944年7月，邹韬奋因病在上海逝世。在延安的周恩来获悉噩耗后，万分悲痛，立刻向中共中央建议：在延安召开追悼会，由《解放日报》发表追悼文章。在追悼会上，周恩来说："我国有两个青年领袖，一个恽代英，他已经去世了；另一个就是邹韬奋，他现在也逝世了。这是我们党最大的损失。""多年来，韬奋同志为了反对日本帝国主义的侵略，反对国民党反动派'攘外必先安内'的专制政策，奔走呼号舌敝唇焦，动员人们起来救亡图存，赢得了广大人民，特别是广大青年的拥戴和热爱。他是承继恽代英同志的真正的青年领袖。"

1945年9月，抗战胜利后第二个月，周恩来就特地致信邹韬奋夫人表达慰问：

粹缜先生：

在抗战胜利的欢呼声中，想起毕生为民族的自由解放而奋斗的韬奋先生已经不能和我们同享欢喜，我们不能不感到无限的痛苦。您所感到的痛苦自然是更加深切的了。我们知道，韬奋先生生前尽瘁国事，不治生产，由于您的协助和鼓励，才使他能够无所顾虑地为他的事业而努力。现在，他一生光辉的努力已经开始获得报偿了。在他的笔底，培育了中国人民的觉醒和团结，促成了现在中国人民的胜利。中国人民一定要继续努力，为实现韬奋先生全心向往的和平、团结、民主的新中国而奋斗不懈。韬奋先生的功业在中国人民心目中永垂不朽，他的名字将永远是引导中国人民前进的旗帜。想到这些，您，最亲切地了解韬奋先生的人，一定也会在苦痛中感到安慰的吧！您的孩子——嘉骝，在延安过得很好，他的品格和勤学，都使他能无负于他的父亲，这也一定是可以使您欣慰的事吧！

谨向您致衷心的慰问，并祝您和您的孩子们健康！⑤

这 300 多字的慰问信，字字含泪，句句深情，这是朋友对朋友的最深切的怀念，是对朋友家人最真挚的慰问和牵挂。

周恩来对知识分子关怀如斯，对文化不高的小战士也特别宽容。新四军军部警卫班长李德和为周恩来副主席煮面条，煮成了面糊糊，被叶挺军长严厉批评，脸都红了，又羞又悔不知怎么办才好。周副主席走进伙房，看到李德和一副紧张委屈的样子和锅里的面条后，不禁哈哈笑起来，说："面条能吃，面糊糊也能吃！我的胃口好，树皮草根都能消化，还怕面糊糊不消化？快，大家都来吃！"一句话把紧张的空气化解了，大家都笑了起来。李德和端起饭碗，感激地望着周副主席，喉咙里却好像被卡住一样。周副主席香甜地吃完面条，走到警卫班长身边，亲切地说："煮面条要等水烧开后，再把面条放下去。吃一堑长一智，煮几次就学会了，下次我还要吃你煮的面条！"⑥

周恩来领导他人于"无痕"，化解他人尴尬于"无痕"，一切都那么自然！

参考文献：

①⑤《周恩来选集》，人民出版社 1980 年版，第 131—132、225 页。

②③④侯外庐：《韧的追求》，三联书店 1985 年版，第 114、122—123、126 页。

⑥李德和：《为周副主席煮面条》，《星火燎原》第 17 卷，解放军出版社 2009 年版，第 35 页。

12 # 任弼时善于使人讲出内心的话

在他面前，"慌张的人会变为镇定的人，落后的人会变为前进的人，糊涂的人会清醒过来，软弱的会坚强起来。"①这里说的是任弼时对人的影响。任弼时的一生，正如叶剑英元帅所评价的："他是我们党的骆驼，中国人民的骆驼，担负着沉重的担子，走着漫长的、艰苦的道路，没有休息，没有享受，没有个人的任何计较。他是杰出的共产主义者，是我们党最好的党员，是我们的模范。"本文侧重回顾一下任弼时同志善于倾听和实事求是的领导风格。

好的交谈者，通常有这些行为习惯：专注；不好为人师；多用开放式问题（谁、什么、何时、哪里、为什么）；顺其自然；如果不知道，就说不知道；不用自己的经历和他人比较；不赘述自己的一点往事；少说无用的话，简明扼要；认真倾听，不仅善于讲话，也善于使对方讲话，不仅善于说，也善于听。师哲回忆说：

> 同弼时同志在一起，使我们体验得最深刻、最感动人的，是他的朴实作风、实事求是的精神，是他对问题的认真和严肃态度，是他对干部的和蔼和诚恳态度。凡是和他接触过的同志，不论是向他

报告，或请示工作，或谈个人问题，他会耐心地听取你的话，让你讲完你所要说的话，他会周详地、全面地了解问题，研究解决的方法。有时他为了帮助你更深刻地想问题，在你提出问题之后，他要反问你自己解决这个问题的意见和方法，然后再向你答复，向你解释。不管你谈的是工作问题，还是个人问题，他总会诚恳地、和蔼地向你说明你对一个问题所不能理会的那些方面。他善于使人讲话，善于使人讲出他内心的话。他循循善诱地启发人，说服人，他也善于批评人，善于纠正人错误。同弼时同志谈过话的人，总会觉得他善于说明问题，解释问题，甚至是他批评了你，指责了你，你也会诚心悦服地接受他的批评和指责，凡是和他谈过话的人都有此同感。②

谈话时，对方所说，自己早就知道，该如何应对。抗战时期新华社和马列学院工作人员叶蠖生回忆：

有一次我和弼时同志谈起边区机关和部队中存在的缺点，他一言不发地倾听着。我以为这一定是我提出的材料很深刻，很新鲜，才引起他的注意。等到我谈完之后，他一条一条分析给我听，哪些缺点已经克服了，哪些缺点在不得已情况下无法立即克服，只能等待时机成熟，才能完全纠正。这时候我才发现他知道的比我更多。他如此倾听，并不是因为我所谈的材料真个新鲜和深刻，而是为着不愿打断下面同志提意见的热忱。假如他不愿负担这种不必须的额外工作，他满可以说一声"我早知道了"，来打断我的谈话。他不这样做。他希望从一百句话中听到一两句有用的话，他耐烦地听下去，细心地给我解释。即使我的话毫无可取之处，他这种倾听下情，循循善诱的态度仍然深刻地教育了每一个干部。③

什么是耐烦？就是"从一百句话中听到一两句有用的话"，这提醒我们，如果刚听了三言两语，就说"我早知道了"，这叫作"不耐烦"！

萧克回忆道：

> 弼时同志平等对人，善于倾听别人的意见，不管是在平时或在会议上，也不管别人说话唠叨甚至言词激烈，他总是耐心地听，让人把话说完，不轻易打断别人。他坚持原则而不激动，议论不多而思虑周详。一边倾听，一边思考。不熟悉他的人，以为他城府很深，然而，当他考虑成熟之后，便"城门"洞开，如见肺腑，令人心悦诚服。特别是对有错误或缺点的同志，他经常采取耐心的启发，使人自觉；有时严肃批评，但态度诚恳，分寸恰当，决不轻易指责，或者声色俱厉地扣大帽子。④

任弼时同志是一位好的倾听者、交谈者，这种外在行为的背后有着强大的思想基础和品格修炼。从 16 岁参加革命、18 岁加入中国共产党，至 46 岁逝世，他把 30 年的生命和精力全部贡献给了中国人民的革命事业。他从不居功，从不谈自己，经常谦虚地说：

> 我们每个干部决不可以把自己现在的地位以及工作中的胜利与成就，看成完全是由于自己个人的本领，以为自己的本领真的比什么都高大，以为自己真的是了不起的人物。如果我们不懂得自己的成功，正是因为自己是为党工作，才会获得这些成功，反而把自己看成了不起的"英雄"，甚至离开党而去寻求个人的名誉地位，那就非常错误，非常危险。⑤

理解了这份情感，就知道任弼时同志一直视自己为党的普通一员，所以，在与任何人谈话的时候才会如此平等、专注。

1931年，时任中共中央政治局委员的任弼时前往中央苏区。因为刚到不久，战士们大多不认识他。有一次，他让一位战士教他刺杀。那位战士教了几次，见他动作不准确，就竖眉瞪眼地批评他："乱弹琴，像你这样还能刺倒敌人？"当他的动作稍有进步时，那战士又拍拍他的肩膀说："不错，长进很大，照这样下去，肯定是一个模范赤卫队员！"这时，通信员跑来喊道："请首长去开会。"那位战士才知道这个学刺杀的人是中共中央组织部部长任弼时，脸一下涨得通红。任弼时却大笑着说："你不仅是个模范战士，还是一个好教练员！以后要继续教我学刺杀技术哦。"

1946年春天，中共中央华东局领导委派杜前、马仪等几位负责青年工作的干部到延安向党中央汇报工作，任弼时听取汇报并参加讨论会。会议持续了两个月，在此期间，中央青委的同志每隔几天都要向任弼时汇报情况。每次汇报，总感到十分亲切。他们这样评价任弼时：

> 和人相见，他的脸上总是挂着慈祥、和善的笑容，热情地同你打招呼、握手，亲切地让你坐在他身旁。谈话时，他总是凝神聚目听着你的诉说，不喜欢打断别人的发言。他习惯于倾听别人的讲话，同时边听边判断。这中间，绝无漫不经心。当你的发言结束后，他才说说他的分析、他的见解，回答你最需要回答的问题。他常用同你商量的口吻说："你看这样好不好？""是不是这样的？"在青委同志陈述的过程中，任弼时始终默默地倾听，认真地思索，最后缓缓地说："你们研究一下看，是否可以搞青年团？过去，在七大的时候，冯文彬、李昌他们曾提议要建立青年团。那时，中央不同意，我也不同意。现在你们可以再研究一下，是否可以建立青年团。"任弼时的意见明确了青年工作的方向，使参加讨论的同志异常兴奋。⑥

任弼时同志是一位好的交谈者，也是党的实事求是思想路线的践行者。

1941年5月，毛泽东在延安干部大会上做了《改造我们的学习》的重要报告，由此拉开了长达四年的延安整风运动的序幕。在这场运动中，作为中共中央秘书长的任弼时，协助毛泽东牢牢把握整风运动的正确方向，为加强党的思想领导，还多次论述转变党的工作作风这一重大问题。1943年1月，任弼时在西北局高级干部会议上作了《关于几个问题的意见》长篇演讲，特别提出要重视审查工作。如计划是否切合实际，干部配备之是否恰当，都要在经常的审查中来解决。根据工作中的经验发出具体的补充指示，及时地调换这种不恰当的干部，用称职的恰当的代替他们。他提出："第一，我们审查一件工作，不能单凭它的计划或者是书面报告，而必须要到工作实际进行的地方去，审查这些计划的实际执行情况和它的具体结果。第二，我们在进行审查工作的时候，不应当是仅仅从上而下的，仅仅依靠执行机关来进行审查，自然这种审查也是必要的，但这还不是审查工作的全部，还必须进行自下而上的审查。"我们在审查工作中，应当善于总结工作中的经验教训，因为我们的目的不在于简单地了解工作中的情况，而在于从了解工作情况中想出改进工作的办法。

审查不能停留在纸面上，必须到现场；审查不只是自上而下，单向的，也必须自下而上，双向的，这些意见真是切中要害！

在整风运动中，负责审查干部的康生，背离整风运动的精神，不调查，不研究，随意地抓人、关人，把这些人随意地戴上特务、叛徒、反革命的帽子。任弼时坚决反对康生的这套错误做法，他说："我们的革命队伍，哪能越革反革命越多呢？我不信。应该调查研究，坚持实事求是。"⑦

他立即找参加审干工作的同志了解情况，找被批斗、被关押的人谈话。经过大量调查研究，如实地向毛泽东同志做了汇报，提出必须立即制止康生的这种做法。毛泽东同志很重视他的意见，1943年8月15日，党中央立即专门召开会议，重申审查干部必须坚持九条方针：首长负责，自己动手，领导骨干和广大群众相结合，一般号召与个别指导相结合，调查研究，分清是非轻重，争取失足者，培养干部，教育群众。不久，毛泽东同志又指出：一个不杀，大部不抓，从而及时地纠正了反特扩大化的严重错误，使整风运动走上了健康的轨道。

1944年，在陕甘宁边区高级干部会议上，时任中共中央书记处书记的任弼时作了长篇报告《去年边区财经工作的估计与今年边区金融贸易财政政策的基本方针》，这个报告因切中现状、有理有据、分析透彻而博得大家的阵阵喝彩。那些图表或是根据任弼时用近三个月的时间进行调查研究后得到的统计资料汇总而来，或是从《解放日报》的通讯中摘编而成，或是任弼时与延川拐峁村农民蓝凤城交朋友、拉家常的过程中获得。每张图表他都作了精心的设计，小到农民买火柴、水烟的费用，大到三五九旅的开支状况，分析、比较、归纳，条理清晰，入木三分。运用调查研究所获得的材料，任弼时在报告中点面结合地将陕甘宁边区经济发展的总体面貌生动直观地反映出来。这样的报告不但使听众信服，也使政策的提出更加符合实际。毛泽东审阅这份报告后，批示作为"党内高级干部读物"印发5000份，并提议任弼时到中央党校再讲一次，可以有500人听，中央同志及中直可去200人左右。⑧

为了正确解决解放区土地改革中出现的各种问题，他进行了系统的调查研究。从详细阅读有关资料和各解放区送来的书面报告，到亲自找各级干部直至农会主席谈话，他认真听取各种意见，细致分析一个县一个村的典型材料，经过这样认真、细致的调查研究，形成1948年所作的《土地改革中的几个问题》报告。这个报告把土地改革问题在理论上推进了一步，对各解放区土改的胜利起了重要的作用。

骆驼，脚踏实地，一步一个脚印。任弼时是党的骆驼、中国人民的骆驼，他的善于倾听、他的实事求是是中国革命的宝贵财富。他总是让别人把话说完，并善于使讲话的人能讲出内心的话，"从一百句话中听到一两句有用的话"，如果有这样耐烦的态度，我们就能听到更多的声音！驼铃声中，仿佛传来列宁的那句话："少说些漂亮话，多做些日常平凡的事情。"这也正是骆驼的精神！

参考文献：

①②③④ 中共中央文献研究室编：《回忆任弼时》，中央文献出版社 2014 年版，第 154、99、114—115、221 页。

⑤⑦ 洪梦、成晓明：《"党的骆驼"任弼时：一生有"三怕"》，《党史文汇》2013 年第 3 期。

⑥ 武文笑：《任弼时：谦恭虚己的楷模》，《福建党史月刊》2015年第 6 期。

⑧ 章学新主编：《任弼时传》（下），中央文献出版社 2014 年版，第 630 页。

13　邓小平宁愿自己背得重一些

宁愿自己多背一些，宁愿自己背得重一些，这种牺牲精神和全局思维贯穿着邓小平整个革命生涯。

1946年6月下旬，国民党蒋介石大举进攻中原解放区，大规模内战揭开战幕。国民党拥有430万人的总兵力，拥有从日本侵略者手中接收的可供100万人使用的全部装备，拥有大量的各式美国援助，占有国土面积的76%，拥有总人口的71%，控制着全国几乎所有的大城市、主要交通线和几乎全部近代工业。国共实力对比34∶1，蒋介石决定用三到六个月首先消灭关内共军，然后解决东北问题，但是，这只是蒋介石的一厢情愿。

1946年8月陇海战役，晋冀鲁豫野战军歼敌1.6万余人。战后，在野战军司令部作战室里，刘伯承、邓小平正在研究敌情。邓小平走到地图前说："从津浦路北上的共三个师，其中两个是蒋介石的王牌部队。蒋介石一共五大王牌（新一军、新六军、新五军、整编十一师、整编七十四师），这一下把两大王牌都拿出来了。新五军和十一师全部美械装备，战斗力强，比较难对付。西边来的敌人数量多，但战斗力不强。针对这一情况，我考虑有两个方案：一个是暂避开敌人的锋芒，将我主力迅速撤到老黄河以北休整一个短时间，尔后再寻机会，南下歼敌。这个方案从我们这个局部情况考虑，是比较有利的，但这样一来，势必增大对陈毅、李先念的压力，对全局不利。另一方案是咬紧牙关再打一仗。这样，我们的包袱会背得重些，但陈毅、李先念他们那里就轻松多了！我的意见以第二方案为好。"刘伯承笑着说："我完全同意你的意见。蒋介石是饭馆子战术，送来一桌还不等你吃完，又送来一桌，逼着你吃。来而不往非礼也，既然送来了，我们就放开肚皮吃哟！"①

为了减轻兄弟部队的压力，宁愿自己背得重一些。晋冀鲁豫野战军在定陶战役和二出陇海又分别歼敌 1.7 万人和 1.6 万余人。在晋察冀、山东、东北、豫北、晋南等地，我军也大量歼敌。

三个月过去了，六个月过去了，一年过去了，共产党方面的军队越打越多，由 127 万人增加到 195 万人，其中正规军由 61 万人发展到 100 万人以上。国民党方面，总兵力从 430 万人减少到 370 万人，其中正规军由 200 万人下降到 150 万人。国民党放弃全面进攻，集中 94 个旅的兵力对陕北、山东进行东西两路重点进攻，并依托千里黄河故道形成"乙字形"防线，这就形成了两头强、中间弱的"哑铃形"布局。

中共中央迅速形成战略部署：刘邓野战军南渡黄河，向中原出动，转变为外线作战，与陈毅粟裕部及陈赓部形成"品"字形攻势。总的战略意图是：不待敌人的重点进攻全部被粉碎，不待我之总兵力超过敌人，立即组织人民解放军主力转入战略进攻。抗日战争要慢，解放战争要快！"快"就意味着打破常规，意味着局部地区背得更重，先行一步。毛泽东和中共中央看准了大别山东慑南京、西逼武汉的战略地位，指示刘邓大军"下决心不要后方，以半月行程，直出大别山"。邓小平说：我们晋冀鲁豫区好似一根扁担，挑着陕北和山东两大战场。我们要坚决执行党中央、毛主席的战略方针，责无旁贷地打出去，把陕北和山东的敌人拖出来，我们打出去挑的担子愈重，对全局就愈有利。②

1947年8月中旬，毛泽东给刘邓发来极秘密电报："陕北情况甚为困难。"意思要刘邓赶快行动，跃进大别山。一直牵挂着中央和毛主席的邓小平、刘伯承看完电报，二话没说，什么样的困难也不顾了，立即复电中央，说10天后行动，用10天作千里跃进的准备，时间已经很短了，但不到10天刘邓就开始行动了。刘邓指示部队，勇往直前，决心不要后方，不向后看，坚决勇敢地完成这个光荣艰巨的战略任务。

当年的困难是常人难以想象的，后有蒋军追兵，前有黄泛区，还有沙河、汝河、淮河的阻隔，真是困难重重，险象环生！一向不大流露感情的邓小平在40年后与家人说起这一幕时，"声音都略带哽塞了"，他说："我这一生，这一个时候最紧张，听到黄河的水要来，我自己都听得到自己的心脏在怦怦地跳！"十几万大军、数百万人民群众的安危，让刘邓忧心如焚！③

千里跃进大别山，是一次破釜沉舟的进军，是一场意志和智慧的空前考验。陈锡联在回忆录中写到了南下的艰辛：

> 1947年3月，蒋介石为防御我军进攻，又引黄河水入故道，造成大片黄泛区。茫茫几十里，遍地积水淤泥，形成沼泽，浅处及膝，深则没腰，没有道路，人烟稀少，部队行军食宿均很困难。广大指战员亲睹人民群众长期遭受国民党反动派摧残蹂躏之惨状，更加深刻体会到我军战略进攻的伟大意义，备添战胜困难之力量。没有道路，水性好的战士就组成尖刀队，手撑木棍在前面探路，后边人员手挽手跟进。8月天，孩儿脸，说变就变。一会儿倾盆大雨，一会儿烈日当头，指战员们雨天一身水、晴天一身泥，不顾疲劳，奋勇前进。最艰苦的是炮兵部队。纵队野炮连的4门野炮，平时是把炮装在大车上用牛拉，进入黄泛区就走不动了，经常陷入黄泥浆中，有时大车被

淹没，牛陷在泥水里，只露个脑袋喘粗气。遇到这种情况，战士们就只能把大炮卸开，用人抬着走。野司的榴弹炮营随我纵行动，他们有汽车，平时不担心，只要选择好道路，派出警戒就行了。但是在黄泛区，没有道路可是个大难题，一旦陷在泥潭里，推都推不动。为了确保这些"老太爷"（因为榴弹炮个子大、威力大，开过来时别人都要给它让路，所以战士们就这样称呼它）安全通过，战士们就提前选好路线，派出战士在道路两侧当标杆，用门板交替垫着往前走。30多里路，就这么一段一段往前挪，终于胜利通过了黄泛区。④

邓小平与家人回忆说："那一路真正的险关是过黄泛区，过淮河。过淮河，刘伯伯去探河，水深在脖子下，刚刚可以过人。这就是机会呀！我们刚过完，水就涨了，就差那么一点点时间，运气好呀！以前，从来不知道淮河能够徒涉，就这么探出条道路来了，真是天助我也！好多故事都是神奇得很。"⑤

走到大别山，还要立足大别山，关键的考验一个接一个。1947年11月27日，白崇禧受命组织15个整编师和3个旅的兵力，并以驻汉口战斗机、轰炸机等及海军舰艇部队作支援，对大别山展开全面围攻。面对愈益严酷的敌情，刘邓冷静地分析了敌我情况，认为敌人的兵力占绝对优势，且密集靠拢，向心合击，难以捕捉战机；而我根据地新建立，群众尚未充分发动起来，中心区山高路陡，回旋余地狭窄，粮食困难，不便于大兵团宽大机动，不宜集中过多的部队在大别山打大仗。基于此，刘邓决心采取"避战"分兵的方针。邓小平同中原野战军副司令员李先念、参谋长李达组成前线指挥所，指挥大别山内线开展游击战争。刘伯承率后方指挥部随一纵队转移至淮河以北，指挥外线各纵队。在谁率部坚守大别山的问题上，刘邓之间曾有过争论。留在大别山的部队只有3个纵队7万多人，而敌人有30万人，很显然，在敌重兵围攻，地形、供给都十分困难的条件下留守大别山，是一副重担，和中原地区以及全国各战场相比，可谓是重上加重。正因如此，刘邓都坚持要自己留下，让对方到外线指挥作战。最后，邓小平说服了刘伯承，毅然把重担抢在自己手里。他对刘伯承说："我到底比你年轻，我留在大别山指挥，你到淮西去指挥全局。"刘伯承最后表示："警卫团都给你留下，我只带一个排就行了。你在大别山行动频繁，我带电台在淮西给你提供敌情。"

12月11日，刘伯承率部向淮西转移。分手那天，邓小平冒着雨雪寒风给刘伯承送行。他们都不上马，并肩步行，一坡又一坡，一程又一程。尽管他们把分兵后可能遇到的问题都研究过，但都像有一肚子话要说。直到夜幕降临，两人才互相道别。刘伯承翻身上马，一面走，一面吩咐身边的随员们说："如果我们北上受阻，不幸被敌人冲散，大家就原路向南集中，到文殊寺去找邓政委。"并特别嘱咐电台，要按时和邓政委联络。从此以后，他增加了每天早晨向警卫员问话的内容，开口必定是："政委在什么位置？几时取得的联系？他周围的敌情如何？我军的位置有什么变化？"刘伯承邓小平的战友情、兄弟情让人感动，在"刘邓"之间加个顿号都是多余的！

1947年10月初的一天，在一个小山坡的草坪上，邓小平向二纵连以上的干部做动员：

> 毛主席说，"你们走到大别山就是胜利！"这是为什么呢？因为我们插入了敌人的心脏，打中了敌人的要害。我们把敌人大量吸引过来，压力大了，我们远离后方，困难多了。但是，我们的兄弟部队在其他战场上就轻松了，就可以打胜仗了。……我们进军大别山，就像打篮球一样。蒋介石看我们到大别山来投篮了，要得分了，他就把前锋后卫都调来跟着我们。这样，他顾了南就顾不了北。他不

让我们在南面投篮，不惜用几十万大军缠着我们，可他北面的篮板就空出来了，我们的兄弟部队在北面就可以投篮得分了。我们在大别山困难很多，是在"啃骨头"，但是，在其他战场上，我们的兄弟部队已经开始"吃肉"了！我们背上的敌人越多，我们啃的骨头越硬，兄弟部队在各大战场上消灭的敌人就越多，胜利也就越大。而各大战场的胜利，反过来也可以支援我们，减轻我们的压力。……要讲困难，我们有，蒋介石也有。我们的困难是局部的、暂时的、前进中的、胜利中的困难。而敌人呢，他们面临的是解放区、蒋管区人民的重重包围，他们的困难是全局性的，是一步步走向灭亡的不可克服的困难。眼下，我们虽然困难一点，我们身上还要掉几斤肉，我们还要付出一些代价，这没有什么了不起，为了全国革命的胜利，这是值得的，是很光荣的。⑥

"投篮得分""啃骨头""吃肉""暂时的、前进中的、胜利中的困难""为了全国革命的胜利"……邓小平的这一番动员，将局部与全局、困难与希望的大道理用如此通俗易懂、生动形象的小故事表述出来。"川菜"诱人，刘邓都喜欢用"吃肉"来形容打仗。指战员们都听懂了，对未来更有信心了！

1947年12月13日，经过连续几天的昼夜机动，纵队主力全部进入新县。陈锡联到野战军前方指挥所向邓小平政治委员、李先念副司令员和李达参谋长汇报工作。一见面，李副司令员就问：锡联同志，背得动吗（指背着敌人行动）？还没等答话，邓小平就说：就是要多背一些，背重一些，釜底抽薪就不要怕烫手。我们多背一些敌人，自己多忍受一个时期的艰苦就能使山东、陕北的兄弟部队腾出手来，大量消灭敌人，这对全局是极为有利的。陈锡联说："邓小平政治委员这种站在全局、整体的角度看问题的思想对我教育至深。"⑦

1948 年 11 月 16 日，中央军委和毛泽东主席决定在淮海战役初期指挥系统的基础上，成立党的领导机构——中共中央淮海战役总前敌委员会。由刘伯承、陈毅、邓小平、粟裕、谭震林五人组成。刘伯承、陈毅、邓小平为常委，并规定，可能时开五人会议讨论重要问题，经常由刘陈邓三人为常委，临机处置一切，邓小平为总前委书记，总前委成为淮海战役的最高领导决策机构。邓小平有句名言："把千军万马置于党中央视线之下。"他常对部将杨勇、陈赓、陈锡联、秦基伟等人说："在淮海战场上，只要歼灭了敌人南线主力，中野就是打光了，全国各路解放军还可以取得全国胜利，这个代价是值得的！"这是何等的风格，何等的眼光，何等的气魄！

从 1948 年 11 月 28 日至 12 月 15 日，是淮海战役第二阶段，以中原野战军为主力，将黄维兵团包围在宿县的双堆集地区，邓小平主动担负了战役的组织实施和前敌指挥工作。他对刘伯承和陈毅说："两位司令员，我比你们小几岁，身体也比你们好一些，具体工作让我多做些，夜间值班我也多值些。"

刘、陈爽朗地哈哈大笑。陈毅说："我们既要竭尽全力，恪尽职守，又要尊重政委的意见。但值夜班的权利一定要我们二人分享！"刘伯承说："在我们这把年纪里，这样的会战、决战，已不会很多啦，我们理应努力工作，拼命完成任务。"邓小平说："大的决定还是靠两位司令员，靠我们三个'臭皮匠'，只是具体工作我多做些。"邓小平向作战科宣布：一般事情多找邓请示报告，重大事情同时报刘、陈、邓三位首长。⑧

在作战过程中，军情急，战事紧，电话铃声通宵不断，电报战报雪片般飞来。邓小平天天守在作战室，每天值班都到深夜，甚至到下半夜。总前委的决定，多是由邓小平向各纵队传达部署。他随时听取作战科汇报战情，每每直接与各纵队首长通电话，晚上，为了不影响刘、陈休息，邓小平让把电话线拉得长长的，一有电话，他总是披上衣服，走到院子里去接。

淮海战役，人民解放军以 13.4 万余人的伤亡代价，歼灭国民党军 55.5 万人，这样，南线国民党军队的精锐主力已被消灭，长江中下游以北的广大地区获得解放，并同华北解放区连成一片。解放区压到长江北岸，南京、上海直接暴露在解放军面前，国民党反动统治陷入土崩瓦解的状态。毛泽东对以邓小平为首的总前委的卓越指挥给予了高度评价，多次说淮海战役"是一个伟大胜利"，是"具有全国意义的伟大战役的胜利"，"淮海战役打得好，好比一锅夹生饭，还没有煮熟，硬被你们一口一口地吃下去了。"

宁愿自己多背一些，宁愿自己背得重一些，一种大担当！一种大格局！

参考文献：

①②③⑤⑥⑧邓榕《我的父亲邓小平戎马生涯》，中央文献出版社2010 年版，第 328、343—344、351、355、362、394 页。

④⑦《陈锡联回忆录》，解放军出版社 2007 年版，第 205、223 页。

14 陈云干部政策"十二字"辩证法

出主意、用干部是领导者的主要责任。陈云很擅长群策群力"做文章"出主意，在会议中，陈云习惯的问话是：看看还有没有文章可做？"政治路线确定之后，干部就是决定的因素。"从 1937 年到 1944 年，陈云担任中共中央组织部部长，在发展党员、使用干部方面做出了卓越贡献。

抗战爆发后，陈云在延安与毛泽东就"陈独秀、瞿秋白、李立三等领导人都很有学问，为什么还会犯错误"等问题作过三次长谈。他告诉毛泽东，自己犯错误是由于经验较少；而毛泽东则认为，犯错误的重要原因是"思想方法不对头"，并提议陈云要学习哲学。陈云与李富春在中组部成立学习小组，坚持了五年时间，走在了学习的前列。1943 年陈云受邀住到枣园毛泽东的隔壁养病，陈云说从毛泽东的著作中读到了四个字：实事求是，其精髓就是："不唯上、不唯书、只唯实，交换、比较、反复"。"实事求是"是理解陈云同志干部政策和工作方法的一把钥匙。

1937 年，全国只有 3 万名党员，且 2 万多都在陕甘宁边区和军队里，国统区和敌占区只有几千人。陈云提出：要利用时机，十百倍地发展党员。陈云起草《关于大量发展党员的决议》，打破关门政策，在国民党和敌占区要长期埋伏，精干隐蔽，积蓄力量。1944年全国党员发展到121万人，7年增加了40倍，共产党变成全国最强大的党，为抗日战争和解放战争胜利奠定了组织基础。在发展党员的同时，陈云也对干部的选用育留做了建设性的探索，写了很多篇重要文章:《论干部政策》《关于干部队伍建设的几个问题》《关于干部工作的若干问题》《学会领导方法》《尊重和团结非党干部是党的重要政策》《干部要严格要求自己》……陈云的干部政策充分体现了他实事求是的辩证唯物主义思想。1938年9月，陈云在延安抗日军政大学的讲演《论干部政策》，重点阐述了"了解人、气量大、用得好、爱护人"，这"十二字"干部政策包含了丰富的辩证法思想。

"了解人"——兼看优点缺点和今天昨天的辩证法

了解人，要了解得彻底，要克服两种毛病。第一种毛病是用一只眼睛看人，只看人家一面，不看全面，不能面面都看到，尤其是总是看坏的多，看好的少。觉得别人自高自大、懦弱无能、背景复杂，这是在态度、能力、身份方面的只看一面。

陈云认为:自高自大当然不好，但自高自大的人多少有点才能，做起事来有自信心，假如给他不十分重要的工作，告诉他正确的方向，让他尽量地去发展，他是可以做出成绩来的。懦弱无能当然也不好，但这种人可以担任小心谨慎的工作，例如机要、调查统计等等工作。对背景复杂的人，陈云以自身经历说道:"我的背景就非常复杂。我先是相信吴佩孚的，后来相信国家主义，后来又相信三民主义，最后才相信共产主义，因为经过比较，认识到共产主义是最好的主义。从自己的经验中真正了解共产主义，本质也是纯洁的。"陈云很风趣地说，老头子也可以是很纯洁的。①

所以，优点缺点、长处短处，如同一刀两面，用人就是用他的长处，使他的长处得到发展，短处得到克服。天下没有一个人是毫无长处、毫无优点的，也没有一个人是毫无短处、毫无缺点的，因此，在革命队伍里，只要适才适岗，放对了岗位，用好了长处，无一人不可用。

第二种毛病是，只看他的今天，不看他的昨天，或者只看过去，不看现在；只看见功不看见过，或者只看见过不看见功；只看见今天的好，不看见昨天的坏，或者只看见今天的坏，不看见昨天的好。只看到他本领的高低，没有看到他本质的好坏。这样对待干部就像老百姓盖房子打桩，一上一下。今天看他好，便把他提得高高的，明天看他做得不够，便把他打下去，后天又把他提起来，再后又打下去。陈云举了毛泽覃不幸的例子。这种一上一下打桩式的用人是不对的。使用干部要有全面的眼光、根本的估计。

陈云的"了解人"体现了空间、时间、内外的辩证统一，空间上，既看优点，又看缺点；时间上，既看今天，又看昨天；内外上，既看外部本领，更看内部本质。这样看到的，才是一个立体的、全面的人，才是真正地"了解人"。

"气量大"——复杂与简单的辩证法

卢沟桥事变后，天下英雄豪杰云集延安，有革命青年，有大学教授，有新闻记者，有参观团，各党各派、各种各色的人都有，复杂得很。陈云觉得要干大事情，就免不了要遇到复杂情况。只有几个人，不要发展，才简单，但是革命一定不会成功。陈云举例说："我记得

1932年在上海开办一个学校，训练工人干部，只讲六天，学生也只有六个。今天我们抗大就有几千个学生，再加上陕公、鲁艺、党校，在延安就有一万多个学生。"共产党是先锋队，要领导广大的后备军，要与广大群众打成一片，它周围必然是复杂的。只有延安抗大、陕北公学的同志去和敌人搏斗还不会成功，要团结更多的同志和广大的群众。干革命如果怕复杂，便会愈弄愈复杂，不怕复杂，革命就好办。我们必须善于用人，只要这个人有一技之长，就要用。只有这样，才能成大事业。所以我们要有大的气量，善用各种人才。单枪匹马，革命到底是干不成功的。

怕复杂，愈复杂；不怕复杂，反而简单，这听起来似乎有些费解，却是深刻的辩证法。惧怕这种情绪会使人的智商降低！周恩来曾教导八路军桂林办事处通信工作人员，"遇到困难首先要冷静，一急办法就给急跑了。只有冷静地分析，才能找到原因。"播种思想收获行动，播种行动收获习惯，播种习惯收获品格，播种品格收获命运。当我们的思想不再惧怕复杂并从复杂中看到优势的时候，就会充满信心地、平静地找到恰当的解决方案，得到因为"复杂"而协同产生的更好的结果。

"用得好"——领导得当与下级敢说敢做的辩证法

陈云提出了一个非常简单有效的检验用人是否用得好的方法，那就是：所领导的人是否都很高兴工作，是否都很积极工作。如果下级不安心，请求调动工作，根本的原因就是领导得不好。下级要调动工作，领导首先要反省。一定要上下级相互信任，上级让下级敢于说话，敢于做事。如果下级既敢说话，又敢做事，就一定会积极起来。越信任，成本越低，速度越快，结果越好。"如果有人有某些不同的意见，又不敢说，而议案已经表决通过，这些决议案在执行的时候，就不能发生很好的效力。所以宁可争论，不要形式上的一致通过。"陈云这里的提法是鼓励"建设性争论"，没有任何讨论和争论的方案可能蕴含着风险。在笔者工作过的一家企业，每次开会时，都鼓励每一个人提出自己的全部想法，如果不赞成，要说出为什么不赞成；即使赞成，也要说出赞成的角度和理由。

有什么方法使别人敢说话呢，陈云提到了三个注意点：

第一，领导者的态度要好，能团结人。如果一个领导者架子搭得很大，面孔死板板的像阎王那么可怕，一定没有人去接近他，即使和他讲话，十句话也要忘记八句。擅长政治思想工作的罗荣桓也经常告诫下级：要让政治机关成为干部之家，千万不要变成鬼不上门的阎王殿。

"还有，开会的方式不要刻板。开会时尽可让到会者随便、热烈地争论。规规矩矩请他们一个一个发表意见，很可能有的人就不会说出自己的意见，因为有人常常不敢在严肃的场面中间说话。总而言之，如果下级敢说话，有话就讲，这就是好的现象，就证明了你们领导得好，因为他们觉得说错了也不要紧。"

开会也有辩证法，该严肃就严肃，该活泼就活泼。有些会议需要严肃的气氛和按部就班的流程，只需要"听"。但一些讨论性、创意性会议更需要一种随便、热烈的气氛，大家七嘴八舌，看似混乱，却是有方向的混乱，仿佛"散文"，思绪在飞，却有一根主线在贯穿着、由领导把握着，这样更能畅所欲言、集思广益。大家都开口讲话的会才是"开"会，如果都唯唯诺诺，甚至不敢说话，"开"会从一开始实际上就是"闭"会了！有"听"有"说"，有"说"有"听"，有质疑、有争论，这样的开会才会高效。

第二，少戴大帽子。一个人说错了几句话，就被一顿批评，甚至戴上"左"倾或右倾等大而无当的帽子，就会毁了一个人。陈云举例说：陕北公学有一个学生，丢了一把洋刀，据说这是一件纪念品，所以他心里很不好过，却被批评为"没有牺牲精神"，这是一个大帽子。戴大帽子的原因，常常是因为把每个错误夸大，不适当地、机械地提到原则的高度。

第三，当批评人家错误的时候，目的不是出气，而是在于真正帮助人家纠正错误。假如随便地、任意地批评，批评得过火或不正确，那要花费很大的气力，才能解除误会，当然下级也要想到上级的出发点是好意，不要只看到态度或语气的不妥，就以为不得了。

毛泽东说过："对于犯错误的干部，一般地应采取说服的方法，帮助他们改正错误。只有对犯了严重错误而又不接受指导的人们，才应当采取斗争的方法。在这里，耐心是必要的；轻易地给人们戴上'机会主义'的大帽子，轻易地采用'开展斗争'的方法，是不对的。"②

舌头比拳头更重要，说服教育才能赢得人心。史蒂芬·柯维博士将人与人之间的关系比喻成"情感账户"，能够增进信任的行为属于"存款"，真诚、尊重、理解、赞美、宽容、帮助都属于"存款"，而虚伪、轻视、误解、嘲讽、自私都属于"取款"。人际之间需要长期地、真诚地相互"存款"，任何的"取款"都会对彼此的信任造成伤害，而且一次"取款"，至少需要五次"存款"才能弥补所受的伤害，甚至终身难以弥补。这就是"情感账户"的"五一原则"。

不仅要让下级敢说，还要让下级敢做。陈云说："在一定意义上说，一个人不犯错误就不会进步。一个人犯了一次错误，同时也就是得到一个教训，不断地取得教训，方能不断地改进自己。正确的东西常常是从错误中得来的。"站在原地不动，永远不会摔跟头，也永远不会进步。陈云以科学家发明汽车为例说："今天流线型的汽车漂亮得很，灵活得很，但是到博物馆里去看一看最初发明的汽车，笨得要命，真不好看。由从前的不好，进步到今天这样好，这中间经过了不知道多少次的试验和失败，才得到成功的。一个同志犯了一点小错，并没有什么关系；真的犯了错误，只要老老实实吸取教训，他的经验一定会增加，能力一定会提高。所以，不要怕下面干部犯错误，要让他们充分发挥自己的能力。"从"车"的进步，到"人"的进步，都是从失败中走来。

陈云告诫干部千万不要使下级成为唯唯诺诺的"电话机"——"你说一他就一，你说二他就二"，既不敢说话，也不敢做事，毫无主动性和积极性。"以后大家出去做领导工作，能做到使下级敢说话、敢做事这六个字，工作效果一定会好的。"

在一家全球著名的五百强企业，一群刚刚参加完退休典礼的老工人将新任总经理叫到身旁，壮着胆说："你知道这么多年我们是怎么工作的吗？每天早晨，我们上班，先到传达室，卸下自己的脑袋，然后步行到车间；每天傍晚，我们下班，再到传达室，装上自己的脑袋，然后回家，这几十年公司只是雇用我们的'手和脚'，我们就是这么过来的。"总经理听得后背直冒冷汗，从此开启在组织内的管理变革。

组织不能只是雇用"人手"，而必须连双手的主人一起雇用。人，是一个"完整的人"，有身体，有头脑，有情感，有灵魂，组织不仅雇用人的"手和脚"，还同时雇用人的"心和脑"，组织雇用的是"完整的人"，而不是他的一部分，要给下级尊严，让下级敢说敢做，给他们犯错和成长的机会。

"爱护人"——支持与批评的辩证法

一、"如果你要提拔这个干部，首先就必须全面地估计他的政治品质和能力，看他各方面是否合适，要详细考虑一番。"使用干部不要今天拉起来，明天又放下去，好像打桩一样，既然提拔起来，要经常留意他的工作，到他实在不能支持的时候，就要想办法，不要等他塌台以后，再来追究责任，撤换他的工作。

毛泽东说过："检查他们的工作，帮助他们总结经验，发扬成绩，纠正错误。有委托而无检查，及至犯了严重的错误，方才加以注意，不是爱护干部的办法。"③

通用电气原CEO杰克·韦尔奇认为：对员工最残忍的不是强制绩效考核和末位淘汰，而是他在公司工作了很多年，在大部分时间都得到了赞许，直到他已经40好几或50多岁了，"然后突然，在一个从头开始将非常困难的年纪，在毫无准备或计划的情况下，他们被辞退了，这样打击恐怕永远也恢复不过来，他们感到自己被出卖了，而且也的确有理由这么想。"④

二、对下面干部任何不安心问题，都要想法子去彻底解决。即使是不速之客，也要放下笔来，倾听他说话；谈话的时候，还要聚精会神。如果花了几个钟点，替一个干部把事情办好，也还是值得的。做干部工作，无论大事小事，都要不怕麻烦。

三、对关系到干部政治生命的问题，要很郑重、很谨慎、很细心地去处理。"一个参加革命工作的同志，往往对于肉体生命并不重视，对于政治生命非常重视，他宁愿牺牲一切，却不愿被党组织开除。如果在政治上发生这种问题，他就会认为他的前途没有希望了。所以不是到了必不得已的时候，决不要开除党员的党籍"。

陈云深情地说道，共产党爱护党员并不亚于父母爱护子女。任何一个人犯了错误，都应该帮助他纠正。共产党是讲公道的，犯了错误只要自己觉悟，只要能够切实改正，在革命队伍里就应该允许人家继续革命。今天犯了错误，以前的功劳可以拿来相抵；若是今天有错，以前也有错……

"若是今天有错，以前也有错……"，当我第一次读到这句话的时候，很好奇，陈云下面会怎么说呢？职场中很多领导的自然反应是：
"你怎么老是出错啊？""将来还会出错吧。""不可救药，如可能，
让他早点离开吧……"，而陈云说的是"可以将来赎罪"，这六个字让
我读懂了什么是"包容"，什么是"胸怀"，什么是"长远眼光"！子
女有错，父母不会"解聘"；党员有错，共产党也不会轻易抛弃，这
真是父母般的情怀。

四、对于干部不要"抬轿子"，只说他的好处。如果对于下面干部
只说他好，掩饰他的缺点，以致养成他自高自大，工作不求实际，这样
只会害干部，而不是帮助干部。"忠言逆耳，良药苦口"，拍马屁决不
是件好事，不客气批评别人的人，才是好人，才够得上是革命同志。

陈云善于以小故事说明大道理，善于以自身经历的事情或众所周
知的事情来说明大道理，通俗易懂，使人信服。"了解人、气量大、用
得好、爱护人"，这"十二字"干部政策饱含了深刻的辩证思想和强烈
的革命情感，核心观点是：爱护人很重要！凡提拔干部，要注重德才
兼备内外兼修；既提拔起来，就要"扶上马送一程"，不要像"打桩
子"一样对待；对干部一切不安心的问题，都要反省自己是否创造了
让下级敢说敢做的环境，要很耐心很彻底地去解决。当牵涉到一个干
部政治生命问题的时候，要慎之又慎。对于干部，不要"抬轿子"，
要实事求是，要真实地、及时地反馈，做到这些，才能算真正的爱护
人，才能算对党的干部队伍负责、对党的事业负责！

参考文献：

① 本文引述均出自陈云《关于干部政策》，《陈云文选》第一卷，
人民出版社1984年版，第109—122页。

②③《毛泽东选集》第二卷，人民出版社1991年版，第527—528页。

④〔美〕杰克·韦尔奇：《赢》，中信出版社2010年版，第33页。

第三篇·心路历程

　　我用什么方法来报答母亲的深恩呢？我将继续尽忠于我们的民族和人民，尽忠于我们的民族和人民的希望——中国共产党，使和母亲同样生活着的人能够过快乐的生活。这是我能做到的，一定能做到的。

——朱德

15　五大书记的父母情

　　1945 年 4 月 23 日，中国共产党第七次全国代表大会在延安举行。七大以"团结的大会、胜利的大会"载入中国共产党的史册。在大会通过的新党章中，明确规定以毛泽东思想作为中国共产党一切工作的指针。6 月 19 日，中共七届一中全会选举了毛泽东、朱德、刘少奇、周恩来、任弼时为中央书记处书记，史称"五大书记"，选举毛泽东为中央委员会主席兼中央政治局和中央书记处主席。这样，以毛泽东为核心的中国共产党第一代领导集体建立起来了，这是历史的选择，人民的选择。

　　毛泽东六岁时开始做家务，父亲仿佛是一个严厉的监工，后来他对斯诺回忆父亲说："他的严厉态度大概对我也有好处，这使我干活非常勤快，使我仔细记账，免得他有把柄来批评我。"母亲则一生默默操持家务，她待人接物，纯朴善良，极富同情心。毛泽东对母亲的感情很深。1918 年夏，他从长沙赴北京前夕，十分挂念在外婆家养病的母亲，特地请人开药方寄给舅父，次年春返回长沙，便把母亲接来就医。10 月，母亲病逝，毛泽东日夜兼程赶回韶山守灵，含泪写下情深意长的《祭母文》：

　　呜呼吾母，遽然而死。寿五十三，生有七子。七子余三，即东民覃。其他不育，二女二男。育吾兄弟，艰辛备历。摧折作磨，因此遭疾。中间万万，皆伤心史。不忍卒书，待徐温吐。今则欲言，只有两端。一则盛德，一则恨偏。吾母高风，首推博爱。远近亲疏，一皆覆载。恺恻慈祥，感动庶汇。爱力所及，原本真诚。不作诳言，不存欺心。整饬成性，一丝不诡。手泽所经，皆有条理。头脑精密，劈理分情。事无遗算，物无遁形。洁净之风，传遍戚里。不染一尘，身心表里。五德荦荦，乃其大端。合其人格，如在上焉。恨偏所在，三纲之末。有志未伸，有求不获。精神痛苦，以此为卓。天乎人欤？倾地一角。次则儿辈，育之成行。如果未熟，介在青黄。病时揽手，酸心结肠。但呼儿辈，各务为良。又次所怀，好亲至爱。或属素恩，或多劳瘁。大小亲疏，均待报赍。总兹所述，盛德所辉。必秉悃忱，则效不违。致于所恨，必补遗缺。念兹在兹，此心不越。养育深恩，春晖朝霭。报之何时？精禽大海。呜呼吾母，母终未死。躯壳虽隳，灵则万古。有生一日，皆报恩时。有生一日，皆伴亲时。今也言长，时则苦短。惟挈大端，置其粗浅。此时家奠，尽此一觞。后有言陈，与日俱长。①

　　当时，毛泽东还给同学邹蕴真写信说：世界上有三种人，损人利己的，利己而不损人的，可以损己以利人的，自己的母亲便属于第三种人。母亲的善良影响了毛泽东的一生。母亲去世后，毛泽东把父亲接到长沙住了一阵，父亲后来不再干涉他的选择，继续给予经济帮助，毛泽东是很感激的。1920年1月，父亲因急性伤寒去世，时年50岁。一年半之内，毛泽东先后失去两位亲人。1921年6月，28岁的毛泽东前往上海，准备参加中国共产党第一次全国代表大会。

朱德出身在佃农家庭，全家20多口人。父亲一生都在家里劳动，从未出过远门，赋性和厚，为人忠耿，事亲孝，持家勤。朱德的母亲身材高大，性情贤淑和气。由于世代贫困，祖祖辈辈没有一个识字的人，父母和养父养母（伯父伯母）全家节衣缩食希望培养出一个读书人来"支撑门户"。1892年朱德6岁起开始读私塾，到1908年22岁毕业于成都四川通省师范学堂附设体育学堂，前后读书16年，为读书而欠的钱，直到朱德在滇军当旅长时才还清。

1937年9月，朱德率八路军总部出发前一天和当月下旬，分别给四川亲属写了两封信：

> ……近来国已亡三分之一，全国抗战，已打了月余。我们的队伍已到前线，我已动身在途中。对日战争我们有信心并有把握打胜日本。如理书等可到前线上来看我，也可以送他们读书。我从来没有过一文钱，来时需要带一些钱来。……至于那些望升官发财之人，决不宜来我处；如欲爱国牺牲一切，能吃劳苦之人，无妨多来。我们的军队是一律平等待遇，我与战士同甘苦已十几年，快愉非常。因此，无论什么事都好办……我为了维持革命军队的良规，从来也没有要过一分钱，任何闲散人来，公家及我均难招待，革命办法非此不可。②

不久，他的外甥随四十一军来到山西，他才知道家里人因他参加革命而遭受迫害的情况，经济十分困难。所幸生他、养他的两位母亲还健在，这一年正是荒年，朱德只能写信向川中好友戴与龄借贷："与龄老弟，……惟家中有两位母亲，生我养我的均在，均已八十，尚康健。但因年荒，今岁乏食，恐不能度过此年，又不能告贷。我十数年实无一钱，即将来亦如是。我以好友关系向你募贰佰元中币……"戴与龄收到这封信后，二话没说给他的两个母亲寄去了 200 元中币，差不多是现在的 4 万块钱。

在 2016 年 11 月 29 日召开的纪念朱德同志 130 周年诞辰座谈会上，习近平总书记专门讲到了这两封信，感慨地说："战功赫赫的八路军总司令清贫如此、清廉如此，让人肃然起敬！"

1944 年 3 月，朱德惊悉生母在 2 月 25 日病逝。康克清回忆说："他给我看了家乡的来信，好半天没有说一句话。"过了许久，他才轻轻地对康克清谈到母亲的一生对他的影响："这一生中如果说我有什么遗憾的话，最大的遗憾大概就是母亲去世的时候，我未能在她老人家身边。"这以后有一个月他没有刮胡子，胡子长得很长。这是为了悼念他慈爱的母亲。③

不久，朱德写了《回忆我的母亲》，发表在延安《解放日报》上：

……母亲这样地整日劳碌着。我到四五岁时就很自然地在旁边帮她的忙，到八九岁时就不但能挑能背，还会种地了。记得那时我从私塾回家，常见母亲在灶上汗流满面地烧饭，我就悄悄把书一放，挑水或放牛去了。有的季节里，我上午读书，下午种地；一到农忙，便整日在地里跟着母亲劳动。这个时期母亲教给我许多生产知识……

我应该感谢母亲，她教给我与困难作斗争的经验。我在家庭中已经饱尝艰苦，这使我在三十多年的军事生活和革命生活中再没感到过困难，没被困难吓倒。母亲又给我一个强健的身体，一个勤劳的习惯，使我从来没感到过劳累。

我应该感谢母亲，她教给我生产的知识和革命的意志，鼓励我以后走上革命的道路。在这条路上，我一天比一天更加认识：只有这种知识，这种意志，才是世界上最可宝贵的财产。

母亲现在离我而去了，我将永不能再见她一面了，这个哀痛是无法补救的。母亲是一个平凡的人，她只是中国千百万劳动人民中的一员，但是，正是这千百万人创造了和创造着中国的历史。我用什么方法来报答母亲的深恩呢？我将继续尽忠于我们的民族和人民，尽忠于我们的民族和人民的希望——中国共产党，使和母亲同样生活着的人能够过快乐的生活。这是我能做到的，一定能做到的。④

1944年4月10日，延安各界隆重举行八路军总司令朱德的母亲的追悼大会，这是中国共产党历史上仅有的一次为党的领导人的母亲举行的公祭仪式。中共中央送的挽联是："八路功勋大孝为国，一生劳动吾党之光"；毛泽东的挽联是："为母当学民族英雄贤母，斯人无愧劳动阶级完人"；刘少奇、周恩来的挽联为："教子成民族英雄，举世共钦贤母范；毕生为劳动妇女，故乡永保好家风。"

朱德的理想已经远远超越了父母当年的期望，他和他的战友们支撑起的是中华民族的"大门户"！

刘少奇在六个兄弟姊妹中是最小的一个，当地俚语称最末一个孩子为"满崽"，刘少奇在叔伯兄弟姐妹中排行第九，家族中平时亲切地叫他"九满"。刘少奇父亲管理家政有条有理，也比较重视子女教育，在经济并不宽裕的条件下，坚持让四个儿子都从小上私塾读书。刘少奇回忆说："父亲虽然受过相当长时间的教育，但他很勤奋，仍参加并指挥生产。""由于父兄勤劳节省的结果，家庭经济逐年有很少的剩余。"⑤

刘少奇母亲勤劳贤惠，很能吃苦，操持家务井井有条。在刘少奇12岁时，父亲过早离世，母亲挑起全家的重担，把一家大小十几口的生活和农务安排得有条不紊。

1925年11月，刘少奇患了严重的肺病，在长沙休养期间被军阀赵恒惕逮捕，经过各方面营救，终于出狱。这次被捕，吓坏了刘少奇母亲。她听到刘少奇获释的消息，连忙从炭子冲赶到长沙，流着泪跪在刘少奇面前，恳求儿子不要再干这种身家性命都不顾的危险工作。刘少奇深知母亲爱子心切，但不能从命。他扶起母亲说："别的事，我都可以答应你，唯独这件事，不行！"⑥

望着慈母惊恐不安的面容，刘少奇心里极为难过。第二天，他专门请母亲来到一家画像馆画肖像，安慰母亲说："这回一走，不知道什么时候再能相见，我把您老人家的画像带在身边，不管何时何地，孩儿都在想着您老人家。"从此，这张珍贵的画像陪伴着刘少奇走南闯北，似乎母亲永远在他身边。这一次，成了刘少奇与母亲的永别之日。

周恩来不到一岁就过继给叔父叔母，两个月之后，养父（叔父）去世。周恩来父亲老实、严谨，生母、嗣母、乳母给了年少周恩来不同的影响。嗣母出身于一个比较贫寒的读书人家庭，性格温和，待人诚挚，办事细心，在诗文书画上都有较好的修养。周恩来四岁时，嗣母就教他识字；五岁起，送他进私塾读书。嗣母（周恩来称"娘"）对他的要求很严格，每天黎明时刻，就把他叫起来，亲自在窗前教他读书。嗣母的教育，对幼年周恩来的性格形成和文化修养，影响是异常深刻的。40年后，他还深情地说："直到今天，我还得感谢母亲的启发。没有她的爱护，我不会走上好学的道路。"

六岁的周恩来随同父亲、生母、嗣母和弟弟，一起搬到清河县清江浦（今江苏省淮安市）居住，并到外祖父家的家塾里读书。外祖父家里人很多。家族间发生了纠纷，常要请他生母（周恩来称"干妈"）去调解。她在处理问题时，总是先耐心地听别人把情况说清楚，然后再发表意见，使问题得到比较顺利的解决。周恩来经常跟着生母去，在旁边听着，学到许多办事的方法。万家的藏书很丰富，使他能大量地自由阅读。

周恩来后来回忆说："嗣母终日守在房中不出门，我的好静的性格是从她身上承继过来的。但我的生母是个爽朗的人，因此，我的性格也有她的这一部分。"⑦

嗣母还给周恩来请来一个乳母，是当地人，叫蒋江氏，勤劳善良温厚的乳母让周恩来接触到了普通百姓的另一种生活。

1907年，周恩来九岁时，生母去世；1908年，周恩来10岁时，嗣母去世。此时，父亲和伯父在外地谋生，收入都很微薄，叔父从年轻时起就偏瘫在床，另有小他一岁和六岁的两个弟弟，周恩来已算是全家最年长的男子。10岁、11岁，当别的男孩还在受父母呵护的时候，周恩来已经是一个当家的男人！这副生活重担锻炼了周恩来的精明果断，也让他对家有着特别的眷念。

1942年6月下旬，周恩来在重庆患病住院期间，父亲突患中风逝世，因担心周恩来手术刀口未痊愈，董必武和邓颖超决定暂时不告诉周恩来。

周恩来发觉异常后提前出院，一眼看到邓颖超臂上的黑纱，猛地停下脚步，直瞪瞪地望着邓颖超，凝固了好像很久，又像只有两三秒的时间，"老爷子……去世了，"邓颖超小声地说。周恩来的身体一阵悸颤，随即摇晃一下，工作人员忙扶住他左臂。他没有感觉，两眼仍然痴痴的，好像还无法接受这一现实。邓颖超继续小声说："中风，很快就不行了，三天前去世的……"周恩来静静地站着，嘴唇微张着一直在战栗，凝滞的眼睛里慢慢地沁出泪水，蓦地，周恩来的手捂到脸上，放声大哭，一屁股坐倒在地上……在父亲逝世后，周恩来在贴身衣袋里，装着父亲遗像长达七八年，遗像背面写着"爹爹遗像"四个字。

任弼时五岁就随父亲读书。1921年5月在赴苏俄留学前，从上海写了一封家书：

父亲大人膝下：前几天接到四号手谕，方知大人现已到省，身体健康，慰甚。千里得家书，固属喜极，然想到大人来省跋涉的辛苦，不能说是非为衣食的奔走所致，若是，儿心不觉顿寒！捧读之余，泪随之下！连夜不安，寝即梦及我亲，悲愁交集，实不忍言。故儿每夜闲坐更觉无聊。常念大人奔走一世之劳，末稍闲心休养，而家境日趋窘迫，负担日益增加，儿虽时具分劳之心，苦于能力莫及，徒叫奈何。自后儿当努力前图，必使双亲稍得休闲度日，方足遂我一生之愿。但儿常自怨身体小弱，心思愚昧，口无化世之能，身无治事之才，前路亦茫茫多乖变，恐难成望。只以人生原出谋幸福，冒险奋勇男儿事，况现今社会存亡生死亦全赖我辈青年将来造成大福家世界，同天共乐，此亦我辈青年人的希望和责任，达此便算成功。惟祷双亲长寿康！来日当可得览大同世界，儿在外面心亦稍安。[8]

对国的忧虑、对家的牵挂、对未来的担当，洋溢在字里行间。

在任弼时故居，面对墙上的这封家书，驻足了好久。"常念大人奔走一世之劳，"眼前浮现了很多很多，想起了故乡，想起了父母的辛劳，想起了他们的扶持："你读书读到什么时候，家里供到什么时候"，也想起了朱自清先生的《背影》。

"家"，是领袖革命生涯的出发点！

领袖是平凡的人，对家有着一样的深深眷念！

领袖也是不平凡的人，他们心中更装着中华民族这个"大家"！

参考文献：

①《毛泽东早期文稿》，湖南人民出版社2013年版，第374页。

②朱德家书，1937年9月，金冲及主编：《朱德传》（下），中央文献出版社2016年版，第487—488页。

③《康克清回忆录》，解放军出版社1993年版，第317—318页。

④《朱德选集》，人民出版社1983年版，第110—114页。

⑤《刘少奇传》（上），中央文献出版社2008年版，第3页。

⑥ 王光美：《我们是跟人民在一起的——记少奇同志两三事》，《缅怀刘少奇》，中央文献出版社1988年版，第265页。

⑦《周恩来同志谈个人与革命的历史——和美国记者李勃曼谈话记录》，《中共党史资料》1982年第1辑，中共中央党校出版社，第5页。

⑧ 湖南岳阳汨罗市任弼时纪念馆陈列资料。

16 真理的味道是甜的

　　一天，陈望道在浙江义乌家里的柴房里专注地翻译《共产党宣言》，母亲在门外说："你吃粽子要加红糖水，吃了吗？"他说："吃了吃了，甜极了。"母亲进门一看，正在奋笔疾书的陈望道嘴上全是黑墨水，他旁边一碗红糖水根本没动，他把墨水给喝了！他却浑然不觉，还说，"可甜了、可甜了"。真理的味道是甜的！"路漫漫其修远兮，吾将上下而求索"，领导者通过革命实践寻找甜美的真理和梦想。五大书记从哪里来？他们要走向哪里？他们的初心是什么？

　　五大书记有共同的使命、共同的愿景、共同的价值观。使命，是存在的意义；愿景，是未来的独特蓝图；价值观，是怎么去，即做事的准绳。

　　在毛泽东故居看到厨房的"火塘"，浮想起了毛泽东与弟妹们在这里围炉谈话的情景，他表示，我们欠人家的，一定要还上；人家欠我们的，就都免了。毛泽东1893年12月26日出生于湖南省湘潭县韶山冲。1910年秋，毛泽东离开闭塞的韶山，走向外面更广阔的世界，临行前，改写了一首诗，夹在父亲每天必看的账簿里："孩儿立志出乡关，学不成名誓不还。埋骨何须桑梓地，人生无处不青山。"

《商鞅徙木立信论》是现存毛泽东最早文稿，作于1912年6月湖南省立第一中学，国文教员柳潜给打了100分，并在批文中赞赏道："实切社会立论，目光如炬，落墨大方，恰似报笔，而义法亦入古……言之凿凿，绝无浮烟涨墨绕其笔端，是有功于社会文字……自是伟大之器！"1912年至1913年，毛泽东在长沙定王台湖南图书馆自修半年，阅读了大量名著，尤其是墙上的一幅《坤舆万国全图》吸引了他的目光，每次他总是站在那里久久地注视着，这是毛泽东第一次看到全景的世界地图，他原以为湘潭很大，湖南省更是大得不得了，谁知从地图上看，中国只是一小块，湘潭县连个影子都没有。后来毛泽东对斯诺说"怀着很大的兴趣研究了它"。

湖南第一师范时期的毛泽东认为，离开真理谈立志，只是对前人中有成就者的简单模仿。真正的立志，首先是寻找真理，然后按它去做，若"十年未得真理，即十年无志；终身未得，即终身无志"。在第一师范读书的课堂笔记《讲堂录》中有言："理想者，事实之母也。高尚其理想。"在给好友萧子升的信中，毛泽东提出有"为人之学""为国人之学""为世界人之学"。在主办《湘江评论》，面对风雨如磐的黑暗世界时，毛泽东喊出："天下者，我们的天下；国家者，我们的国家；社会者，我们的社会；我们不说，谁说！我们不干，谁干！"

1919年，杨昌济致信当时的广州军政府秘书长、南北议和代表章士钊，推荐毛泽东和蔡和森，说：吾郑重语君，二子海内人才，前程远大，君不言救国则已，救国必先重二子。[①]

在朱德故居，浮想起这样的画面：天蒙蒙亮，20多口人的大家庭开始了一天的有序的劳作。少年朱德每天放学回家，即下地干活。朱德1886年出生于四川仪陇一个佃农家庭，云南讲武堂毕业后，开始戎马生涯。五四浪潮将新思想、新文化带进泸州，朱德大开眼界，开始用一种新眼光去探索中国的前途。作为滇军旅长，他同滇军旅部咨谋孙炳文一起阅读《新青年》《每周评论》《新潮》，讨论革命道路问题，朱德开始感到以往革命之所以没有成功，一定是在某个根本性的问题上出了毛病，"深深感到有必要学习俄国的新式革命理论和革命方法，来从头进行革命"。②

1922 年，云南政局发生重大变动，朱德被唐继尧通缉，被迫流亡，这倒成了朱德告别"别扭"和"屈辱"，走上新的革命道路的转折点。他回忆说："借着唐继尧的毒手，将封建关系替我斩断。"朱德从亲身经历中，逐渐认定只有中国共产党才能给困难深重的中国指明出路，他决心找到这个党，并成为其一员。但这种愿望遭到了陈独秀的质疑和否定。

"一只脚还站在旧秩序中，另一只脚却不能在新秩序中找到立足之地"的朱德，茫然地来到了欧洲。传奇般的经历、钢铁般的意志……这样的人才不正是初创的中国共产党迫切需要的吗？！"我劝天公重抖擞，不拘一格降人才"，24 岁的周恩来在柏林热忱欢迎 36 岁的朱德，朱德的"双脚"终于踏踏实实地落了地，他激动地表示："从那以后，党就是生命，一切依附于党。"

刘少奇 1898 年出生于湖南宁乡一个"耕读之家"。刘少奇故居前面有一个湖，勺子的形状，很像北大的未名湖。对故居印象最深的是刘少奇小时候的书房。刘少奇从小特别爱看书，家里的书读完以后，他就到附近藏书较多的村民家里借书来读。他小小的"书房"，位于杂屋后面，虽然比较狭小、简陋，但环境幽静，窗外翠竹掩映。刘少奇借到书后，就躲进房间，通宵达旦地阅读。母亲发现后，十分心疼，怕他累坏了身体，每夜只给他半盏灯油。由于半盏灯油只能用一个半小时左右，晚上看书时间受到了限制，这显然满足不了刘少奇读书的需求。于是，他想出了一个"借光读书"的办法。当时，家里的碾房请人碾米，经常要忙到半夜。于是晚上刘少奇先借着碾坊的光看书，到了下半夜，再点起母亲给的那半盏灯油。看到那张书桌和那盏灯，少年挑灯夜读的情景瞬间浮现眼前。

少年时代的刘少奇为半殖民地半封建社会中国山河破碎、人民流离失所的惨状深感痛惜。他通过参加反对"二十一条"、反对"袁世凯复辟"、驱逐汤芗铭运动等反帝反封建的社会革命活动，逐渐成长为一名民主主义者。五四运动中，他和同学一起参加罢课游行，宣传爱国主义、抵制日货，声援北京学生运动。随后，又奔赴学生运动中心——北京，参加了营救京津地区学生领袖马骏的运动。来到北京，刘少奇真切感受到五四运动的影响，后来，他回忆说："参加了当时有名的学生运动，此时我才开始读到很少社会主义的小册子和文章，即与社会主义派的人物接近。"

1920年冬，刘少奇加入社会主义青年团，并准备赴上海学习俄语，然后赴俄勤工俭学。尽管受到家人的反对，刘少奇毫不动摇，他回答兄长说：远离家乡，离开母亲，是为了祖国，也是为了母亲。③

据刘少奇在上海外国语学社的同学萧劲光回忆："少奇同志一心扑在学习上……几乎没有个人爱好，从不闲聊天，也不随便上街。我们不住在一起，但看见他的时候，多是在学习俄文、阅读《共产党宣言》、思考中国革命问题。"④

这一时期，刘少奇不仅深入学习马克思主义的基本理论，还积极参与工人运动的实践活动，主动将马克思主义理论与中国工人运动的实践结合起来，从而加速了向马克思主义者的转变过程。

周恩来1898年出生于江苏淮安。淮安是苏北历史文化名城，是兴汉三杰韩信、明代浪漫主义作家吴承恩、近代民族英雄关天培的故乡，周恩来从小沐浴在家乡浓厚人文氛围中。周恩来10岁、11岁即开始当家，照顾家里柴米油盐，外出应酬。家里的墙上贴着一张纸，按照封建家庭的习俗，要把亲戚们的生日、忌日都记下来，到时候还要借钱送礼。东家西家都要去，还要到处磕头。艰难的生活、凄凉的经历磨炼了同他的实际年龄似乎很不相称的那种精明果断、富有条理的办事能力。在周恩来故居，我印象最深的是墙上挂着的一幅字，上面写着"大鸾"，是一种飞翔的大鸟，这是周恩来小时候的名字，后来取字"翔宇"，让人联想到中华之腾飞。

1910年春，12岁的周恩来随同堂伯父来到东北沈阳读书，这是生活和思想转变的关键。他每天阅读自己订的《盛京时报》，关心时事。当老师问起为什么要读书时，周恩来坚决地回答："为了中华之崛起！"

1912年10月，周恩来在东关模范学校两周年纪念日，抒发感言："吾全校之诸同学乎！吾人何人，非即负将来国家责任之国民耶？此地何地，非即造就吾完全国民之学校耶？……"强烈的社会使命感洋溢在一个14岁少年的笔下，国文教师对此作文加了批注："心长语重，机畅神流。"感慨道："教不如此不足以言教，学不如此不足以言学，学校不如此不足以言学校，文章不如此不足以言文章。"⑤

1919年8月，周恩来到东北探望伯父，并与沈阳母校师友相见，临别赠言"愿相会于中华腾飞世界时"。1919年9月，在天津登轮东渡前夕，周恩来写下洋溢着救国抱负的著名诗篇："大江歌罢掉头东，邃密群科济世穷。面壁十年图破壁，难酬蹈海亦英雄。"

在任弼时故居，我印象最深的是家里的门框都是用当地的条石精心打磨成的，非常整齐，也非常牢固。让人联想起家族勤奋精神的传承，"人民的骆驼"就是从这样的家庭走出来的。任弼时1904年出生于湖南汨罗一个旧知识分子家庭，年少即怀有强烈的爱国意识。11岁的任弼时在作文《爱国说》中提出"不用外货，亦爱国之一法"，"今日欲提倡国货以挽利权……能若是维持，则国家何患不富？富则何患不强乎！"

1916年10月，他加入湖南一师附小组织的"学艺会谈话部"（演说辩论会性质的组织）。11 月，在参加湖南省长沙教育会举行的追悼蔡锷纪念大会上，时年 12 岁的任弼时作《追悼蔡公松坡感言》以抒胸臆："吾人可不急起直追，继公之志乎！"又撰文《说国民之义务》，其中写道："国者，人民聚合而成。故人民宜有爱国之心，而为国家尽义务。"

1919 年夏，五四运动的浪潮波及湖南，在毛泽东等人的领导下，湖南学生界开展了一系列的爱国活动。任弼时编写了一幕抵制日货的话剧，亲自扮演剧中工人，演得慷慨激昂，声泪俱下，每到演出高潮，台下总是响起一片"打倒列强""打倒军阀""不做亡国奴"的口号声。

1920 年 9 月，任弼时参加了由何叔衡、毛泽东发起的俄罗斯研究会，又来到上海外国语学社学习，半年多时间里，任弼时在思想上有了更大的进步。在一封家书中，他把报答父母的养育之恩、对家庭的义务感和责任心融入一生追求的大目标——"造成大福家世界，同天共乐"，初步确立了马克思主义世界观。

1924 年，大革命轰轰烈烈，中共旅莫支部派任弼时从苏联回国，同在莫斯科东方大学的族兄任作民为其送行，他们来到列宁墓前。任作民问他：你已经决定把一生献给革命事业了吗？"决定了！"任弼时简短而明确地回答，那时他 20 岁。

在中华民族积贫积弱、任人宰割的时期，各种主义和思潮都进行过尝试，资本主义道路没有走通，改良主义、自由主义、社会达尔文主义、无政府主义、实用主义、民粹主义、工团主义等也都"你方唱罢我登场"，但都没能解决中国的前途和命运问题。五大书记在漫漫长夜的上下求索中，最终都选择了马克思主义。

格局决定结局，领导者高瞻远瞩，领导者胸怀远方。当你清楚自己想到哪里，你就可能到达哪里。朱德在 1944 年《回忆我的母亲》中写道："母亲是一个平凡的人，她只是中国千百万劳动人民中的一员，但是，正是这千百万人创造了和创造着中国的历史。我用什么方法来报答母亲的深恩呢？我将继续尽忠于我们的民族和人民，尽忠于我们的民族和人民的希望——中国共产党，使和母亲同样生活着的人能够过快乐的生活。这是我能做到的，一定能做到的。"⑥

五大书记背景各异，但都追求甜美的真理，都怀有一样的使命与初心：为中国人民谋幸福，为中华民族谋复兴！

参考文献：

①逄先知、金冲及主编：《毛泽东传》（一），中央文献出版社2013年版，第57页。

②⑥《朱德选集》，人民出版社1983年版，第386、114页。

③王光美：《刘少奇青年时代》序，中国青年出版社1996年版，第4页。

④萧劲光：《忆早期赴苏学习时的少奇同志》，《缅怀刘少奇》，中央文献出版社1988年版，第71页。

⑤金冲及主编：《周恩来传》（一），中央文献出版社2008年版，第10—11页。

17 三落三起和毛泽东的忍与等

从 1927 年 9 月秋收起义到 1935 年 1 月遵义会议，毛泽东的领导地位经历了"三落三起"，毛泽东面对每一次打击和挫折，是如何反应的、如何选择的，他在低谷时的思维和行为是什么，他是怎样"忍"和"等"的？

毛泽东的第一次低谷

1927 年 9 月，毛泽东率领秋收起义部队向井冈山进军，在江西永新县三湾村进行了著名的"三湾改编"，三湾改编中首创"支部建在连上"制度。《毛泽东传》作者、美国哈佛大学教授罗斯·特里尔这样评价："党便由一个抽象的概念转化成了一个每日都在的实体，党便来到了夜晚营地的篝火边，来到了每个战士的身旁。"然而，毛泽东向井冈山进军的正确路线，却被共产国际代表罗米纳兹视为"临阵脱逃"。1927 年 11 月，"左"倾盲动主义占据统治地位的党中央，对毛泽东作出了错误的"开除中央临时政治局候补委员"处分决定。

1928 年 3 月，中国共产党湘南特委代表周鲁来到井冈山，贯彻中央的"左"倾盲动政策，指责井冈山"行动太右，烧杀太少"，批判毛泽东是"右倾逃跑""枪杆子主义"，并把中央开除毛泽东中央临时政治局候补委员的决定误传为"开除党籍"，取消以他为书记的前敌委员会，改组为不管地方只管军事的师委。这样，使毛泽东一度成为"党外人士"，只能担任工农革命军第一师师长，还强令革命军离开井冈山，这是毛泽东领导地位经历的第一次低谷。但他的革命意志没有一点动摇，开始积极地履行新的职务，他向指战员讲话：军旅之事，未之学也，可是中国有句俗话，一个篱笆三个桩，一个好汉三个帮，大家群策群力，不愁打不好仗。①

湖南特委代表命令他将队伍开向湘南，配合湘南暴动。毛泽东服从命令，把队伍带到湖南酃县中村（井冈山边沿地区），进行部队整顿，搞土改试点。此时传来两个好消息：一件是看到中共中央文件，澄清了将毛泽东"开除党籍"的误传，毛泽东又可以在部队中发挥领导作用了；另一件得知朱德、陈毅、王尔琢率领的南昌起义余部在发动湘南暴动后遭遇强大敌军追击，正向井冈山方向撤退。毛泽东立刻派袁文才、王佐率第二团前往接应，自己亲率第一团阻击国民党追击部队，并派何长工去寻找朱德部队。4 月 24 日前后，两支部队在宁冈砻市会合，部队合编成工农革命军第四军。

同年 9 月，毛泽东、朱德率部队重新返回井冈山，并对党组织进行了整顿，使党组织更加纯洁，战斗力也大大增强。1928 年 10 月 4 日，在茅坪召开边界党的第二次代表大会，重新组织了中央前委，毛泽东任书记。11 月 4 日，红四军举行第六次共产党代表大会，选举 23 人组成军委，由前委领导，前委还领导地方党。这样，毛泽东在红军党内的领导地位得到恢复。

这一时期，毛泽东开始实践把创立红色政权的政治斗争同党的自身建设结合起来，《中国的红色政权为什么能够存在》《井冈山的斗争》连同三湾改编时"支部建在连上"的组织建设思想，共同构成了党的建设思想的雏形。

毛泽东的第二次低谷

1929 年 6 月，中共红四军第七次代表大会在福建龙岩召开，会议由陈毅主持。会议对许多具体问题的结论是正确的或比较正确的，但错误地否定了毛泽东提出的党对红军领导必须实行集权制（当时对民主集中制的称谓）和必须反对不要根据地的流寇思想的正确意见。会议认为，毛泽东是前委书记，对争论应多负些责任，给予党内"严重警告"处分。大会改选了红四军党的前敌委员会，由中共中央指定的前委书记毛泽东没有当选，陈毅被选为前委书记。毛泽东在最后发言时平静地表示：要加强军队的政治领导，加强党对红军的领导，军队要做群众工作，要打仗，要筹款。"至于会议对我个人有许多批评，我现在不辩，如果对我有好处，我会考虑，不正确的，将来自然会证明他这个不正确。"[2]

会后，毛泽东被迫离开红四军的主要领导岗位，以红四军前委特派员的身份到闽西特委指导地方工作。

毛泽东在闽西将社会调查作为中心工作，在 7 月召开的中共闽西第一次代表大会通过的《土地问题决议案》，比井冈山和兴国《土地法》又有新的发展：对大小地主区别对待，对地主也"酌量分与土地"；对富农土地只没收"自食以外的多余部分"，"不过分打击"；对中农"不要予以任何的损失"；"对大小商店采取一般的保护政策"。在土地政策上，"抽多补少"，"按人口平均分配"。会后，闽西 600

多个乡进行土地改革，约80万贫苦农民分得了土地。农民得了土地后，革命热情高涨，积极参加红军，保卫自己的家园。

1929年10月下旬，赴中共中央报告工作的陈毅从上海返回，带来了中共中央对红四军的指示信（即"九月来信"）。信中充分肯定了毛泽东关于建党的基本原则，增强了党内军内的团结，为开好红四军第九次党的代表大会奠定了基础。1929年12月28日，在福建上杭县古田召开了著名的红四军第九次党的代表大会（即古田会议），通过了《中国共产党红四军第九次代表大会决议案》（即《古田会议决议》）等多种决议案，选举了以毛泽东为书记的新的红四军前委。毛泽东第二次从政治低谷中走出来，重返党的领导岗位。《古田会议决议》是毛泽东建党建军思想的集中体现，是井冈山时期毛泽东建党建军经验的总结，标志着毛泽东建党建军思想的基本形成。

毛泽东的第三次低谷

20世纪30年代，王明等人的"左"倾错误在党内统治长达四年，给党的事业带来了极大的危害。这些危害表现在以下三个方面：

第一，王明等人坚持教条主义的思想路线，破坏党的优良传统，从书本上的个别词句出发，把共产国际的决议和苏联经验神圣化，生搬硬套。1931年11月召开的赣南会议，他们照搬苏联红军经验，作出取消红一方面军总司令和总政委、总前委书记的决定，这样，就把毛泽东排除在中央苏区红军的领导地位之外。在遭受严厉批判的情况下，毛泽东出任当时相对于军事并不太重要的职务——"中华苏维埃共和国临时中央政府主席"，"主席"的称谓即从此开始。

第二，王明等人执行宗派主义的组织路线，破坏党的民主集中制和干部政策，从个人利益或小团体利益出发，以少数人的独断专行代替党的集体领导，提拔重用那些跟着他们错误路线走的人，排斥打击反对和抵制错误路线的人。1932年10月召开的宁都会议，他们利用职权撤销了毛泽东红军总政委和前委书记职务，导致毛泽东在党内领导地位第三次跌入低谷。

第三，王明等人开展过火的党内斗争，混淆党内矛盾和敌我矛盾，公开提出要在党内开展"残酷无情的斗争"，以对待敌人的方式来对待党内同志。罗明同志按照毛泽东的正确主张办事，抵制了"左"倾错误的指示，被污为"罗明路线"受到残酷打击。毛泽东的亲属都因株连而遭到打击，长期管文件的贺子珍改当收发，毛泽覃一直挨批，被撤职，并被以开除党籍相威胁。贺子珍的哥哥贺敏学被免去红二十四师代理师长的职务，贺子珍的妹妹、毛泽覃的爱人贺怡，被撤掉瑞金县委组织部副部长的职务。

毛泽东在担任中华苏维埃共和国临时中央政府主席期间，负重前行，做了大量工作，在领导经济建设和政权建设的同时，还展开了查田运动……

"左"倾冒险主义的领导最终导致第五次反"围剿"失败，红军被迫长征。1935年1月，遵义会议结束了王明的"左"倾冒险主义在中共中央的统治，实际上确立了以毛泽东为代表的新的中央的正确领导。这次会议在极端危急的历史关头挽救了中国共产党，挽救了中国工农红军，挽救了中国革命，是中国共产党历史上一个生死攸关的转折点，从此中国共产党和中国工农红军就在毛泽东代表的正确路线的指引下走上了胜利发展的道路。

毛泽东自己说：

> 无论你们整我到什么程度，整错了，对我有极大益处，激发我研究一下，激发我想一下。

刘英回忆说：

> 毛主席这个人原则性是很强的，对共产国际是很信仰的，提意
> 见是提意见，他服从还是服从，不同的意见他到会上争论，在军委会
> 上争论，我们在底下不知道，他和我们也不谈，但是他很苦恼……
> 意见被否定后，他还是继续调查研究，他还是干他的工作。③

1941 年 8 月 2 日，毛泽东在给萧军的复信中，除了说明延安确实
有很多不好的现象需要改正外，特地说了这样一段话：

> 不要绝对地看问题，要有耐心，要注意调理人我关系，要故意
> 地强制地省察自己的弱点，方有出路，方能"安心立命"。否则天天
> 不安心，痛苦甚大。④

1944 年 4 月 9 日，毛泽东给陈毅的信中说：

> 凡事忍耐，多想自己缺点，增益其所不能；照顾大局，只要不
> 妨大的原则，多多原谅人家。忍耐最难，但作一个政治家，必须练
> 习忍耐。⑤

贝聿铭大师在设计巴黎卢浮宫玻璃金字塔后，遇到了铺天盖地的
质疑和嘲讽，他的反应是：我没有时间管这些，我要花精力解决我自
己的问题。即做好自己能做的事情。遭遇打击和事业低谷，毛泽东采
取了"忍"和"等"，"忍耐"是出于对党的纪律的服从，"等待"不
是消极地坐等，而是尽最大努力做好影响力范围内的工作。

参考文献:

①② 逄先知、金冲及主编:《毛泽东传》(一),中央文献出版社2013年版,第173、204页。

③学习强国,文献纪录片《毛泽东》第三集,中央广播电视总台摄,1993年。

④《毛泽东书信选集》,中央文献出版社2003年版,第158页。

⑤《毛泽东文集》第3卷,人民出版社1993年版,第127页。

朱德就这么"走"过来了

"伟大的道路"是"走"过来的,让我们重温朱德总司令一生中的"走"。

从大湾走到席家砭私塾

1886年,朱德出生于四川北部仪陇马鞍场的一个佃农家庭。1892年,朱德六岁,就读于本姓家族开办的药铺垭私塾,一年读完了《三字经》《大学》《中庸》《论语》,还读了《孟子》一部分。七岁时,改读丁姓私塾,除了读完四书,还读了《诗经》《书经》。1895年除夕,因家里没有力量交纳加租,被逼退田搬家。朱德回忆说:"在这悲惨的情况下,我们一家人哭泣着连夜分散。从此我家被迫分两处住下。人手少了,又遇天灾,庄稼没收成,这是我家最悲惨的一次遭遇。""我是一个佃农家庭的子弟,本来是没有钱读书的。那时乡间豪绅地主的欺压,衙门差役的横蛮,逼得母亲和父亲决心节衣缩食培养出一个读书人来'支撑门户'"。[1]

朱德随养父（伯父）迁居大湾后的第二年，到席家砭私塾随席聘三老师读书，断断续续读了八年，老师给他取字"玉阶"（朱德是他从军后改的名字），其寓意就是希望他用功读书，像白玉那样清清白白做人，扎扎实实做事，立志沿着玉石砌成的阶梯步步登高。从此以后，席聘三与朱德便结下了深厚的师生情缘。

席家砭私塾与大湾相隔四公里。朱德每天清晨起床后，干点家里的活，然后吃完早饭再去上学。不论是酷暑，还是严冬，每天都要来回走四次，中午回来肚子饿，跑得快；晚间回来怕天黑，也跑得快。长年累月，使朱德养成走路快的习惯。一到农忙季节，朱德便在家里劳动，一年大约有三四个月在家种地，有六七个月去读书。朱德回忆说："我从小就是饿肚子长大的，因此，后来搞革命运动时，我就不大怕饿，好像根本不知道饿。讲起干活，也是一样。我从小到大都干活，所以后来做体力劳动时，我从来不觉得面子难看。走路也是一样，成年以后，虽然有时有马骑，可是一生之中差不多都是走路，经常几个月几年长距离行军，同我指挥的士兵并肩走来走去。""习惯那种清苦生活，走遍世界就没有觉得苦，在毛尔盖（草地）觉得也不过我们那样子。"②

朱德跟随有强烈民族情感的席聘三先生读书，从 10 岁到 18 岁，眼界开阔了，思想"慢慢开展了"，朴素的爱国主义思想在萌发，开始有意识地关心国家的前途和民族的命运了。"在当时充溢着的思想，就是'富国强兵'，我们晓得做'富国强兵'的事，没有知识不行。"这八年，朱德广泛阅读了戊戌变法后出版的新书，第一次见到了地球仪，"眼光放大了"，"晓得有世界，知道有个地球，还是圆的"，于是渐渐萌发了一个念头："想去看看世界就好了"，成天"打主意怎样到成都，到外面"去，再也不想待在家里，因为"屋里是太闷人了"。③

从仪陇走到成都四川师范学堂

那时候，"一股操练习武成了风气，连乡下都操，因为怕要亡国了"。1907年初，朱德携着借来的四五十块银圆、一套好衣服、一双好布鞋的包袱，踏上了前往成都的道路。从仪陇到成都500里，普通人去成都要走11天，他打算只用一半的时间赶到。朱德一边赶路，一边不由得暗自赞叹，天下哪有像四川这样美丽的地方，哪有这样的巍巍峰峦和滔滔江水，这样的丰硕水果和喷香花朵！他穿过河谷，绕过秋色苍郁的大山，每当拂晓，便起身上路，农民歌谣始终不离唇边。到了夜晚，两脚倦懒，浑身尘埃，便随意找个农家借住；老乡们对于过往行人招呼得亲亲热热，谁要说付款酬谢，那就是失礼。朱德后来接受史沫特莱的访谈，突然问她："看见过四川的花吗？""又大又好看，香极了，花香一飘就是几里路。"到第五天黄昏，朱德兴奋地看到了成都高大古老的城墙。

朱德考入四川通省师范学堂附设体育学堂。离家两年，有一次回家过夏，"一家人排成了两行，俟他走近，一齐在他面前恭敬地低头执礼。养父也不把他当作儿子看待，连连欠身为礼，招呼进屋，强使他在全家聚会的地方坐在上位。一家人围在他的四周，他们的眼睛闪烁着骄傲，每一个人都用最客套最恭敬的词句——穷人惯于应付有钱有势者的词句——来同他谈话。"当朱德坦诚地说以后要在仪陇县做体育教师，可以挣钱，可以开始偿还家里的债务。朱德回忆说：

开始是一阵吃惊后的沉默，接着我父亲问道，体育是什么意思。我解释以后，他大叫起来，说全家苦干12年，为的是要教育出一个子弟免得一家挨饿，而结果却是打算去教学生怎样伸胳膊迈腿。他大叫大闹道，苦力也会这个！他接着跑出家门，一直到我走，他也没回来。那天晚上我听到母亲在啜泣。最后一晚难过之至，第二天早晨，我离家去仪陇县。一向疼爱我的养父，送了我好几里路才回去。他最后站住脚步转过身去，说道：我们是知事不多的乡下人，不懂得那么多事情。现在不明白的也许将来会明白。你自己照顾身体，多来信吧！那年他大概是 60 岁了吧，很见衰老，穿一件满是补丁的衣服和一双旧草鞋。他往回走时，我哭了。④

很少读到朱德流泪的文字。朱德这年 20 岁，面对很见衰老的 60 岁的养父，他哭了。朱德这次与养父的告别，总让我想起南京浦口车站月台送别的那一幕：

父亲是一个胖子，走过去自然要费事些。我本来要去的，他不肯，只好让他去。我看见他戴着黑布小帽，穿着黑布大马褂，深青布棉袍，蹒跚地走到铁道边，慢慢探身下去，尚不大难。可是他穿过铁道，要爬上那边月台，就不容易了。他用两手攀着上面，两脚再向上缩；他肥胖的身子向左微倾，显出努力的样子。这时我看见他的背影，我的泪很快地流下来了。我赶紧拭干了泪，怕他看见，也怕别人看见。我再向外看时，他已抱了朱红的橘子往回走了。过铁道时，他先将橘子散放在地上，自己慢慢爬下，再抱起橘子走。到这边时，我赶紧去搀他。他和我走到车上，将橘子一股脑儿放在我的皮大衣上。于是扑扑衣上的泥土，心里很轻松似的，过一会说，"我走了，到那边来信！"我望着他走出去。他走了几步，回过头看见我，说："进去吧，里边没人。"等他的背影混入来来往往的人里，再找不着了，我便进来坐下，我的眼泪又来了。

这是朱自清笔下的《背影》。中国的父亲似乎都不大善于表达情感，朱德养父"站住脚步转过身去"说的几句话，有不解，有不舍，有宽容，有希望，有苍凉，有温暖。《伟大的道路》中的这个送别场景，如同一幅画面一直定格在记忆深处，让人掩卷沉思，让人感同身受！

朱德并不责备自己的家庭，所有的一切都是旧制度下的辛酸产物。朱德"自觉对家庭的忠诚，应该服从于更大的忠诚——对国家和全体人民的忠诚。一个人不能把自己局限在家庭里"。"虽然是农民的子弟，我现在明白，我并不是一个一脚站在地里，一脚站在学校里的农民，而是已经转换到另一个阶级去了。走回头路已是太迟，而且我也不打算回头。我已经选择了自己的道路。"

1908年，朱德毕业来到家乡仪陇县立高等小学堂担任体育教师，这是朱德的第一份工作。但是，封建势力蠢蠢欲动，国家危难越发深重，朱德体会到"教书不是一条生路"！

从成都走到昆明讲武堂

1908年12月初，朱德向家里说明要参加新军，全家人都以为他疯了。当教师教"那种野蛮的体育"还没有什么，可是去当兵，他们可受不住了。他们开始显得很和蔼，小心地劝他留在家里，休养休养脑筋；他们认为念书念得太多，影响了他的脑筋。等他说明他完全清醒，并且决定献身于解放中国的事业时，"反应是可怕的，太可怕了！"这个选择对于他的养父也是一个致命的打击。

1909年春节刚过完，朱德就告别了亲人，从南充步行到成都。朱德起程的那天，竟没有一个人来送别。"他离开了他的家，以为一个流浪者，世界上的一切似乎都在跟他作对。""那的确是可怕的，非常可怕的。"朱德说，"不过我已经选择了我的道路，义无反顾了。"⑤

这是朱德第二次到成都。他与同学一起徒步从嘉定（今乐山）、叙府（今宜宾）进入滇境，再经昭通、东川，在4月间到达云南省会昆明，长途跋涉共70余天，考入云南陆军讲武堂。

那时外国列强加紧掠夺中国边疆，一般人认为东三省和云南形势最危险，云南是很重要的国防地带，这是朱德下决心去云南的主要因素。讲武堂提前毕业后的朱德在护国战争中成为滇军名将。

1919年秋，朱德将一家二十几口接到泸州，与他们夫妇同住。他的养父养母宁愿留在祖父母已经入土的大湾，他的亲生父母则偕大哥及其他家人来到泸州，此外，还有朱德的两个已婚弟弟及其眷属，和一个最小尚未娶亲的弟弟。旅长的薪俸相当高，将近1000块钱一个月，而且按照惯例，还有相当于一半薪水的津贴。

一别10年，朱德愕然发现，双亲已是鬓发如霜。朱德向他们保证就在这里定居下来，安享晚年。家人慑于他的权势和地位，对他的计划不敢反驳一字。老父老母眼看着他把两个弟弟送进军事训练团，心中虽然难过，也没开口。可是没过几个星期，两位老人在家里就变得不知所措，他们一生从事劳动，从未闲着。在知书识字的儿媳妇面前，他们也感到有些格格不入。1919年年底，两个弟弟都战死疆场，朱德带着他们还没装殓的尸体，将队伍带回泸州。二老受的打击太大了，连哭都哭不出来。在泸州暂住一阵后，全家人实在住不下去了，准备回乡，他也不再反对。朱德给了旅费，又雇船送往重庆，准备他们从重庆换船转道仪陇。10天以后，上路的人来了信，报告老父死在重庆，他们现在扶棺北归，打算葬在大湾附近祖先的坟地里。朱德投身戎行，原想为国家的解放寻找一条道路，混战十几年后，这一理想灰飞烟灭，对于两个弟弟丧身疆场、老父客死重庆，他内心格外沉重。"谈到他在这一段时期的生活，朱德感到很别扭。这是一个充满了屈辱和犯罪感的时期。"⑥

当然，这一段军旅生涯，让朱德在边境深山密林的剿匪战斗中，学会了流动的游击战术。后来在莫斯科学习军事时，教官测试他，回国后怎样打仗，朱德的回答是：打得赢就打，打不赢就走，必要时拖队伍上山。这就是游击战争的思想。这种思想以及朱德在讲武堂积累的同学或部下等人脉资源，在后来的革命生涯中发挥了独特作用。每一种经历都是一种财富，每一步脚印都是一个台阶，玉阶、玉阶，朱德在继续探索着通往真理之路！

从上海到巴黎、柏林、莫斯科

1919 年发生的五四运动猛烈地荡涤着中国大地，在《民国日报》前主笔、京师大学堂预科毕业、泸州旅部参谋孙炳文的帮助下，朱德开始用一种新的眼光去探寻中国的前途。1922 年夏，朱德从重庆来到上海、北京。朱德从亲身经历中逐渐认定只有中国共产党才能给灾难深重的中国指明出路，他决心要找到这个党，并成为它的一名成员。

8 月初，在上海，作为中国同盟会会员的朱德见到了孙中山，并谢绝了希望他回滇军的要求。10 多年的戎马生涯已经让朱德对孙中山借助一部分军阀力量去打击另一部分军阀的做法不再相信。他希望到欧洲看看，因为社会主义在欧洲最强大，欧洲已经出现了新的力量。孙中山同意了朱德的意见。几天后，朱德又在上海闸北的一所房子里会见了中国共产党中央执行委员会委员长陈独秀，向他提出了入党要求。

朱德去会见时，原以为只要一提出加入共产党的申请，就可以被接受。因为国民党就是这样，只要申请便可参加。朱德以为共产党的手续也不过如此，入党之后，他相信就可从此踏上新的革命的道路。陈独秀打量着来客，冷冷地说，"要参加共产党的话，必须以工人的事业为自己的事业，并且准备为它献出生命。对于像朱德这样的人来说，就需要长时间的学习和真诚的申请。"朱德默然不发一言，失望地听着。他敲了未来的大门，而它拒绝为他打开。10多年后，朱德对史沫特莱说："我感到绝望、混乱。我的一只脚还站在旧秩序中，另一只脚却不能在新秩序中找到立足之地。"⑦

朱德只能把希望寄托在到国外去寻找拯救中国的道路。1922年9月初，朱德乘坐法国邮轮，离开吴淞口，驶入太平洋。

朱德和孙炳文在巴黎停留期间，听说中国留法学生中已经建立了中国共产党旅法组织，主要组织者叫周恩来，此时已在柏林。10月22日，朱德和孙炳文乘火车赶到柏林。史沫特莱在《伟大的道路》中有这样的描述：

> 周恩来的房门打开时，他们看到的是一个身材瘦长、比普通人略高一点的人，两眼闪着光辉，面貌很引人注意，称得上清秀。可是，那是个男子汉的面庞，严肃而聪颖，朱德看他大概是二十五六岁的年龄。……朱德顾不得拉过来的椅子，端端正正地站在这个比他年轻十岁的青年面前，用平稳的语调，说明自己的身份和经历：他怎样逃出云南，怎样会见孙中山，怎样在上海被陈独秀拒绝，怎样为了寻求自己的新的生活方式和中国的新的革命道路而来到欧洲。他要求加入中国共产党在柏林的党组织，他一定会努力学习和工作，只要不再回到旧的生活里去——它已经在他的脚底下化为尘埃了，派他做什么工作都行。……两位来客把经历说完后，周恩来微笑着说，他可以帮他们找到住的地方，替他们办理加入党在柏林的支部的手续，在入党申请书寄往中国而尚未批准之前，暂作候补党员。⑧

11月，经中共旅欧组织负责人张申府、周恩来介绍，朱德加入了中国共产党。朱德激动地表示:"从那以后,党就是生命,一切依附于党。"

这是 36 岁的朱德与 24 岁的周恩来传奇般的第一次相见,也是延续半个世纪的革命友谊的开端。

时间像狼一样在后面追着,朱德顽强、虚心、毫不松懈地学习着。朱德首先买了一张柏林地图,把每一条街道和每一处机构的名称都用中文注音,标在上面。他的德语水平还没有达到可以问路的程度,他决定信步所至,沿路遇到博物馆、学校、画廊,或是啤酒店和餐馆,或是准许他进去的工厂,他都要参观。他也要去欣赏歌剧,听音乐会。他还要访问议会,游览公园,走访普通人的家庭,看看他们的陈设和生活。他甚至还要参观教堂,看它与中国的寺庙有什么不同。⑨

柏林、哥廷根、盖尔格-奥古斯特大学都留下过朱德学习的足迹,据中国旅德学生会同学回忆,朱德留给大家的印象是:谦虚、好学、朴实、平易近人、不讲吃穿、很会做四川菜,星期天他就穿着围裙给大家做回锅肉吃。为声援国内五卅运动,朱德带领留学生参加集会而遭短时间监禁。在中共旅莫支部的帮助下,朱德来到苏联,在莫斯科郊外的村庄莫洛霍夫卡接受了军事训练,学习城市巷战、游击战的战术。

从 1922 年 10 月到 1926 年 5 月回国,三年半海外的"走",使朱德的人生旅途发生了重大转变,"认识了历史发展的规律,结合其他的研究和经验,我就找到了了解中国历史——过去和现在——的一把钥匙。"⑩这一年,朱德恰好 40 岁,正是人生不惑的年纪!

从瑞金走到陕北

从 1934 年 10 月至 1936 年 10 月,朱德经历了红军长征艰难曲折的全过程。作为红军总司令,朱德始终挺立在这支钢铁队伍的最前列。

在遵义会议上，朱德声色俱厉地追究临时中央的错误，谴责他们排斥毛泽东同志。

1935年8月中央政治局沙窝会议后，朱德和红军总参谋长刘伯承率总部赴左路军集结地卓克基，这以后，朱德与多年并肩战斗的毛泽东、周恩来暂时离别。与张国焘共事，朱德深知"不是一件容易小事"。在张国焘分裂红军后，朱德身处逆境，却能如中流砥柱，稳如泰山，"临大节而不辱""度量大如海，意志坚如钢"，维护革命队伍的团结，终于化险为夷，完成把红军三大主力会合在一起的历史使命。

面对恶劣的自然条件和围追堵截的国民党军队，同时还要有理有节地与张国焘错误路线作斗争，这是怎样的艰难困苦和惊心动魄，而且，朱德已近五十之年，过了三次草地！在长征胜利结束后不久，朱德的回忆是这样的：

> 在长征中间，身体很强健，路上就没有病过了，多半是夜间走路，白天睡觉。有事马上就办……人还是觉得很爽快，不感觉如何愁闷。我的脑筋也是与身体相同。问题就从来没有放松过。处处想得到，也想得远。就是怎样困难，也解决得开。从来就没有认为什么是没有办法，相当地有点乐观主义。过草地的时候——大家都认为是极困难的了，我还认为是很好玩的。有草，有花，红的花，黄的花，都很好看，几十里地都是，还有大的森林和树木。草又是青青的，河流在草地上弯弯曲曲的，斜斜的一条带子一样往极远处拐了去……牛羊群在草地里无拘束的自由上下，也是极有趣的。也许因为带着乐观性吧。⑪

这段文字如同现代游记，让人想起敕勒川阴山下，想起辽阔的呼伦贝尔、美丽的香格里拉；想起他与史沫特莱的对话：四川的花，又大又好看，香极了，花香一飘就是几里路；想起朱德年少时的农田劳动和体育教师的职业经历。在战争年代、在长征途中，朱德有这样的视角，这是怎样的一种心境啊！"遇到极困难事情，一旁人看起来极复杂十分难解决了，但是我们好像没有那么回事一样。他也就变得好些，不那么慌张了。当为一个领导者，愈是困难，愈要镇静。……所谓履险如夷，也还是平平常常就过去了。愈危险，愈需要冷静、平淡，就容易把问题处置得很恰当。"⑫

朱德就这样"走"过了长征！

"走"，坚定地走，乐观地走，"走"，贯穿了朱德的一生！

参考文献：

①《朱德选集》，人民出版社 1983 年版，第 112 页。

②③⑪⑫金冲及主编《朱德传》，中央文献出版社 2016 年版，第7、8、464—465、465 页。

④⑤⑥⑦⑧⑨⑩［美］艾格尼丝·史沫特莱：《伟大的道路》，东方出版社 2005 年版，第 93、97、156、179、182、183—184、197 页。

19 毛泽东、朱德、周恩来的遇险

1927年9月，毛泽东从安源赶往铜鼓，在湖南浏阳张家坊村被民团抓住，此时，国民党的恐怖统治达到顶点，民团奉命把毛泽东押到民团总部去处死。毛泽东决定设法逃跑。但是，直到离民团总部不到200米的地方，才找到机会，他一下子挣脱出来，往田野里跑。20世纪30年代他对埃德加·斯诺说：

> 我跑到一个高地，下面是一个水塘，周围长了很高的草，我在那里躲到日落。士兵们在追踪我，还强迫一些农民帮助他们搜寻。有好几次他们走得很近，有一两次我几乎可以用手接触到他们。尽管有五六次我已放弃任何希望，认为自己一定会再次被抓住，可是不知怎么的我没有被他们发现。最后，天近黄昏了，他们放弃了搜寻。我马上翻山越岭，彻夜赶路。我没有穿鞋，脚底擦伤很厉害。路上我遇到一个友善的农民，他给我住处，后来又带领我到了邻县。我身边有七块钱，用这钱买了一双鞋、一把伞和一些食物。当我最后安全到达农民武装那里的时候，我的口袋里只剩下两个铜板了。①

1935年6月上旬的一天,毛泽东亲率军委纵队翻越二郎山附近的甘竹山,走到平山腰时,他说"歇歇脚吧"。他在一块石头上坐了下来,大家也围着他坐下。忽然,从东南方向来了几架敌机。大家还没来得及跑开,敌机便俯冲下来,扔下几颗炸弹。其中一颗炸弹落在离毛泽东很近的地方。手疾眼快的警卫班班长胡昌保大喊一声"主席——",随即猛地向毛泽东扑去,刹那间,毛泽东刚刚休息的地方腾起了烟柱。胡昌保紧闭双眼,浑身是血,一声不响地倒在地上。"小胡,昌保同志……"在毛泽东的呼唤下,胡昌保缓缓苏醒过来。他躺在毛泽东的怀里说:"主席,我不行了……"停了好一会,他又转过头,看着大家,然后慢慢地闭上眼睛。毛泽东把胡昌保轻轻放下,叫人取来一条毛毯,盖在烈士遗体上。面对为保护自己而牺牲的战士,他再也抑制不住,悲痛地流下了热泪。良久,毛泽东缓缓站起来,摘下八角帽,低下头,默默致哀。随后,他吩咐战士们:"把他好好掩埋起来,在坟前立个牌子,为革命牺牲的同志,我们将永远怀念他们!"②

1948年3月,在解放战争的重要时刻,毛泽东率部安全到达河北阜平县城南庄,住进晋察冀军区司令部大院。一天,正当人们吃早饭的时候,城南庄上空,突然传来了飞机的轰鸣声,在城南庄上空转了两圈,接着朝北平方向飞走了。警卫人员马上意识到这是侦察机,轰炸机随后就会来袭击。李银桥和阎长林立即叫醒晚睡的毛泽东。毛泽东这时还十分风趣地说:"不要紧,没什么了不起!无非是投下一点钢铁,正好打几把锄头开荒。"站在屋内的华北军区参谋长赵尔陆见毛泽东不想进防空洞,连说:"主席,敌人的飞机来了,你必须立刻离开这里,我要对你的安全负责。"毛泽东坐在床上,还是不愿意走。聂荣臻着急了,让警卫人员拿来担架,和赵尔陆一起把毛泽东扶上担架,抬起就走,这时,在场的秘书和警卫人员接过担架一溜小跑奔向防空洞。毛泽东刚进防空洞,敌人的飞机就狠狠地扔下了几枚炸弹,轰隆隆一阵巨响,炸弹在院子里爆炸了。③

1927 年 10 月，朱德带领南昌起义余部进入赣南山区，在石经岭隘口战斗中，朱德手里掂着驳壳枪，指挥大家通过他亲自杀开的这条血路。经历这一战事的粟裕感到此时的朱德不仅是一位慈祥和蔼的长者，更是一位身先士卒的勇将。

1928 年 6 月中旬，蒋介石调集了湘赣两省十多个团的兵力，分进合击，气势汹汹地向井冈山根据地的中心宁冈压来，妄图拔掉井冈山这面红旗，扑灭革命的火种。毛泽东、朱德分析了敌我双方的基本情况和敌人内部的矛盾，决定在龙源口西南的新老七溪岭痛歼湘敌杨池生、杨如轩部。

井冈山宁冈县古城区少共区委书记谢中光回忆当年"打花了机关枪"的朱德军长在战斗中的场景：

> 他正端着一挺花机关枪，衣袖挽到了臂弯，在制高点上奋不顾身地向敌人扫射，边打还边指挥。在他的带领下，战士们打得更加勇猛了，整个阵地上像开了锅似的，密集的手榴弹爆炸声，炒豆般的机枪声，战士们的喊杀声，夹杂着敌人的嚎叫声响成一片，浓密的硝烟和飞扬的尘土使当空的太阳都变得昏暗无光了。看到这激动人心的场面，我只感到浑身的热血在沸腾，深深地为朱军长这种身先士卒、把个人安危置之度外的行动所激励，真想操起枪来冲上前去和他一起战斗，可是被战士们拦住了。我只好和乡亲们一起，冒着密集的火力把伤员们抬下来。路上，朱军长那端枪射击的威武英姿不时在我脑海中浮现，我只觉得担架越抬越轻，步子越走越快。
>
> 经过近一天的浴血奋战，新老七溪岭的战斗相继胜利结束。这次龙源口大捷，共歼敌一个团，击溃两个团，缴枪一千多支，粉碎了

湘赣两省敌军的联合"会剿"，巩固和扩大了井冈山革命根据地。④

1935 年 1 月 28 日，川军刘湘倚仗优势兵力，突破红五军团阵地，向土城压来，后面就是赤水河，如果不能顶住，红军将被迫背水作战，后果难以想象。紧急时刻，朱德决定亲自到前线指挥作战，"只要红军胜利，区区一个朱德又何惜！"在朱德、刘伯承的指挥下，在陈赓、宋任穷军委纵队干部团的驰援下，终于打退川军进攻，巩固了阵地。在朱德收拾起地图、望远镜，离开赤水河北岸，不慌不忙地撤退回到阵地后边时，杨成武着急地说："总司令，我们在掩护你，你怎么走得这么慢啊？"王开湘和朱水秋也说："我们急得心都快从嘴里跳出来了！"总司令亲切地笑笑，风趣地说："急什么？诸葛亮还摆过空城计呢！"⑤

越是危险的时候，朱德越是镇静、从容。

在革命生涯中，周恩来经历了多次危险和磨难。

1925 年 6 月 23 日，为抗议五卅惨案，周恩来在广州组织游行，队伍行进到沙基时，遇沙面英租界机枪扫射，同一排队伍中两人倒下；

1925 年 8 月 24 日，周恩来准备督查戒严行动，因蒋介石提前戒严时间和更改联络口令，在司令部门前遇门卫开枪，司机死亡。

1927 年 3 月 21 日，上海工人第三次武装起义，周恩来亲临现场指挥，与纠察队修工事时，一颗炮弹在附近爆炸，周恩来迅速卧倒，躲过一劫。

1927 年 8 月下旬，率南昌起义部队南下过程中，身染重病，常常昏迷，经过海陆丰，经过海路，被送至香港。

1931 年 4 月，负责中央特科的顾顺章叛变，幸亏钱壮飞偷偷译出电文，并派人连夜到上海向中央汇报。周恩来率领陈云、聂荣臻等夜以继日，将中共中央、江苏省委、共产国际远东局等机关全部安全转移。

1931年6月，向忠发叛变，中共中央和周恩来处境异常危险，党中央决定让周恩来转移到苏区。（周恩来在上海战斗了四年）

1935年7月，红军长征到达草地边缘的毛尔盖，周恩来病倒，彭德怀让三军团参谋长萧劲光组织担架队，轮流抬着病中的周恩来、王稼祥。

1936年，中共中央决定将中央驻地瓦窑堡让给东北军，转移途中，遇到地方武装偷袭，周恩来亲自殿后，掩护中共中央和毛泽东等安全撤离。

1937年2月，群龙无首的东北军少壮派在杀害了主和派代表王以哲后，冲进周恩来办公室。周恩来霍地站起来，严厉训斥了他们的鲁莽行为。

1937年4月，劳山遇险。

1939年7月，去中央党校作报告途中，坠马骨折，赴苏治疗。为了赶紧投入革命工作，他选择了耗时更短的保守治疗，从此，右胳膊只能伸展40—60度。

这些磨难中，劳山遇险最险。1937年4月25日，周恩来、张云逸等奉中共中央指示，乘坐卡车从延安出发到西安，准备南下与蒋介石继续谈判，同行护卫的有延安卫戍区司令部参谋长兼周恩来随从副官陈友才和警卫队副队长陈国桥等，包括一个警卫班。周恩来和司机坐在驾驶室里。卡车刚离延安六十里，行驶到劳山附近，遇当地土匪伏击。一二百土匪从正前方挖的工事里，从后面的小山包和左边的树林中同时射击，形成三面包围的态势。密集的子弹射来，有些随从人员在车上就牺牲了。随着驾驶室的右车门的自然颠开，周恩来敏捷地翻滚出驾驶室，对车上的人发出短促的命令："下车！

散开! 还击!"坐在车厢里的张云逸命令陈友才和陈国桥:"陈参谋长, 你保护周副主席迅速转移; 陈排副, 你组织战士进行抵抗。"

听到命令, 干部、战士迅速跳下车抢占有利地形, 予以还击。尽管敌人居高临下, 用的都是长枪, 造成很大的杀伤。但他们毫不畏惧, 手持短枪顽强地战斗着。陈友才还没来得及下车, 腿部就中了一枪, 但他还是忍着疼痛, 一面挥舞手臂示意警卫人员掩护周恩来迅速撤离, 一面挣扎着爬起来向敌人射击。他头戴礼帽身穿西服挥舞手臂的举动, 吸引了众多的敌人, 子弹都集中向他射来。此刻他也意识到, 自己越是能吸引敌人的火力, 就越能减少周恩来的危险, 于是他巧妙地利用车头、车帮和车上的行李做掩护, 与敌人展开了周旋。但不久, 他就被敌人射来的排枪子弹夺走了生命。陈国桥强压着悲痛, 鼓励特务队的战士们坚决顶住。

这次遇险, 当场就牺牲了11人, 其他人也都受了伤, 只有周恩来、张云逸等4人无恙。周恩来之所以能平安无事, 据亲历者刘久洲回忆, 可能是因为周恩来坐在驾驶室最右边, 而土匪挖在路上的壕沟刚好把卡车右前轮陷了进去, 这样, 他所处的位置就成了全车最低的地方。加之他久经沙场, 十分机智, 而且在卡车右前轮陷进去的一刹那, 驾驶室右前门也自然被颠开了, 刚好为他挡住了前边飞来的子弹。几十年之后的1973年, 周恩来陪外宾到延安时, 还谈起了劳山遇险说:"我一生曾经遇到过多次危险, 但最危险的是这一次。"

1976年1月8日, 周恩来在北京逝世, 从他贴身的衣袋里找到一张40年前的合影照片, 有周恩来、张云逸、孔石泉, 背面题着"劳山遇险, 仅剩四人"八个笔锋刚健的大字。这张合影是1937年5月中旬在西安七贤庄一号红军联络处由童小鹏拍摄的, 这是劳山遇难时的"战友和难友"重逢的纪念。⑥

参考文献:

①《毛泽东一九三六年同斯诺的谈话》,人民出版社1979年版,第53页。

②曾涛整理:《长征故事:红军将领的泪》,解放军报,2016年10月21日。

③张平均:《毛泽东在进驻河北城南庄的日子里》,人民网·中国共产党新闻·史海回眸。

④谢中光:《井冈引路人——朱军长威震七溪岭》,见徐向前、粟裕等:《星火燎原》未刊稿第1集,解放军出版社2008年版,第144页。

⑤杨成武:《忆长征》,解放军文艺出版社1982年版,第87页。

⑥郝建生编著:《西安事变前后的周恩来》,中央文献出版社2004年版,第332—338页。

20　领袖将帅，战友弟兄

　　1931年春，国民革命军第二十六路军在江西宁都起义后，起义军的高级将领董振堂见红军总司令朱德职务高、年龄大，却仍旧穿草鞋、睡光床，很受感动，就把自己的一条苏联产的淡粉红色的毛毯送给了他。这条毛毯随着朱老总在中央苏区经历了五次反"围剿"，后来又随着他经历了二万五千里的长征，来到陕北。西安事变发生后，周恩来应张学良之邀要去西安处理事变的善后事宜。当时正值隆冬，天寒地冻，大雪纷飞，朱老总想到周恩来顶风冒雪地前往西安，就从家中拿出这条毛毯转赠给了周恩来，好让他沿途御寒。

　　1937年4月，周恩来在劳山遭遇土匪袭击。随侍副官、延安卫戍司令部参谋长陈友才临危不惧，身中六弹牺牲。压在陈友才身体下边的这条毛毯浸透了他的鲜血。中央警卫团赶来打走土匪，又从烈士的忠骸下找回了这条毛毯，使它回到主人身边，继续伴随着周恩来走上为挽救民族危亡的谈判之路。

　　第二次国共合作成功实现了。朱德率领八路军东渡黄河，亲赴前线打击日本侵略者。周恩来考虑到朱老总年事已高，加上前线战争紧张，生活条件也十分艰苦，就将邓颖超一针一线缝补好的毛毯重新回赠给了朱老总。这条毛毯伴随着朱老总一直到抗日战争和解放战争的胜利，迎来新中国的光荣诞生！一条普通的毛毯寄托着周恩来和朱德之间的无限深情，也是他们为革命出生入死的见证。

在长征途中，贺龙军团长常常停下来问勤务员："看看，任政委到了吧？关副政委和甘主任么样？"任弼时同志是中央派到二方面军来的党代表，是中央委员，这时身患肺病，面黄肌瘦。贺龙多次说："注意照顾好任政委啊！你们晓得吧？要不是任弼时同志带着六军团、带着密电码和电台，冲破敌人的封锁，来贵州同我们会合，传达中革军委的长征部署，我们就会成为离了群的孤雁呀！大家要记住，尊重任弼时同志，照顾好他，这不只是个责任问题，还是个对中央的态度问题哩！"

刚离开贵州没两天，任弼时政委一骑马就咳嗽不止，病情加重，贺龙马上命令搞副担架抬着任政委。贺龙军团长对关向应副政委和政治部甘泗淇主任也同样关怀备至。他几次说："我是个大老粗，十几岁上了山，没学着文化。要不是周副主席和朱老总的帮助，我贺龙有么用？关副政委、甘主任，都是知识分子，我要好好向他们学着点呀！"①

彭德怀经常自嘲自己是个粗人，其实是粗中有细。1937年8月底，八路军一二九师副师长徐向前奉命从大同回到太原，参加与阎锡山的谈判。谈判结束后，周恩来、朱德、彭德怀等都劝离家12年的徐向前回老家看一看。徐向前回忆说：开始我不想走，觉得大家如此繁忙，我回去探家算什么，说：以后再说吧！但他们对我说了好多理由：太原这边我们人手不少，工作有一定基础，你能走得开；五台山区战略地位重要，是我们下一步开展游击战的基地之一，你去走一趟，能扩大党的影响，为将来做点准备工作；阎锡山相当重视老乡关系，相当器重你，你回乡探亲，他不会故作刁难；你和家人离别多年，回去看看，合情合理，不能让人家说共产党不讲人情嘛！彭德怀同志还送我60块钱，要我给家里买点东西。②9月中旬，徐向前踏上探亲之路。

1940年4月，为了与卫立煌谈判停止国共摩擦问题，朱德从王家峪八路军总部启程，越过白晋铁路敌人的封锁线，经中条山国民党防区赴洛阳。四个月前，彭德怀曾从这条路回总部，阎锡山的部队四处打枪抓人，现在局势虽趋好转，尚未稳定。彭德怀十分不放心，把随从朱德的周桓找到自己屋里，亲自交代怎样照顾好总司令的行路安全和起居饮食。谈完又特意叮嘱周桓："总司令年纪大了，一路上要多加小心。有紧急情况，要先轻轻叫醒，等总司令坐起来，再报告。如有急电，先把蜡烛点好，再请总司令起来看；等总司令处理完毕再离开……"周桓回忆这一情景时说："叱咤风云的彭老总，对总司令的关怀这样细致入微，感动得我一时竟说不出话来。"③

中央领导人在陕北王家坪，彭德怀把毛泽东的警卫参谋和警卫排长叫到他的窑洞里，神情十分严肃，郑重地对他们说："现在，全党、全军和全国人民都关心党中央、毛主席的安全，很多同志希望毛主席早过黄河。可是毛主席不同意，不愿在敌人打来的时候离开陕北人民，而要留在陕北指挥作战。你们是直接保卫党中央、毛主席安全的战士，一定要保证毛主席的绝对安全。"最后，又断然嘱咐："毛主席一向不顾自己，必要时，你们抬也要把他抬走！"

1942年3月19日，刘少奇带领华中赴延安的100多位干部，从苏北阜宁单家港出发，经过9个月的"小长征"，途经江苏、山东、河北、河南、山西、陕西六省，行程数千里，穿越103道封锁线，于12月底到达延安。④在此过程中，毛泽东先后发了10多封电报牵挂刘少奇的安全："护卫少奇的手枪班须是强有力的，须有得力干部为骨干，须加挑选与训练。""胡服（刘少奇化名）同志现在何处，是否还在总部，过封锁线有困难否，望告。""少奇过路，你们派人接护时须非常小心机密，不要张扬，但要谨慎敏捷。"

1942年，周恩来在南方局工作期间，患病住院，毛泽东电嘱董必武："恩来须静养，不痊愈不应出院，痊愈出院后亦须节劳多休息，请你加以注意。"周恩来住院期间，父亲逝世。周恩来给远在延安的毛泽东拍电报时仍不能克制自己悲痛的心情："归后始知我父已病故三日，悲痛至极，抱恨终天，当于次日安葬。"毛主席则立即复电："尊翁逝世，政治局同人均深切哀悼，尚望节哀，重病新愈，望多休息，并注意以后在工作中节劳为盼。"⑤以此表达了对周恩来的战友之情和对其父亲的真情哀悼。

在重庆，毛泽东外出时，周恩来都同车陪同。有一次，毛泽东和周恩来应蒋介石的邀请，在原国民政府主席林森的公馆里住了一天。一到那里，周恩来又嘱咐警卫人员：要仔细检查，各个角落都要查到，看有没有爆炸品和燃烧品等。警卫人员检查后，他仍不放心，又亲自检查，床上、床下、枕头都看过，在椅子上也先坐一坐，然后才让毛泽东进去。毛泽东住下后，他又嘱咐警卫人员：保证房内不能离人，不要让别人进来。在宴会上，人们拥上来，争着向毛泽东敬酒。周恩来都接过来，替毛泽东喝完那一杯又一杯的酒。白天，他帮助毛泽东处理繁重的工作。深夜，当毛泽东休息后，他又继续召集会议，检查和布置第二天的工作，度过多少不眠之夜。⑥

他们是领袖，他们是将帅，他们是战友，他们是弟兄！他们相互信任，他们相互支撑！

参考文献：

① 陈文科（时任红2军团军团长、红二方面军总指挥贺龙的勤务员）：《万里长征跟贺龙》，《星火燎原》第13卷，解放军出版社2009年版，第392—394页。

②《徐向前回忆录》，解放军出版社2007年版，第430页。

③《彭德怀传》编写组著：《彭德怀传》，当代中国出版社2015年版，第126页。

④ 湖南宁乡炭子冲，刘少奇同志纪念馆陈列资料。

⑤《周恩来传》（二），中央文献出版社2008年版，第567—568页。

⑥《毛泽东1945年为何同意涉险赴重庆与蒋介石谈判》，人民网·中国共产党新闻·党史频道。

第四篇·喜怒哀乐

不苦，不苦。

有同志们和你在一起，行军是不苦的。

我们革命青年不能想到事情是不是困难或辛苦，

我们只能想到我们面前的任务。

如果要走一万里，我们就走一万里，

如果要走二万里，我们就走二万里！

江西好，甘肃也好。

有革命的地方就是好地方。

——有四年军龄的 15 岁"红小鬼"答埃德加·斯诺问

21 毛泽东诗词中的豪迈

革命战争，有血有泪，也有诗有歌。革命者的诗歌更有独特的豪情壮志，毛泽东的诗词是一部中国人民的理想史、奋斗史、创造史。智利著名诗人聂鲁达赞誉说："一个诗人赢得了一个新中国！"和毛泽东曾经并肩战斗的将士是幸福的，他们享有一份独特的荣耀，那就是，他们的足迹被毛泽东史诗般的语言记录下来，激励了一代又一代的中国人。本篇并非解读毛泽东诗词的全貌，而是选择其中的十首，从中理解毛泽东诗词激昂豪迈的主旋律。

沁园春·长沙（1925 年）

独立寒秋，湘江北去，橘子洲头。看万山红遍，层林尽染；漫江碧透，百舸争流。鹰击长空，鱼翔浅底，万类霜天竞自由。怅寥廓，问苍茫大地，谁主沉浮？携来百侣曾游。忆往昔峥嵘岁月稠。恰同学少年，风华正茂；书生意气，挥斥方遒。指点江山，激扬文字，粪土当年万户侯。曾记否，到中流击水，浪遏飞舟。

毛泽东的诗词继承了屈原将自然美与人文社会美相结合的优良传统，通过栩栩如生、呼之欲出的自然美的艺术形象，表现出社会美的内容。通过对长沙秋景的描绘和对青年时代革命斗争生活的回忆，毛泽东提出了"谁主沉浮"的问题，抒发了对中华民族前途的乐观主义精神和以天下事为己任的豪情壮志。

西江月·井冈山（1928 年秋）

山下旌旗在望，山头鼓角相闻。敌军围困万千重，我自岿然不动。
早已森严壁垒，更加众志成城。黄洋界上炮声隆，报道敌军宵遁。

这是毛泽东许多以革命战争为题材的诗词中最早的一首，黄洋界保卫战是红军以弱胜强、以少胜多的一个典型战例，它是整个井冈山斗争的一个缩影。战旗在飞，战鼓在擂，我军众志成城，岿然不动，敌军在隆隆炮声中连夜遁逃。真是有声有色，豪迈之情洋溢在字里行间。

木兰花·广昌路上（1930 年 2 月）

漫天皆白，雪里行军情更迫。头上高山，风卷红旗过大关。
此行何去？赣江风雪迷漫处。命令昨颁，十万工农下吉安。

毛泽东一生爱雪，每遇飘雪，则童心大发、诗兴大发。这首词写于红军越过武夷山，进入赣南，经广昌进军攻打吉安之时。先写行军途中所见，再书行军目标所向。虽系毛泽东马上即兴之作，然激情澎湃，意涵丰富，构思新奇，笔力劲健。通篇读来，笔随心至，一气呵成，仿佛是一幅雄壮的雪里行军图：漫天风雪中，红旗在翻舞，人马在飞腾，山岳在动摇。篇幅虽短，腾挪跌宕，富于变化，波澜无穷。
"过大关""下吉安"，一"过"一"下"，轻松、愉悦、自信、豪放
的心境在白的雪、红的旗中铺展开来。

清平乐·会昌（1934 年夏）

东方欲晓，莫道君行早。踏遍青山人未老，风景这边独好。

会昌城外高峰，颠连直接东溟。战士指看南粤，更加郁郁葱葱。

这首词写于长征即将开始之际，战事非常危急，国民党军对中央
苏区的第五次"围剿"达到高峰。由于博古、李德执行王明的"左"
倾军事路线，红军和根据地陷入极其危险的境地。1934 年 4 月底，
广昌失守，国民党军队占领了中央根据地北大门，并继续向前推进。
南方战线，国民党投入重兵，企图打开中央根据地的南大门，夺取瑞
金。经过数月的鏖战，红军损失惨重，根据地的面积缩小。毛泽东因
受到了"左"倾教条主义者的排挤，在党内军内已无发言权，再加上
生病，毛泽东的心情是郁闷的，但他并不气馁，调整心态，坚持自己
的观点，埋头于做调查研究、读书、向中央提建议，"踏遍青山人未
老"，是一种不甘，是一种等待，是一种昂扬的自我激励。"指看南
粤"，那是郁郁葱葱的前方，那是充满希望的未来！

忆秦娥·娄山关（1935 年 2 月）

西风烈，长空雁叫霜晨月。霜晨月，马蹄声碎，喇叭声咽。

雄关漫道真如铁，而今迈步从头越。从头越，苍山如海，残阳如血。

1935 年 1 月召开的遵义会议，在中国革命的危急关头，挽救了党挽救了红军。在红军二渡赤水、再占遵义的途中，毛泽东写下了他复出后的第一首作品——《忆秦娥·娄山关》。袭取娄山关一战，维系着中央红军的生死命脉。从拂晓战到傍晚，经过反复冲锋、来往肉搏，红军终于夺下了这座险隘。登上山顶，夕阳斜照，残留的硝烟似乎还轻抚着山坡上的血迹，尽管毛泽东指挥了红军长征以来的第一个胜仗，但他的心情却是沉重的，马蹄声碎，喇叭声咽，苍山如海，夕阳如血。通篇浓烈的画面感，让人仿佛身临其境：西风凛冽的寒冬长空，偶尔传来一声雁叫，若明若暗的晨月，似乎已被浓霜封冻起来，马踏着又急又细的步子，军号像哽咽的喉咙发出嘶哑声，绵延的群山如大海般绵延起伏，晚霞染红了无尽的天空。在引而不发的情绪积累中，迸发出"雄关漫道真如铁，而今迈步从头越"的激昂呐喊！战争是惨烈的，心情是凝重的，但从凝重中分明能感受到诗人不畏艰险的必胜信念和深沉召唤。

清平乐·六盘山（1935 年 10 月）

天高云淡，望断南飞雁。不到长城非好汉，屈指行程二万。

六盘山上高峰，红旗漫卷西风。今日长缨在手，何时缚住苍龙？

中央红军连破敌军封锁线，翻越了长征路上最后一座大山，于 1935 年 10 月 19 日抵达吴起镇，与陕北根据地红十五团胜利会师。在六盘山上，毛泽东纵目远眺，回思来路，寄望将来，吟出了这首词。"不到长城非好汉"，此处"长城"有两解，一是喻指烽火连天的抗日前线，正合红军"北上抗日"的宗旨；二是指横亘陕西北部的万里长城中段，借指陕北革命根据地。两解都有理。总之，表达了不达目的誓不罢休的决绝信念。眼下这支队伍虽然衣衫褴褛、蓬头垢面，但他们转战万里，从枪林弹雨中冲杀出，是革命的精英，是燎原的星火，正因为有他们，毛泽东才雄心万丈，胜券在握！此处"苍龙"有两解：毛泽东自注为蒋介石——与中国共产党人和中国工农红军死磕了近10年的死对头，但指向中华民族大敌当前的日本帝国主义也许更贴切。貌似疑问存焉"何时缚住苍龙？"实则斩钉截铁：我们必须缚住苍龙！全词充满了英雄主义和乐观主义精神，轻松而又不失厚重地表达了从国内战争的长征向民族战争的长征转捩之际的毛泽东豪迈的心声。

七律·长征（1935年10月）

红军不怕远征难，万水千山只等闲。五岭逶迤腾细浪，乌蒙磅礴走泥丸。

金沙水拍云崖暖，大渡桥横铁索寒。更喜岷山千里雪，三军过后尽开颜。

这首七律作于红军战士越过岷山后，长征即将结束前不久的途中，曙光在前，胜利在望，毛泽东心潮澎湃，满怀豪情地写下了这首壮丽的诗篇。它既是长征的史诗，也是中国共产党和红军崇高革命精神的赞歌。埃德加·斯诺在《西行漫记》中引用了这首诗，使其成为与世界读者见面最早的毛泽东诗词作品。

沁园春·雪（1936年2月）

北国风光，千里冰封，万里雪飘。望长城内外，惟余莽莽；大河上下，顿失滔滔。山舞银蛇，原驰蜡象，欲与天公试比高。须晴日，看红妆素裹，分外妖娆。

　　江山如此多娇，引无数英雄竞折腰。惜秦皇汉武，略输文采；唐宗宋祖，稍逊风骚。一代天骄，成吉思汗，只识弯弓射大雕。俱往矣，数风流人物，还看今朝。

毛泽东和彭德怀率领红军长征部队胜利到达陕北清涧县袁家沟，为了视察地形，毛泽东登上海拔千米白雪覆盖的塬上，不禁感慨万千，诗兴大发。这首诗 1945 年在重庆首次公开发表，其豪放的风格、磅礴的气势、深远的意境、广阔的胸怀，引起山城轰动，一时"洛阳纸贵"。笔者 1995 年冬在国外培训期间，适逢"万里雪飘"，于是在课间休息时用粉笔在黑板上自右而左、自上而下地，用行书全篇写下《沁园春·雪》，上课铃一响，当外国老师踏进教室的那一瞬，我带着中国同学齐声诵读。室外，瑞雪飞舞；室内，吾辈豪迈。读完后，外国老师好奇地问："这是谁写的歌？"……

七律·人民解放军占领南京（1949 年 4 月）

　　钟山风雨起苍黄，百万雄师过大江。虎踞龙盘今胜昔，天翻地覆慨而慷。

　　宜将剩勇追穷寇，不可沽名学霸王。天若有情天亦老，人间正道是沧桑。

1949 年 4 月 20 日，国民党军队全线溃败，拒绝在和平协定上签字。4 月 21 日，毛泽东和朱德发出《向全国进军的命令》，号令全军坚决、彻底、干净、全部地歼灭中国境内一切敢于抵抗的国民党反动派，解放全国。当夜，中国人民解放军百万雄师在东起江苏江阴、西至江西湖口的 1000 余里的战线上分三路强渡长江。23 日晚，占领南京。毛泽东听到这个消息后欢欣鼓舞，于是写下了这首格调雄伟、气势磅礴的诗篇，表现了人民解放军彻底打垮国民党反动派、解放全中国的必胜信念。

渔家傲·反第一次大围剿（1931 年春）

万木霜天红烂漫，天兵怒气冲宵汉。

雾满龙冈千嶂暗，齐声唤，前头捉了张辉瓒。

二十万军重入赣，风烟滚滚来天半。

唤起工农千百万，同心干，不周山下红旗乱。

最后，我们来重温一下《渔家傲·反第一次大围剿》。毛泽东的诗，既可以当诗来读，也可以当史来读。如果了解了当时的历史背景，就更能理解革命者的浪漫主义情怀。下面的故事整合了时任红军第 12 军营长刘亚楼的回忆《伟大的第一步》中的部分文字。

1930 年 10 月，蒋介石调集十万兵力对中央苏区发动了第一次"围剿"，战前，在麻田圩的一个宽阔的河滩上，毛泽东同志亲自主持召开了隆重的誓师大会。等了两天，谭道源始终躲在工事里迟延不出，毛泽东眼看不能在小布的有利阵地上消灭这股敌人，便按照他事先亲自踏勘地形、选择的另一阵地，转移目标准备消灭张辉瓒师。

下午 4 点钟左右，总部发出了全面攻击的信号。几百支冲锋号吹得山鸣谷应，"冲呀"的呐喊声似乎把整个龙冈镇都震得摇晃起来。敌人见红军来势凶猛，已无心恋战，企图向西北突围。一下令突围，敌军立刻乱了阵营，红军趁势猛冲。敌人很快就丧失了战斗力，像没头苍蝇四散乱窜。红军战士见人就抓，见枪就缴，只听见满山满谷一片"缴枪不杀"的喊声。地方赤卫队员和少先队员也呐喊着和红军战士一起冲锋,一起搜索敌人。只见红旗飘扬,红缨如火,刀光闪动,整个龙冈盆地像被红色的大海淹没了。

夕阳西下,红军战士和赤卫队员押着一群群俘虏向龙冈镇集合。这一仗,被称为"铁军师"的张辉瓒师部和两个旅共 9000 人马,悉数被歼,师长张辉瓒也被生俘。龙冈战斗结束,部队情绪很高。红军第 12 军营长刘亚楼问几个连长:"怎么样,这一仗打得过瘾吗?"他们七嘴八舌地抢着回答,有的说:"这还不过瘾?一口吞下 9000 人,敌人连个报丧的都没有。"有的说:"假如还照过去那样分散打游击,这块硬骨头恐怕未必啃得动!"有的说:"毛政委指挥打仗就是高明。前些日子,谭道源不出来,就硬是不打;要打,就硬是叫他一个也跑不了。这一着真绝!"

1930 年的除夕,战士们在胜利的欢乐中度过了。第二天夜里,又接到了打敌谭道源师的命令。五天内,打了两仗,歼敌 1.5 万余人。这个胜利像一声霹雳震响,富田、东固、头陂各地的敌人纷纷逃跑,至此,蒋介石向中央苏区发动的第一次"围剿"只好黯然收场。①

战争是紧张的、残酷的,但从上述场景中,我们分明感受到了红军战士的欢笑和喜庆,誓师大会的口号声、杀敌时的呐喊声、胜利后的欢呼声,再加上毛泽东"齐声唤""同心干"的诗词,这些有声有色的场景、画面逐一串联起来,仿佛一场精心策划的大戏,又似一曲催人奋进的凯歌,让人心潮澎湃!

从《沁园春·长沙》到《七律·人民解放军占领南京》,几乎跨越 28 年,不同的背景,不同的战役,但是,大江大河的奔涌是相同的,雄关高峰的矗立是相同的,"百万千万""千里万里"的吟诵是相同的,对胜利的渴望、对人民的颂歌是相同的,指点江山激扬文字的豪迈是相同的!

参考文献：

① 刘亚楼：《伟大的第一步》，见徐向前、粟裕等：《星火燎原》未刊稿第 1 集，解放军出版社 2008 年版，第 211—216 页。

22 朱德和周恩来的怒

人是有情绪的,情绪是有能量的,能量是相互传递的。宽厚的朱德和优雅的周恩来也有愤怒的时候。2000 年前的亚里士多德曾这样说:

> 任何人都可能生气的,
>
> 那非常容易。
>
> 但如果生气是,
>
> 对适当的人,
>
> 以适当的程度,
>
> 在适当的时间,
>
> 为了适当的目的,
>
> 以适当的方式,
>
> 那就不容易。

在遵义会议上,历来谦逊稳重的朱德声色俱厉地追究临时中央的错误,谴责他们排斥毛泽东同志,依靠外国人李德弄得丢掉了根据地,牺牲了多少人命!他说:"如果继续这样的领导,我们就不能再跟着走下去。"①

当南渡乌江时，由陈赓和宋任穷率领的红军干部团奉命担任守护乌江浮桥的任务。当得知殿后的红五军团已从另一渡口过江，又得到中央军委一位参谋的口头命令，他们就把浮桥拆了。朱总司令、周副主席、刘伯承总参谋长听说拆了浮桥，十分焦急，当场进行了严厉的批评。朱总司令发了脾气，很恼火地说：岂有此理，为什么下这样的命令！五军团过江了，可罗炳辉同志率领的九军团还在后面，还没有过江呀！怎么能拆桥呢？朱总司令指示，马上返回江边，重新架桥。浮桥架好后，交给九军团，如果等到明天早晨七时九军团还不来再拆桥。宋任穷立即带领三营和工兵连急行军40里返回乌江边，连夜突击把浮桥重又架起，等候九军团的到来。但九军团奉命在乌江北岸伪装主力诱敌北进，以掩护主力南渡乌江，未能赶来渡江，一度失去了同中央军委的联系，后来在云南会泽、巧家一带渡过金沙江，才同大部队会合。宋任穷感慨地说：

> 我从来没有见过总司令发脾气，这次发怒是我见到的唯一的一次。在当时的情况下，一支负有特殊任务的部队离开大部队单独行动，突然中断了联系，在没有得到这支部队已经过江的确切消息时，听说我们拆了过江的浮桥，爱兵如子的总司令忧心如焚，指示我们重新架桥后务必坚持到形势允许的最后时刻。此时此地，此事此举，可见胸怀全局的总司令虑事之精细，爱护官兵之心切。②

张国焘借口河水上涨，在噶曲河停止不前。朱德派警卫员潘开文去探测河水深浅，最深的地方也不过齐马肚子，队伍是完全可以通过的。朱总司令看到这种情况后，多次提出要部队过河北上，这样三五天就可以与毛主席、党中央会合。但是三天过去了，张国焘总是按兵不动。朱德同张国焘之间发生了激烈的争执。陈明义回忆道：

> 在总部的一个帐篷里，张国焘和他的秘书长黄超同朱总吵，要朱总同意南下，态度很激烈。当时我是总部一局一科参谋，不知道他们吵得对不对，但总觉得他们用这样态度对待总司令不对。张国焘还煽动个别人员给朱总施加压力，但朱总一直很镇静，他说他是一个共产党员，要服从中央，不能同意南下。③

两个方面军会师后调到三十军任参谋长的彭绍辉，给朱德写了一封长信，讲他不赞成南下的错误方针。这封信半途落到张国焘手里，张派人把彭绍辉找来谈话。彭绍辉一进门，有人就上前打了他一个嘴巴，厉声问："为什么反对南下？反张主席？"并拔出驳壳枪，把枪口顶在彭的胸口上。朱德见状，上前把抢夺下来，气愤地说："打人是不对的，这是党内斗争，应该允许同志讲话！"又说："这样谈话怎么行呢？"他让彭绍辉"回去吧"，④使彭幸免于难。

1927年7月末南昌起义前夕，周恩来负责前敌委员会工作。正当起义工作一切就绪的时候，他接到中央代表张国焘的两封密电，称：暴动宜慎重，无论如何要等他到后再作决定。张国焘从武汉赶到南昌后，在前委紧急会议上，张国焘提出：起义如果有成功的把握，可以举行，否则不可动；应该征询张发奎的同意，否则不可动。周恩来和李立三、恽代英等前委同志都表示起义迫在眉睫，不能取消或者拖延。张国焘蛮横地说：这是共产国际代表的意见！平时很温和的周恩来激动地说："国际代表及中央给我的任务是叫我来主持这个运动，现在给你的命令又如此，我不能负责了，我即刻回汉口去吧！"⑤最后，张国焘还是在多数人的反对下同意如期举行南昌起义。

1934年12月17—18日，由周恩来主持在黎平召开政治局会议，这是一次讨论红军战略方向的会议，争论非常激烈，李德主张折入黔东，但那会陷入蒋介石罗网，毛主席主张到川黔边建立根据地，周恩来决定采纳毛主席的意见，李德因争论失败大怒。会后，周恩来把黎平会议决定的译文交给李德，李德看后大发雷霆，用英语和周恩来吵了起来。周恩来的警卫员范金标后来回忆说："吵得很厉害，总理批评了李德，总理把桌子一拍，搁在桌子上的马灯都跳了起来，熄灭了，我们马上又点上。"⑥黎平会议的决议及其实行，使中央红军从长征开始后的被动局面中摆脱出来，避免陷入绝境。

1936年12月，张学良送蒋介石飞返南京被软禁起来后，东北军陷入群龙无首的境地，几个少壮派首领，于1937年2月2日晨突然下手，杀害了东北军中力主团结抗日的将领王以哲将军。接着又有几个少壮派冲进中共代表团的驻地，直奔周恩来办公室。周恩来看到他们气势汹汹的样子，便明白了来意。周恩来非常气愤，霍地站起来，大声说："你们要干什么？你们以为这样干就能救张副司令回来吗？不！这恰恰是害了张副司令。你们破坏了团结，分裂了东北军，你们在做蒋介石想做而做不到的事情，你们是在犯罪！"⑦

在周恩来的严词训斥下，这几个青年军官气焰顿敛，低头不语。周恩来见他们平静下来，就进一步开导他们认识错误。他们自觉惭愧，流着眼泪跪下来向周恩来认错请罪。

1941年1月4日，新四军军部和直属部队9000余人奉命北调。1月6日，部队行经安徽泾县云岭茂林地区时，突然遭到国民党军队七个师8万多人的包围袭击。经过七昼夜血战，终因弹尽粮绝，除2000人突围外，大部壮烈牺牲。这就是震惊中外的皖南事变。当周恩来获悉新四军陷入重围时，立刻向国民党谈判代表张冲提出严重抗议，接着又向蒋介石、何应钦、白崇禧、顾祝同等分别提出抗议。1月17日晚，国民党中央通讯社发布了国民党军事委员会的通令和发言人谈话，反诬新四军"叛变"，悍然宣布撤销新四军番号，声称要把叶挺交付军事法庭审判。周恩来得知后，义愤填膺，立即打电话痛斥何应钦：

"你们的行为，使亲者痛，仇者快。你们做了日寇想做而做不到的事。你何应钦是中华民族的千古罪人！"随即又驱车到国民党谈判代表张冲处，当面提出质问和抗议。当夜，周恩来奋笔为皖南事变死难烈士题词："为江南死国难者志哀"；"千古奇冤，江南一叶，同室操戈，相煎何急。"这满含悲愤的25个字，产生了震撼人心的强大力量，一下子揭穿了皖南事变的实质，不仅表达了对国民党顽固派最强烈的抗议，也是对新四军军长叶挺的最有力的声援。

1946年10月26日，国民党军队攻占东北解放区的安东的第二天，黄炎培和梁漱溟、章伯钧、罗隆基到南京梅园新村同周恩来、董必武等商谈。黄炎培力劝周恩来暂时不要回延安，以免不明真相的人误解，并表示第三方面今后有什么重要主张和行动，民盟必先同中共协商，并征得同意。但黄炎培等第三方面人士因谋和心切而未能自觉遵守承诺。28日黄炎培等人提出一个方案，其中包括即日下令全国军队就现地一律停战等等。该方案复写三份，由罗隆基、黄炎培、梁漱溟等分别送达马歇尔、孙科和周恩来。这时国民党军队刚从一连串攻势中抢占了张家口、长春、安东和苏北、山东等大片土地，就地停战等于承认既成事实，只能对国民党有利。

当梁漱溟等到梅园新村向周恩来解释这个方案时，刚讲到"就现地一律停战"这一条时，周恩来脸色骤变，用手制止说："不用再往下讲了，我的心都碎了。怎么国民党压迫我们不算，你们第三方面亦一同压迫我们？"并且气愤地说："我是信任你们的，你们为什么不事先关照一下？"[8]梁漱溟自知理亏，急忙又把黄炎培、章伯钧、罗隆基找来梅园新村商量，大家一致决定将已送出的方案收回，并立刻分头赶去，平息了一场风波。1946年11月15日，由国民党一手把持的国民大会召开，除国民党以外，只有青年党、民社党和少数无党派人士参加，和平谈判大门最后由国民党关上。

愤怒是一种情绪，情绪是有能量的。朱德和周恩来的怒，是亚里士多德所说的"不容易"！

参考文献：

① 伍修权：《生死攸关的历史转折——回忆遵义会议的前前后后》，《星火燎原》季刊，1982年第1期。

② 宋任穷：《伟哉大宇宙，壮哉充其间》，《回忆朱德》，中央文献出版社1992年版，第49页。

③④ 金冲及主编：《朱德传》（上），中央文献出版社2016年版，第423、431页。

⑤⑥ 金冲及主编：《周恩来传》（一），中央文献出版社2008年版，第158、312页。

⑦ 罗瑞卿、吕正操、王炳南：《西安事变与周恩来同志》，人民出版社1978年版，第70页。

⑧ 金冲及主编：《周恩来传》（二），中央文献出版社2008年版，第730页。

23 悼左权，哭向应，念叶挺

每次读朱德悼左权、贺龙哭关向应、聂荣臻念叶挺的文字，眼前总出现巍巍太行的画面，心里涌起无限的感慨和感动。

悼左权

1942年5月25日，八路军副参谋长左权在山西省辽县麻田村附近指挥部队掩护后方机关突围转移时，身上多处被日军的炮弹弹片击中而壮烈牺牲。左权阵亡的噩耗传来，毛泽东眼含热泪，周恩来称他"足以为党之模范"，朱德赞誉他"是中国军事界不可多得的人才"，并赋诗《吊左权同志在太行山与日寇作战战死于清漳河畔》："名将以身殉国家，愿将热血卫吾华。太行浩气传千古，留得清漳吐血花。"1942年6月15日，朱总司令在延安《解放日报》发表《悼左权同志》，介绍了左权的生平和丰功伟绩。

左权同志是湖南醴陵人，1925年加入中国共产党。曾在国民革命军第六军任排、连长职。黄埔军校开创，左权同志为该校第一期学生，毕业后参加统一广东的东江战役，后由黄埔军校保送赴莫斯科入军事大学学习。1931年归国，到中央革命根据地工作，历任红军学校教官、野战司令部作战科长、红军第十五军政治委员，旋任该军军长。1933年调任红军第一军团参谋长。红军长征到达陕北后，于1936年调任红军第一军团代团长职。七七抗战，红军改编为国民革命军第八路军后，左权同志即任第八路军副参谋长职，转战华北，与敌人搏斗，直到他牺牲沙场之日。朱总司令赞扬左权同志：

> 一生辛勤劳苦，为民族与人民的解放事业，贡献了他的毕生精力。在左权参与策划下，八路军发展成为数十万劲旅，全华北成为日寇所不能摧毁的堡垒，成为大后方安全的屏障。在军事理论、战略战术、军事建设、参谋工作、后勤工作等方面，他有极其丰富与辉煌的建树，是中国军事界不可多得的人才；左权同志对民族对人民对革命的无限忠诚。他生活艰苦，从来不为私人作任何打算。他同士兵一样吃穿，到34岁才结婚。抗战以来，每月领五块钱的津贴，没有一点私积，没有任何财产；但是对于民族和人民的解放事业，对于工作，则夜以继日，孜孜不倦；左权同志对工作的高度责任心、积极性和耐烦细心。他是一个沉静寡言的人，十余年如一日集中了自己的全部精力于工作。就是在昼夜不断的战斗与行动中，就是在几天几夜不合眼的疲劳中，他都从来没有表现过倦怠、疏忽、放任和暴躁。他不断地在解决问题，叮咛部属，起草命令，检查工作，甚至有时疲乏过度，梦中也在打电话和吩咐工作。左权同志这样工作，十余年来从未有过一句怨言，从未要求过一天休息。

> 左权同志诚实朴素、勤学苦干。左权同志在黄埔军校和苏联军事大学学习时，都曾名列前茅，得到优秀的成绩。他对自己谨严刻苦，埋头实际，不务虚名；对同志则虚心和蔼，对部属则以循循善

诱的说服教育精神，去帮助和带领他们，关心他们的生活，体贴他们的困难。①

总司令号召要学习左权同志，要为左权同志报仇，一定要坚持华北抗战到底！一定要把日寇赶出中国去！一定要达到解放中华民族和中国人民的目的！

1942年7月3日，聂荣臻利用战斗间隙写下情真意切的《祭左权同志》一文，发表在《晋察冀日报》：

> 我素以铁石心肠自诩，然而今天，毕竟好似无数针尖深深刺入我的心头！这就是我们的老战友，八路军的名将——左权同志战死在太行山上！……左权同志！你十多年的战场生活，只在今天你才离开了前线！你对民族对革命已经尽忠尽职，至仁至义，还留给我们的是革命长途的艰巨与同僚的寂寞！我毕竟是铁石心肠，只知道有你的血迹，不知道有我的泪痕！我们当踏着你的光荣血迹前进，直到最后的胜利！
>
> 仇恨永远在我们心头，血债没有丝毫折扣！
>
> 太行山、五台山千千万万的战友一致高呼着：左权同志精神不死！
>
> 太行山、五台山千千万万的战友齐举拳头向你宣誓着：我们一定要报仇！②

1949年7月，60万解放军沿着东中西三线急速向湖南挺进，直抵浏阳，围歼白崇禧主力。突然，四野第40军军长罗舜初第一个接到朱德总司令直接下达的命令，命令40军即刻绕道前往醴陵黄茅岭村一户农家门口；随后，二野第13军军长周希汉也接到了同样的命令；14军、15军以及其他南下湖南的部队与此同时都接到了总司令的命令：如情况允许，请绕道前往。

1949 年 8 月 21 日中午，罗舜初率领的先头部队很快到达黄茅岭村，这个 100 多人的小山村，忽然间涌进这么多军人，村民们有些惊慌。"左权的家在哪里？""左权的家在哪里？"田埂上，池塘边，战士们每遇见一个村民就不停地问，但村民们都摇摇头。原来左权在老家的名字叫左志林，当然没有人知道"左权"。

当军长罗舜初正犯愁的时候，一个名叫左丽君的小女孩终于把大军带到了左权的家门口。"四姥姥，解放军来了！"一句稚幼的童声打破了宁静的山村，久病卧床的左权母亲颤颤巍巍地走出来，只见门前、山坪上到处是穿着黄军装的士兵，他们整齐地站立着。只听一声口令：立正、敬礼。全体解放军将士向左权的母亲致以崇高的军礼。场面是那么庄重，威严，感人肺腑！

左权的母亲激动地问：满崽（左权小名）呢？怎么没有看到满崽？部队的首长哭着跪在老太太的面前说：老人家，我们都是您的儿子。看着这些哭着的将士，老人似懂非懂，满崽不是在给我寄钱吗？原来，左权壮烈殉国后，朱德一直把消息瞒着，没有告诉左权的母亲，怕她禁不起这个打击，周恩来、叶剑英安排工作人员以左权的名义定期给老人家寄钱寄物。

自古忠孝难两全，左权 18 岁投笔从戎，再也没有回过家乡，哪个母亲不想儿，又有哪个儿子不想妈？左权血染抗日最前线已整整七年了，母亲天天还守望着村口的大路，满崽快回来了……"老人家，我们都是您的儿子！"这句话此起彼伏响彻在黄茅岭村的上空。下午，13 军军长周希汉率队也赶来了，全体将士列队向左权的母亲致以军人最崇高的敬礼！1949 年，无数解放军的身影，在醴陵那个小山沟里闪耀，前前后后共有几万军人绕道黄茅岭，来到那个家门，向英雄的母亲表达军人的致敬！

左权，一位黄埔一期的高才生，一位莫斯科军事大学的优等生，一位埋头实际、不务虚名的模范军人，为民族解放，一腔青春热血洒在太行山上！前年夏天，本书作者在石家庄讲课，特地乘坐高铁来到邯郸，那里有晋冀鲁豫革命烈士陵园。40多度的高温下，松柏掩映，林木苍翠，庄严肃穆，左权和晋冀鲁豫革命烈士长眠在这里！……哪有什么岁月静好，不过是有人替你牺牲在前！

哭向应

贺龙、关向应是长期并肩作战的战友加兄弟。1932年，关向应到湘鄂西革命根据地任湘鄂西军委主席和红三军政治委员。长征途中，任第二方面军副政治委员，曾坚决抵制张国焘另立中央，分裂红军的错误行为。1937年任八路军第一二〇师政治委员，与贺龙一起开辟了晋绥根据地。贺龙当军长，他当军政委；贺龙当方面军司令，他当方面军政委；贺龙当一二〇师师长，他就当一二〇师的政委。贺龙喜得贵子，关向应帮给起名为贺鹏飞，寓意像岳飞一样精忠报国。关向应日夜操劳、积劳成疾，患上了肺结核，这在当时几乎是不治之症。中央在延安的条件实在太艰苦，只能从战利品当中挤出一点点的奶粉给他补养身体。关向应还是留给了孩子，他说："'贺关'不能分，他儿子就是我儿子，我没有儿子，这个奶粉就得留给这个儿子喝，我不要！"从此坚决一口奶粉没喝。

1946年7月22日，关向应在延安病逝。朱德主持追悼会，贺龙泪流满面，泣不成声，为自己的战友致悼词《哭向应》：

　　……整整十五年，你我同生死、共患难。洪湖、湘鄂西、鄂豫川陕边，酷暑炎天；湘鄂边、湘鄂川黔、云贵川、甘陕、雪山草地、西安平原，踏晋绥，出河北，几万里长途征战，入死出生，无论战场上、工作中，也不管在芦庐草舍、大厦高堂，我记不出何时不在一起，何战有所分离。而今，你我是永别了，翘首苍天，你是音容宛在，而我则寝不成眠。你死了，悲痛了千万人的心，我把悲痛变为力量，我对你沉痛的纪念，就是永远以我的心血，实践你临终恳切深谈的遗言。革命完全胜利之日，就是你含笑九泉之时。③

念叶挺

　　聂荣臻与叶挺是亲密的战友，他们曾经并肩学习、战斗，在血与火的洗礼中结下了深厚的友情。1924 年 10 月，聂荣臻与叶挺先后从西欧和国内奔赴苏联，在莫斯科东方大学成为同窗。次年 2 月，他们被共产国际抽调到苏联红军学校中国班专攻军事战略。学习期间，聂荣臻负责学员的党团工作，成为了叶挺的入党介绍人。1925 年 9 月，由于国内革命迫切需要一批有经验的军事和政治干部，聂荣臻和叶挺在共产国际的安排下，经西伯利亚乘船到达上海，由中共中央分配到广州。聂荣臻到黄埔军校任教，并担任该校政治部秘书，叶挺被任命为国民革命军第四军参谋处长，两人过从甚密，情同手足。

　　北伐革命期间，他们身负重任，同赴战场。聂荣臻时任中共广东区委军事委员会特派员，负责在前线北伐军中做联络工作及传达党中央和军委的指示。叶挺则担任由共产党员为主体组成的国民革命军第四军独立团团长，率先遣队打先锋。1927 年 7 月，第一次国内革命战争失败后，受中共中央派遣，聂荣臻任前敌军委书记，叶挺任前敌总指挥，率部队从九江赶赴南昌，参加领导南昌起义。起义成功后，叶挺任第十一军军长，聂荣臻任该军党代表。

在南下广东失利后，二人又护卫身染重病的周恩来，转移香港。同年 12 月，中共中央决定在广州举行军事起义，建立革命政权。聂荣臻被派往广州任军委常委，负责起义前的准备工作。叶挺任起义军总司令，负责军事指挥……

1946 年 4 月 8 日，叶挺与夫人李秀文、儿子阿九、女儿扬眉及王若飞、秦邦宪、邓发等同志由重庆同乘飞机回延安，因飞机失事在山西省黑茶山罹难。当时，聂荣臻正在指挥晋察冀前线部队作战，这个不幸的消息传来，他悲痛无比，以泪蘸墨，先后写了三副挽联，还亲自在张家口为叶挺主持设置灵堂，追忆战友。在追悼会上，聂荣臻含泪诵读挽词：

> 五十岁崎岖世路，献身革命，尽瘁斯民；海内瀛寰，同钦气节；两次从征凡七载，流亡异域，苦经十度春秋，反动阴谋空画饼；纵几处羁囚，壮怀尤烈；方期延水堤边，宏抒国是；天丧巨才无可赎，旷古艰难遗后死。二十年忧患旧交，同学苏京，并肩北伐；南昌广州，共举义旗；一朝分手隔重洋；抗日军兴，血战大江南北，茂林惨变痛陷身；喜今番出狱，久别再逢；孰意黑茶山上，飞殒长星；我哭故人成永诀，普天涕泪失英雄！④

叶挺遇难后，聂荣臻无微不至地关心着他的子女。叶挺的儿子叶正明、叶华明一直住在河北张家口聂荣臻家，聂家待他们如亲生子女。1949 年广州解放后，叶华明又把弟弟叶正光带到聂荣臻家中共同生活。

朱德、左权、贺龙、关向应、聂荣臻、叶挺……

他们是志同道合的战友！

他们是生死与共的兄弟！

参考文献：

①《朱德选集》，人民出版社 1983 年版，第 82—84 页。

②《聂荣臻传》编写组著：《聂荣臻传》，当代中国出版社 2015 年版，第 213 页。

③《贺龙传》编写组著：《贺龙传》，当代中国出版社 2015 年版，第 229 页。

④聂力：《山高水长——回忆父亲聂荣臻》，上海文艺出版社 2006 年版，第 128 页。

24 有革命的地方就是好地方

　　革命战争年代有欢乐吗？当然有，一路行军一路歌，哪里宿营哪里歌。战士们在操课之余，就在列宁室唱歌、排戏、跳舞、讲故事、说笑话、猜谜语……进行各种有益的文娱活动。特别是教唱歌，宣传队教战士，战士再去教驻地群众，一传十，十传百，党的政策和鼓动口号，便通过歌唱，很快地传到每个人的心里。远道而来找部队的同志，只要站在村口听一听有没有歌声，就可以判断出村里有没有部队驻扎。排练的节目够一次演出用了，就开一个少则几十人、多则数百人甚至上千人的军民联欢晚会：顺山坡架起几根竹竿子，用几块门板搭上一个简单的台子，挂上幕布，就算是舞台。

　　看了埃德加·斯诺或者战地记者沙飞所拍摄照片，或者读一读亲历者的叙述，有一个强烈的感觉，那就是，毛泽东、朱德、周恩来等领袖是快乐的，分了土地翻了身的农民是快乐的，打了胜仗扛着战利品的战士是快乐的，快乐的情绪是有能量的，能量是相互传递的。朱德家信中有一句话"我与战士同甘苦已十几年，快愉非常"。"快愉非常"是怎样的一种心境啊！外人的任何想象或描述似乎都很难表达这种"快愉"，还是听一听而立之年的"大战士"和十几岁"红小鬼"

的心声吧。

陆定一在《劳山界》中是这样描写长征的：

满天都是星光，火把也亮起来了。从山脚向上望，只见火把排成许多"之"字形，一直连到天上，跟星光接起来，分不出是火把还是星星。这真是我生平没见过的奇观。大家都知道这座山是怎样地陡了，不由浑身紧张，前后呼喊起来，都想努一把力，好快些翻过山去。"不要掉队呀！""不要落后做乌龟呀！""我们顶着天啦！"大家听了，哈哈地笑起来。在"之"字拐的路上一步一步地上去。向上看，火把在头顶上一点点排到天空；向下看，简直是绝壁，火把照着人的脸，就在脚底下。

走了半天，忽然前面又走不动了。传来的话说，前面又有一段路在峭壁上，马爬不上去。又等了一个多小时，传下命令来说，就在这里睡，明天一早登山。就在这里睡觉？怎么行呢？下去到竹林里睡是不可能的。但就在路上睡么？路只有一尺来宽，半夜里一个翻身不就骨碌下去了么？而且路上的石头又非常不平，睡一晚准会疼死人。但这是没有办法的，只得裹一条毯子，横着心躺下去。因为实在太疲倦，一会儿就酣然入梦了……

到了山顶，已经是下午两点多钟。我忽然想起：将来要在这里立个纪念碑，写上某年某月某日，红军北上抗日，路过此处。我长长地吐了一口气，坐在山顶上休息一会。回头看队伍，没有翻过山的只有不多的几个人了。我们完成了任务，把一个坚强的意志灌输到整个纵队每个人心中，饥饿、疲劳甚至受伤的痛苦都被这个意志克服了。难翻的老山界被我们这样笨重的队伍战胜了。

下山十五里，也是很倾斜的。我们一口气儿跑下去，跑得真快。路上有几处景致很好，浓密的树林里，银子似的泉水流下山去，清得透底。在每条溪流的旁边，有很多战士们用脸盆、饭盒子、茶缸煮粥吃。我们虽然也很饿，但仍旧一气儿跑下山去，一直到宿营地。

能在绝壁上顶着满天星斗酣然入梦，能在溪流旁听着泉水叮咚生火做饭，这样的快乐是纯粹的！

斯诺对边区有这样的印象："通常可以看到，二十刚出头的青年就丢了一只胳膊或一条腿，或者是手指被打掉了，或者是头上或身上留有难看的伤疤——但他们对于革命依然是高高兴兴的乐观主义者！"[①]1936年在陕甘宁，斯诺遇到了一群"红小鬼"，他在《西行漫记》中写道：

他们都是少年先锋队员，不过是小孩子，因此我停下来对其中一个号手谈话时就采取了一种多少是父辈的态度。他穿着网球鞋、灰色短裤，戴着一顶褪了色的灰色帽子，上面有一颗模模糊糊的红星。但是，帽子下面那个号手可一点也不是褪色的：红彤彤的脸，闪闪发光的明亮眼睛，这样的一个小孩你一看到心就软了下来，就像遇到一个需要友情和安慰的流浪儿一样。我想，他一定是非常想家的吧。可是很快我就发现自己估计错了。他可不是妈妈的小宝贝，而已经是位老红军了。他告诉我，他今年十五岁，四年前在南方参加了红军。

"四年！"我不信地叫道，"那你参加红军时才十一岁咯？你还参加了长征？"

"不错，"他得意扬扬有点滑稽地回答说，"我已经当了四年红军了。"

"你为什么参加红军？"我问道。

"我的家在福建漳州附近。我平时上山砍柴，冬天就采集树皮。我常常听村里的人讲起红军。他们说红军帮助穷人，这叫我喜欢。……"

……不用问他是不是喜欢他的同志，十三岁的孩子是不会跟着他所痛恨的军队走上六千英里的。红军里有许多像他一样的少年。少年先锋队是由共产主义青年团组织的，据共产主义青年团书记冯文彬说，在西北苏区一共有少年先锋队员约四万名。单单在红军里有好几百名，在每一个红军驻地都有一个少年先锋队"模范连"。他们都是十二岁至十七岁（照外国算法实际是十一岁至十六岁）之间的少年，他们来自中国各地。他们当中有许多人像这个小号手一样，熬过了从南方出发的长征的艰苦。有许多人是出征山西期间加入了红军。少年先锋队员在红军里当通讯员、勤务员、号手、侦察员、无线电报务员、挑水员、宣传员、演员、马夫、护士、秘书甚至教员！

……少先队员喜欢红军，大概是因为在红军中，他们生平第一次受到人的待遇。他们吃住都像人；他们似乎每样事情都参加；他们认为自己跟任何人都是平等的。我从来没有看见过他们当中有谁挨过打或受欺侮。

……我不知道向西北的长途中跋涉在他年轻的脑海里留下甚么印象，但是我没有能够弄清楚，对这个一本正经的少年来说，这整个事情是一件小事，只是徒步走过两倍于美国宽度的距离的小事情。

"很苦吧，嗯？"我试着问道。

"不苦，不苦。有同志们和你在一起，行军是不苦的。我们革命青年不能想到事情是不是困难或辛苦；我们只能想到我们面前的任务。如果要走一万里，我们就走一万里，如果要走二万里，我们就走二万里！"

"那么你喜欢甘肃吗？它比江西好还是比江西坏？南方的生活是不是好一些？"

"江西好，甘肃也好。有革命的地方就是好地方。我们吃甚么，睡在哪里，都不重要。重要的是革命。"②

这些回答矫正了斯诺的很多猜想和判断，即使今天读这些文字，仍让人惊叹不已，他们不是流浪儿，他们有家，哪里有革命，哪里就是家；要走一万里就走一万里，要走二万里就走二万里！他们的字典里没有"辛苦"二字，只有"前方"！

能够与志同道合的父辈在一起，平等地工作，

能够与少年老成的同伴在一起，自愿地贡献，

这样的快乐是纯粹的！

有少年、有孩子的地方，就有欢乐！1936年7月，红二、六军团在甘孜与红四方面军会师后，按照中革军委命令组成红二方面军。贺龙任总指挥，任弼时任政治委员。当时，红四方面军分为左、中、右三路纵队，由所在地区出发北上。北上途中，任弼时夫人陈琮英也随同红军总部行军，常跟朱德夫人康克清吃住在一起。在此期间，陈琮英生下女儿远征。一个红军后代诞生了，大家都十分高兴。可是，孩子饿得哇哇直哭。正在陈琮英发愁时，朱德把一盆热气腾腾、香味扑鼻的鱼汤，亲自端了过来。任弼时惊奇地问："老总，哪里来的鱼？"朱老总笑呵呵地说："有山就有水，有水就有鱼，是我在河边钓的！"

陈琮英和女儿分别借助战士们的担架和背篓，走出茫茫水草地，越过天险腊子口，顺利抵达陇南、陇东以至陕北，可以说是各路红军长征队伍中的一个奇迹！

长征中有新生命的诞生，抗战中有革命者的婚礼，杨家岭和太行山有两次婚礼简朴至极，也开心至极。

1939年9月初的一个傍晚，延安杨家岭，中共中央为两对新婚夫妇举行了一个简单的结婚仪式。一对是邓小平和卓琳，一对是孔原和

许明。毛泽东、刘少奇来了，张闻天和夫人刘英来了，李富春和夫人蔡畅也来了。中央保卫局的邓发亲自掌勺。尽管是木板搭成的桌子，尽管没有什么美味佳肴，尽管赴宴者衣服上还打着补丁，连新娘也不例外，但窑洞婚礼的气氛热闹异常。这些经历过二万五千里长征的革命战士，居然也童心大发，一杯接一杯地灌新郎喝酒。他们轮番劝饮，硬是把孔原灌了个酩酊大醉。邓小平有劝必喝，竟然面不改色，泰然自若，反倒把劝酒的都一个个喝得败下阵去。后来，张闻天透露了秘密，原来是李富春和邓发帮了邓小平大忙，他们专门弄了一瓶白开水充酒，两人各执一瓶，一左一右，一真一假，为大家斟酒，才救了老朋友的驾。

1943 年 2 月，在河北涉县一二九师师部，刘伯承和邓小平腾出司令部的一间西屋，为陈赓和傅涯办了喜事。婚礼上，能歌善舞的傅涯清唱了一段苏联民歌，"开心果"陈赓说了不少令人捧腹大笑的故事。婚前，陈赓十分坦诚地对傅涯做了三点承诺：

> 傅涯同志，结婚以后：一、我会尊重你的革命事业心，支持你努力工作；二、我不会把你调到我身边工作；三、我会永远真心爱你。

战争年代分多聚少，分别时傅涯总要送给陈赓一个本子，以便陈赓续写日记。她非常珍惜陈赓用过的日记本，用灰粗布糊了包皮。千里行军，跋山涉水，她始终珍藏在自己身旁。每到驻地，傅涯都要先把日记本拿出来检查一下，在太阳光下晒晒，在老乡热炕上烤烤，这些日记本成为傅涯生命的一部分。

这是东北解放区有了土地的农民的快乐：

> 阳历五月天，正是我们这疙瘩春耕大忙的季节。天不亮，屯子里的人就醒了。鞭梢儿"啪啪"地响着，人们吆喝着牲口，扛着犁

杖，成群结队地涌到地里。翻地、下种，这边笑，那边唱，那股热乎劲儿，就像把庙会搬到地里来了似的。这是土地改革以后的头一个春天哪！老财斗倒了，土地回了家；地是自己的，槽头的牲口是自己的，种子、犁具也是自己的！眼看着，鞭杆儿一扬，犁铧底下的土就跟小孩脸似的笑开来，黑黝黝的，攥一把都能捏出油来，怎么不叫人笑在脸上、喜在心里？！那滋味真像歌里唱的一样："囤里粮足，碗里饭香，穿新衣，住新房，咱们的日子赛蜜糖！"啥也不愁啦，大伙儿只有一个心愿：响应政府的号召，努力生产，支援前线打老蒋！③

"近朱者赤"，"快愉非常"的领袖带出"快愉非常"的队伍、"快愉非常"的人民、"快愉非常"的土地！

战争年代，有枪林弹雨，有牺牲；也有欢歌笑语，有生活！

参考文献：

①② [美]埃德加·斯诺：《西行漫记》，东方出版社 2005 年版，第 265、339—343 页。

③姜墨文（时为东北解放区积极参军的青年）：《我们参军的时候》，《星火燎原》第 9 卷，解放军出版社 2009 年版，第 333 页。

25 毛泽东一身是胆

1919 年 7 月，毛泽东创办《湘江评论》，面对风雨如磐的黑暗世界，号召人们以天下、国家为己任，敢作敢为。他说：

> 天下者，我们的天下；国家者，我们的国家；社会者，我们的社会；我们不说，谁说！我们不干，谁干！

这种躬身入局、敢于担当的精神从护校战斗中充分体现出来。

1917 年 11 月，桂系军阀谭浩明的军队大败湖南督军傅良佐的军队，傅军溃兵随处可见。作为一师学生的毛泽东得知消息后，说服校长，改"弃校"为"护校"。毛泽东紧急组织全校体壮胆大的 200 多名"学生志愿军"，手持自制木枪等"武器"，兵分三路悄悄埋伏在猴子石附近的几个山头上，形成对溃兵的包围之势。而后，他持学校公函前去南区警察局借人，请求他们派员增援。

夜深人静，当这支溃军进入学生和警察等潜伏的地域时，毛泽东立即命令埋伏在山头上的警察鸣枪三响。霎时间，只见写有"桂"字"湘"字和"粤"字的灯笼，一起点燃。漫山遍野，灯火通明。随后，毛泽东又令警察放了一阵排枪,持木枪的同学则在洋油桶里大放爆竹。远处,则军号阵阵,锣鼓喧天。一场"激战"就这样打响了。

稍顷,毛泽东命令停止打枪,并让几个同学用方言一遍遍高喊:傅良佐逃走了,桂军已经进城了!你们被包围了,赶快投降吧!只要你们放下武器,就放你们回家!溃兵被这漫山突如其来的枪声、炮声、锣鼓声、呼喊声镇住了,顿时乱作一团。由于不知城内虚实,因此未敢轻举妄动。毛泽东摸透了溃军的心态,趁势急派代表前去交涉。不一会,只见溃军队伍中纷纷举出了白衬衣,3000溃军缴了枪。次日,毛泽东从长沙商会筹了一笔钱,作为溃军的路费,将他们送上列车。

事后,一师师生乃至长沙警察,沸腾般地议论此事,都说毛泽东"一身是胆"!同班同学邹蕴真问毛泽东:"万一当时败军开枪还击,岂不甚危?"他回答说:"败军若有意劫城,当天必定发动,否则,必是疲惫胆虚,不敢通过长沙城关北归,只得闭守如此,故知一呼必从,情势然也。"全校师生深表钦佩。有的同学问他为何如此敢为?他说,遇事要做调查,要有"明知"的"识",才有"敢为"的"胆",胆从识来,识从行(实践)来。[①]

多年后,毛泽东在与友人闲谈时言及此事,笑道:要说搞军事,恐怕那才真是第一次哩!

在1917年夏天的一师"人物互选"群众性活动中,全校12个班570余学生参加,当选者34人,毛泽东在敦品、自治、文学、言语、才具、胆识等选项共得49票,而"胆识"一项选票(6票),为其一人所独具!

四渡赤水是毛泽东一生的"得意之笔",同样体现了毛泽东的胆识和谋略。1935年1月19日,蒋介石下达《长江南岸围剿计划》,企图将中央红军压迫于川江南岸地区,"合剿而聚歼之"。参与"合剿"

行动的国民党军部队共约 40 万人，中央红军当时的兵力只有 3.7 万余人，虽经过休整，得到补充，但与国民党军的兵力对比不足 1 ∶ 10，力量极其悬殊。

一渡赤水，另寻战机。1 月 29 日，红军主力西渡赤水河，向四川的叙永、古蔺地区前进，以摆脱川军，另寻战机。川军集中 10 多个旅在川南地区，中央军两个纵队和黔军从贵州向川南机动，滇军 3 个旅也企图截击红军。毛泽东看出敌人的意图，要滞留红军于川、黔边境进行决战。2 月 7 日，他当机立断，暂缓执行北渡长江计划，改在川黔滇边界机动作战，命令各军团迅速脱离川敌，向敌军设防空虚的云南扎西地区集结休整，保存实力，待机歼敌。

二渡赤水，出奇制胜。中央红军一渡赤水后，大部分敌军被吸引到川滇边境，红军继续留在扎西地区有陷入重围的危险，而黔北敌军兵力空虚。毛泽东抓住机会，组织中央红军于 2 月 15 日东进二渡赤水，回师黔北。红军 5 天内打了四个胜仗，连克桐梓、娄山关、遵义，消灭敌人 2 个师 8 个团，毙伤敌人 2400 余人，俘获 3000 余人，缴枪 2000 余支，子弹 10 万发，取得了长征以来第一次大胜利。敌人失利后，蒋介石策划新的更大的围攻，采用堡垒推进和重点进攻相结合的办法，妄图围歼红军于遵义、鸭溪狭窄地区。

三渡赤水，声东击西。3 月 16 日，红军三渡赤水，进入川南，佯作北渡长江姿态。蒋介石信以为真，急忙调整部署，急令北面川军沿江设多道防线堵截、固守川南叙永地区；又令南面的中央军和川黔湘军各部向川南逼压，企图再次合围，围歼红军于长江南岸的古蔺地区。毛泽东看到调动敌人向西追击的目的已经达到，为进一步造成敌人错觉，以一个团兵力佯装主力，继续向川南前进，引敌向西。

四渡赤水，冲出合围。3 月 21 日晚至 22 日，中央红军主力四渡赤水，再次折回贵州境内。蒋介石判断红军将进攻遵义，一面令遵义、桐梓守敌加强防守，一面令追敌回师堵截，与红军主力决战。毛泽东在敌人还没有弄清红军意图之前，昼夜兼程向南疾进。3月30日，红军主力全部渡过乌江，冲出合围，把敌人甩在了乌江以北，开辟了进军云南从金沙江入川的前景。为削弱滇军防守金沙江的军事力量，毛泽东采用声东击西、调虎离山的计策，先后制造佯攻贵阳、直逼昆明的姿态，促使在贵阳督战的蒋介石调集滇军增援贵阳；云南王龙云感到昆明危在旦夕，也抽调部分据守金沙江的滇军回防昆明。到5月9日，3万多红军顺利渡过金沙江，把40多万围追堵截之敌甩在了金沙江南岸。

四渡赤水战役，是遵义会议之后，中央红军在长征途中，处于国民党重兵围追堵截的艰险条件下，进行的一次运动战战役。在毛泽东、周恩来、王稼祥、朱德等指挥下，中央红军采取高度机动的运动战方针，纵横驰骋于川黔滇边境广大地区，积极寻找战机，有效地调动和歼灭敌人，彻底粉碎了蒋介石企图围歼红军于川黔滇边境的狂妄计划，取得了战略转移中具有决定意义的胜利。是中国工农红军战争史上以少胜多变被动为主动的光辉战例。美国作家哈里森·索尔兹伯里在所著的《长征——前所未闻的故事》中写到：长征是独一无二的，长征是无与伦比的。而四渡赤水又是"长征史上最光彩神奇的篇章"。

1947年3月，国民党蒋介石集中34个旅25万人，向我党中央所在地延安大举进攻，妄图一举摧毁我中央机关和人民解放军总部。党中央、毛主席审时度势，决定暂时撤离延安。

13日清晨，国民党飞机94架分别从西安、郑州、太原起飞，对延安地区进行大轰炸，投下59吨炸弹，延安顿时成为一片火海，有一颗重磅炸弹就在毛主席的窑洞前面爆炸了，气浪冲进居室，冲倒了桌子上的热水瓶，毛泽东仍若无其事地在批阅文件，不说什么时候离开延安。

18日，延安的党政机关和群众基本上疏散完毕，延安城里也可听到清晰的枪炮声。毛泽东和周恩来仍在王家坪窑洞里同刚自晋绥赶到延安的王震谈撤离延安后的作战方针问题。枪炮声越来越近了，别人劝毛泽东早些走，他说："走这么早干什么？我还想在这里看看敌人究竟是个什么样子？"他们和王震一直谈到黄昏，要彭德怀告诉阻击部队立即撤出阵地，并和周恩来、彭德怀察看了王家坪的几孔窑洞，叮嘱道："把房子打扫一下，文件不要丢失。"才同彭德怀分手，依依不舍地告别了居住十年的延安。[②]

此后的一个半月中，西北人民解放军以不足3万人的兵力，按照毛泽东提出的"蘑菇战术"，同比自己多达10倍的国民党军队从容周旋，三战三捷，消灭胡军1.4万多人，拖住胡宗南这支蒋介石的战略预备队，有效地策应了其他战场的人民解放军，并为西北战场的胜利奠定了基础。长征中的四渡赤水，陕北转战的三战三捷，不同的时间、不同的地点，一样的1:10，一样的以少胜多！

到1947年6月，中国人民第三次国内革命战争已经进行了整整一年。经过一年的战争，敌人被我军歼灭了正规军97个半旅，连同非正规军共110余万人，蒋介石被迫把全面进攻改为重点进攻，而且重点进攻也遭到了挫折，成了强弩之末。但是，无论在数量上或者装备上都还占着优势。毛主席高瞻远瞩，科学地分析了革命形势，指出战略进攻的时机已经到来了。毛主席的意图是：我们不应等到敌人的进攻被完全粉碎、我军在数量上装备上都超过敌人之后再去展开战略进攻，而应抓住这个有利时机，不让敌人有喘息机会，立即由战略防御转入战略进攻。因而规定我军第二年作战的基本任务是："举行全国性的反攻，即以主力打到外线去，将战争引向国民党区域，在外线大量歼敌，彻底破坏国民党将战争继续引向解放区、进一步破坏和消耗解放区的人力物力、使我不能持久的反革命战略方针。"

战略进攻的矛头指向哪里？毛主席英明地选定在大别山地区。进军大别山不能像北伐时期那样逐城逐地推进，而必须采取跃进的进攻样式：下决心不要后方，长驱直入，一举插进敌人的战略纵深，先占领广大乡村，建立革命根据地，以乡村包围城市，然后再夺取城市。党中央和毛主席指定由晋冀鲁豫野战军主力担负进军大别山的光荣任务。以十几万大军远离根据地，一举跃进到敌人的深远后方去作战，这种独特的进攻样式，是史无前例的。当时，毛主席既估计到跃进大别山的有利条件，又充分估计到了到外线作战的种种困难，指出可能有三个前途：一是付了代价站不住脚，转回来；二是付了代价站不稳脚，在周围打游击；三是付了代价站稳了脚。并告诫大家要作充分的思想准备，从最坏处着想，努力争取最好的前途。经过刘邓大军的艰苦奋战，最终实现了最好的前途。

1948 年 10 月下旬，国民党傅作义部趁人民解放军华北军区两个兵团在察绥地区作战之际，集中第九十四军和新二军 10 万兵力，企图经保定突袭石家庄，威胁中共中央和中共华北局领导机关。

当时，中央正在筹划进行淮海战役，华北解放军主力都用以包围和牵制平津之敌，西柏坡周围我军已没有正规部队。当此危急之时，毛泽东泰然处之，一方面调集部队连夜赶往石家庄附近准备迎击敌人；另一方面利用舆论宣传工具，揭露蒋介石的阴谋，策划实施了一场"空城计"。胡乔木则积极配合毛泽东，进行了一场扣人心弦、惊心动魄而又非常精彩、十分机智的舆论战。

当天夜里，胡乔木按照毛泽东的指示，起草了"新华社华北十月二十五日电"，揭穿傅作义偷袭石家庄的阴谋。电文经毛泽东稍加修改后播发。电文指出：确息：当解放军在华北和全国战场连获巨大胜利之际，在北平的蒋匪介石和傅匪作义，妄想突袭石家庄破坏人民的生命财产。据前线消息：蒋傅匪首决定集中九十四军三个师及新二军两个师，经保定向石家庄进袭，其中九十四师已在涿州定兴间地区开始出动。消息又称：该匪部配有汽车并带炸药，准备进行破坏。但是，蒋傅匪首此种举动，是注定要失败的。华北党政军各首长正在号召人民动员起来，配合解放军坚决彻底干净全部地歼灭敢于冒险的匪军。

10 月 31 日，新华社发表毛泽东写的《评蒋傅军梦想偷袭石家庄》的新闻稿，指出："整个蒋介石的北方战线，整个傅作义的系统，大概只有几个月就要完蛋，他们却还在那里做石家庄的梦。"蒋介石、傅作义和他们的将领听到新华社的广播后非常吃惊，他们认为，共军打仗向来谨慎，中共首脑机关不会无兵把守的，不敢轻举妄动。

11 月 1 日，蒋介石收到一份确切的情报，平山西柏坡驻有中共中央首脑机关，而且确实无兵把守。蒋介石大呼上当，然而为时已晚。2 日，傅部在损失 3700 余人和大量物资后退回保定。突袭计划宣告失败。

两军相遇，不仅是数量的较量，更是胆量的较量！

参考文献：

① 高菊村等著：《青年毛泽东》，中央文献出版社，2008 年 9 月版，第 117—118 页。

② 逄先知、金冲及主编：《毛泽东传》(二)，中央文献出版社 2013 年版，第 806 页。

26 毛泽东、朱德、周恩来的泪

1934年12月初，湘江血战后，中央红军主力损失过半。在危急时刻，毛泽东力挽狂澜，指挥主力红军避实击虚，向敌人兵力空虚的贵州开进。红军进入贵州后发现这里的穷人特别贫困，被称为"干人"，因为他们的血汗已被各种苛捐杂税榨得一干二净。红军所到之处，都是向他们求乞的"干人"。这些"干人"一个个衣不蔽体，骨瘦如柴。此情此景震撼了每个红军指战员，许多人不禁掉下了眼泪。

在红军路过乌江南岸的剑河县时，人们看到，一位60多岁的老婆婆和她的小孙子寒冬里仍穿着补丁摞补丁的单衣，奄奄一息地倒在路旁。毛泽东满眼泪花，当即脱下身上的毛线衣，又叫警卫员拿了两袋干粮，一起送给老婆婆。他蹲下来，亲切地对这位绝望的老人说："老人家，你记住，我们是红军，红军是'干人'的队伍。"穿上毛线衣的老人感动地直点头，嘴里连声念叨："红军，红军……"领着她的小孙子，颤巍巍地走了。

1935年4月23日，红军总卫生部休养连来到盘县一个普通的小山村。中午时分，天空响起了嗡嗡的飞机声，警卫员吴吉清急忙让贺子珍隐蔽，但她不顾个人安危，组织安排伤员隐蔽。就在这时，敌机投下了炸弹。贺子珍倒在血泊中，全身到处鲜血淋淋。经医生检查，发现她身上 17 处负伤。贺子珍苏醒后，对大家说："我负伤的事请你们暂时不要告诉主席。他在前线指挥作战很忙，不要再分他的心。请你们把我寄放在附近老百姓家里，将来革命胜利了再见面……"说完，又昏迷过去。

目睹此状，大家十分难过，特别是毛泽东专门派来负责照顾贺子珍的警卫员吴洁清焦急地问："怎么办？怎么办？"战友们一面急忙把血泊中的贺子珍抬上担架，一面急派骑兵飞奔红军总部，通知毛泽东。不一会儿，村外传来急促的马蹄声。身披大衣、一脸风尘的毛泽东一跳下马，就快步走到贺子珍的身旁，弯下腰仔细端详着不省人事的妻子，拉着她的手连呼："子珍！子珍！"想着妻子在革命中经历的种种磨难，这位叱咤风云的红军统帅不禁轻轻捧着贺子珍的头，抽泣起来。

1935 年 6 月上旬的一天，敌机轰炸，其中一颗炸弹落在离毛泽东很近的地方，手疾眼快的警卫班长胡昌保推开毛主席，自己被炸伤而牺牲，毛泽东再也抑制不住自己的悲痛，哭了起来。警卫班的战士们也全都伤心痛哭了起来。

1935 年 10 月，中央红军率先到达陕北吴起镇。为迎接新的伟大斗争，中共中央召开了一次团以上干部会议。毛泽东代表党中央在会上作了重要讲话。毛泽东走上讲台，首先看了看在座的红军将士们。目睹眼前这些衣衫褴褛、憔悴疲惫、面黄肌瘦的红军干部，他又一次情不自禁地流出了悲喜交加的泪水。他含泪说道：

> 我们虽然丢掉了中央根据地，遭到了失败，但到了陕北，毕竟还是胜利了！我们的队伍少了许多人，损失是惨重的。但走过来的同志经过千锤百炼，都是革命的种子！我们的事业是伟大的，前途是光明的。现在我们要从头做起……"

1935 年 8 月，中央政治局沙窝会议后，朱德和红军总参谋长刘伯承率总部赴左路军集结地卓克基，与张国焘共事，至 1936 年 10 月，在长达一年多的时间里，无论环境如何恶劣，无论个人面临何种侮辱，朱德始终坚持党的正确路线，坚守党的决议，从不动摇，始终以"愈是困难，愈要镇静"的态度面对极端复杂而困难的局面，因为他相信"天下红军是一家"。朱德的责任不仅是"怎么走"和"跟着走"，而是要带着南下的 8 万红军最终北上"一起走"，实现红军三大主力的会师。10 月 9 日，朱德率领总部在陇东会宁与中央派来接应的一方面军部队见面，在与红一师师长陈赓谈话时禁不住热泪盈眶。他还和红二师政委萧华通了电话，萧华多年之后仍清晰记得当时的情景：

> 听到这熟悉而亲切的四川口音，使我真兴奋地要跳起来，给我打电话的，正是我们敬爱的朱德总司令，我是多么想念他呀！总司令首先关切地问，毛主席好吗？周副主席好吗？这次电话，打了足足有半个钟头，真不知有多少话要说。①

1936 年 10 月 10 日，中共中央、中华苏维埃中央政府、中央革命军事委员会致朱德总司令和全体指战员，热烈祝贺一、二、四方面军在甘肃境内大会合。

1945 年 10 月 8 日，也就是毛泽东回延安前二天，柳亚子来办事处找周恩来，周恩来因为要陪毛泽东去参加张治中为欢送毛主席回延安而举行的酒会，就安排李少石（廖仲恺女婿）陪柳亚子聊聊。送柳亚子回去经过红岩村时，遇到几个国民党伤兵在那里休息，汽车碰了一名士兵，有一个兵喊："停车！"还骂了句粗野话。司机也许没听见或怕停下来惹事，继续朝前开去。于是，喊叫的士兵开了枪，子弹从背后打中李少石。司机立刻把他送到七星岗市民医院的急诊室里抢救，新雇的司机没经验也不熟悉路况，结果李少石因流血过多而去世。

司机把李少石送到医院后，把车钥匙挂在车上就跑了。直到医院打来电话，大家才知道李少石遇枪击了。这时，酒会已结束，周恩来正陪毛泽东看戏，得知李少石遇刺，周恩来的身子触电似的抖了一下，对毛泽东轻声说："有点事，我出去一趟。"周恩来立即找来国民党宪兵司令张镇，同他一起赶到市民医院。看着急救室里一盆盆的血水和一团团的血棉，周恩来难过地哭了，声音颤抖地喃喃："二十年前，在同样的情况下，我看到你的岳父（廖仲恺）……如今我又看到你这样……"周恩来轻轻抹去泪，以锐利的目光责令张镇严加侦查，缉凶归案。现在毛主席的安全你必须负全责，你必须坐他的车，亲自把他送回去。张镇忙不迭地全都答应了。周恩来迅速安排了各项事宜，又轻轻地走回剧场，在原来的位置上一坐下，立刻恢复了平时的宁静，仿佛什么事也没发生过一样，默默地坐到京戏散场。毛泽东看完戏和张治中握手道别，周恩来始终对枪击事件保密，不漏一字，以免惊动主席。张镇亲自护送毛泽东回到红岩村。

1946 年 4 月 8 日，王若飞、博古、叶挺、邓发、黄齐生、李少华、黄晓庄乘飞机由重庆回延安，王若飞、博古是回延安向中共中央汇报国共谈判和政治协商会议后的情况。叶挺将军是在政治协商会议后刚被营救出狱。本来周恩来劝他多休息几天，另乘飞机走，但他去延安的心情迫切，坚持搭这趟飞机走，并且带上了他的女儿小扬眉。邓发是出席巴黎世界职工代表大会后归国的。飞机在晋西北兴县东南撞上黑茶山，机上人员全部遇难。

在办公室一直焦急等待消息的周恩来接到飞机失事电报，脸色霎时变得煞白，他突然把头仰起来，眼皮微合。他想抑制住泪水，独个儿承受那种痛楚。可是，眼角那颗闪烁的泪珠越凝越大，终于扑簌簌地滚落下来。大家看见平时很能克制感情的周恩来那种悲戚涌泪的样子，都情不自禁地垂下头，默默地跟着流泪。王若飞爱人李佩芝最先哭出了声，眼泪在她胸口中已然蓄积了许久，终于急骤地流淌出来，她放声大哭。接着是更多的同志，都随着哭出了声。最后，周恩来也抑制不住汹涌的感情大潮，跟着哭出了声。

重庆各界举行追悼"四八"烈士大会，在追悼会上，周恩来再次痛哭失声，流着泪报告了遇难诸烈士的生平事迹。同一天，他在《新华日报》上发表了《四八烈士永垂不朽》的文章：

> 十天过去了，沉重的十天！沉痛的心，悲愤的泪，残酷的回忆，还有，你们遗留下来的沉重的担子，抑压得我们还只在默默无言中悼念你们。二十多年来，成千成万的战友和同志，在共同奋斗中牺牲了，但没有一次像你们死得这样突然，这样意外。突然的袭击，意外的牺牲，使我们更加感觉到这真是无可补偿的损失！……②

蒋介石在发动全面内战的同时，对第三方面的民主人士也加紧迫害。1946 年 7 月 11 日、15 日，国民党特务先后暗杀民盟中央委员李公朴、闻一多。周恩来、董必武严厉谴责南京国民政府，"如此野蛮、卑鄙手段，虽德意日法西斯国家政府或不敢肆意为之。"

隔了几天，中国民主同盟中央常务委员陶行知先生，因受刺激过深，劳累过度，突患脑溢血去世。周恩来和邓颖超赶去看望，周恩来握住陶行知的手，含着热泪说："陶先生，放心去吧！你已经对得起民族，对得起人民。你的事业会由朋友们、你的后继者们坚持下去的。你放心去吧！"当晚，周恩来致电中共中央说："今后，对进步朋友的安全、健康，我们必须负责保护。已告知上海潘汉年及伍云甫，在救济方面多给以经济和物资的帮助，在政治方面亦须时时关照。"③

他们是坚定的革命者，是有情有爱的革命者！

参考文献：

① 金冲及主编：《朱德传》（上），中央文献出版社 2016 年版，第 462 页。

②③《周恩来选集》（上卷），人民出版社 1980 年版，第 233、238 页。

第五篇·培养人才

如果把每天都看成培养人的过程，那又该是怎样一种心情？实际上，就把自己当作一名园丁好了，一手提着洒水壶，一手提着肥料桶。偶尔，你需要除草，但是大多数时候，只要浇水施肥、细心呵护就可以了。随后，你就能看到满园花开。

——杰克·韦尔奇

27 毛委员的讲话赛发饷

毛泽东同志是"思想引领"的大家，"大家"擅于将复杂的问题简单化。刘伯承在抗大开学典礼上说，尽管抗大物质条件很艰苦，但我们有许多大名鼎鼎的教授，毛主席就是头一位嘛！

罗荣桓作为连政治委员，经常见缝插针，利用早晚点名时间进行教育，有时还请毛泽东到连里来讲。毛泽东是一请就到，到了就讲。毛泽东一讲话，部队就好带了。当时部队一天五分钱的伙食钱也不能保证，已取消发饷。而毛泽东的讲话比发饷还更受战士们的欢迎。因此，他一到连队来，战士们就开玩笑地说："毛委员又来发饷了。"

为什么毛泽东的讲话如此受欢迎，因为指战员听得明白，听得有趣，因为毛泽东善用比喻，即使最复杂最深刻的道理也变得通俗易懂。

比喻一，"革命要有根据地，好像人要有屁股"。人假如没有屁股，便不能坐下来，要是老走着，老站着，定然不会持久，腿走酸了，站软了，就会倒下。革命有了根据地，才能够有地方休整，恢复气力，补充力量，再继续战斗，扩大发展，走向最后胜利。[①]南昌起义后，部队下海（广东沿海），遭遇了失败；秋收起义后，部队上山（井冈山），为革命赢来生机。

比喻二，"荷花出水有高低"。敌人也是有弱有强，兵力分布也难保没有不周到的地方。我们抓住敌人的弱点，狠狠地打一顿；打胜了，立刻分散躲到敌人背后去玩"捉迷藏"。这样，我们就能掌握主动权，把敌人放到我们手心里玩。毛泽东同志这一番话，把大家说得心花怒放，对红军部队的光明前途信心倍增。全场响起了暴风雨般的掌声和热烈的欢呼声。

比喻三，"小石头能砸大水缸"。1927年年底，毛泽东率领工农革命军的小部分部队在湖南酃县中村一带进行调查研究，发动群众。经过一番艰苦的工作，这里的农民运动很快就开展起来了，贫苦农民纷纷组织起来，拿起梭镖、长矛，打土豪、分浮财，建立了党的组织和红色政权。可是，也有少数群众担心地主回来算账，因此，不敢分地主的浮财。

曾任宁冈县农民自卫军小队长的赖春风回忆道：对于这些群众，毛委员挨家挨户地上门做工作。有一天傍晚，毛委员同几个工农革命军战士和农民自卫军队员，带着粮食和衣物来到一个姓叶的老汉家里。他说："小石头能砸大水缸，只要我们大家组织起来，就像一块坚硬的石头，不仅能砸像你们村恶霸地主这样的小'水缸'，还能砸像蒋介石那样的大'水缸'，你们说对不对呀？"人们活跃起来了，大家你一言，我一语，议论纷纷："有毛委员领路，我们什么也不怕！""干！一定要跟地主老财斗到底！"

叶老汉那满面的愁容也舒展开了，他严肃地说："毛委员，我也要做块小石头，同你们一起去砸蒋介石这个大水缸。"顿时，大家都笑了起来。从那时起，中村一带农民运动的烽火越烧越旺。②

比喻四，"赶驴上山"。据抗日军政大学学员杨得志回忆：

> 毛主席在抗大的讲演，给我的印象最深。记得有一次他给我们讲到促进国共合作一致抗日时，打了个十分形象的比喻说，对付蒋

介石，就要像陕北的农民赶着毛驴上山，前面要人牵，后面要人推，牵不走还得用鞭子抽两下，不然它就耍赖、捣乱。和平解决西安事变，我们用的就是陕北老百姓这个办法，迫使蒋介石起码在口头上承认了陕甘宁边区政府，接受了一致抗日的主张。毛主席风趣幽默的讲话，不但把我们全吸引住，而且深深地印在我们的脑海里了。③

抗战胜利后的重庆谈判和上党战役也体现了中国共产党对国民党蒋介石又"牵"又"推"，适时"鞭抽两下"的策略。

据时任晋冀鲁豫军区第 386 旅旅长的刘忠回忆：

当我们正在打扫（上党战役）战场，消息传来：蒋介石在《双十协定》上签字了。这当然不是时间上的巧合，而是我们党和反动派积极斗争的结果。正像毛主席所指出的："如果他们要打，就把他们彻底消灭。事情就是这样，他来进攻，我们把他消灭了，他就舒服了。消灭一点，舒服一点；消灭得多，舒服得多；彻底消灭，彻底舒服。"也许，正由于上党战役的胜利，才使蒋介石暂时"舒服"和"老实"了一些。④

比喻五，"纸老虎"。对于任何强大的敌人，毛泽东总是战术上重视，战略上貌视。1946 年 8 月，他在与美国记者斯特朗谈话时说：

原子弹是美国反动派用来吓人的一只纸老虎，看样子可怕，实际上并不可怕。当然，原子弹是一种大规模屠杀的武器，但是决定战争胜败的是人民，而不是一两件新式武器。……一切反动派都是纸老虎。看起来，反动派的样子是可怕的，但是实际上并没有什么了不起的力量。从长远的观点看问题，真正强大的力量不是属于反动派，而是属于人民。……拿中国的情形来说，我们所依靠的不过是小米加步枪，但是历史最后将证明，这小米加步枪比蒋介石的飞机加坦克还要强些。虽然在中国人民面前还存在着许多困难，中国人民在美国帝国主义和中国反动派的联合进攻之下，将要受到长时间的苦难，但是这些反动派总有一天要失败，我们总有一天要胜利。这原因不是别的，就在于反动派代表反动，而我们代表进步。⑤

毛泽东谈话和写文章爱"打比方"，他的许多比喻信手拈来、妙趣横生，令人叹为观止。先理解群众，才能得到群众的理解；先欣赏群众，才能得到群众的欣赏！毛泽东懂群众的心，懂群众的语言，所以，能够用群众喜闻乐见的语言与群众谈心，从而产生强烈的共鸣。

参考文献：

①朱良才（时任红 4 军第 31 团 1 营 1 连党代表）：《这座山，它革命！》，《星火燎原》第 1 卷，解放军出版社 2009 年版，第 244 页。

②赖春风（时任宁冈县农民自卫军小队长）：《毛委员唤醒井冈人》，《星火燎原》第 11 卷，解放军出版社 2009 年版，第 148—149 页。

③《杨得志回忆录》，解放军出版社 2011 年版，第 201 页

④刘忠：《针锋相对——记上党大捷》，《星火燎原》第 8 卷，解放军出版社 2009 年版，第 40 页。

⑤《毛泽东选集》第四卷，人民出版社 1991 年版，第 1195 页。

28 毛泽东"六问"把困难说透

领导布置任务,要不要讲清楚困难?

讲清楚困难,会不会打击部下的信心?

讲了困难,要不要告诉对方应对的方法?

告诉了方法,会不会影响部下的成长?

毛泽东在部署出兵绥远的任务时,是这样做的。本篇故事和对话摘编自杨成武回忆录《毛主席指示我们向绥远进军》①,作者时任第二兵团政治委员,亮·点代表作者的点评。

(1948年)8月2日,我到了华北军区所在地平山县烟堡村,见到了聂司令员。聂司令员对我说主席找你去,一起谈。任务是准备配合东北作战。东北部队准备攻锦州,打锦西、沈阳增援的敌人。主席考虑,要华北野战军配合东北作战,把华北的敌人拖住,不让他出关,否则东北战斗会受影响。你指挥的部队组成第三兵团。具体情况到那里去谈。8月3日,聂司令员和我各骑一匹马,沿滹沱河北上,由南岸到北岸,一个上午就到了中央所在地——西柏坡……

下午三点，我随聂司令员到毛主席的住处。……毛主席坐在对面的一边，左首是周副主席和朱总司令，右首是少奇和弼时同志。毛主席身后的角角上，是一张权作茶几的矮桌，上面放者暖壶和几个战士们用的那种搪瓷缸，搪瓷缸摆在白色搪瓷盘里，洁净爽利，焕发着农家气息。通往卧室的门开着，可以看到用条凳搭起来的木板床的一边，上面摆着土布做的被子。墙下放着简易书架，摆满了线装书。墙上挂着草帽，屋角上斜放着可以折叠和展开的简易屏风。棚屋和卧室里的摆设简单质朴，还保持着瑞金时代的传统。我们坐在主席对面空着的长凳上，这样，八仙桌的四周便围满了人。毛主席非常客气，用瓷盘装了一盘子糖果，放在八仙桌的中间，请大家吃，又给每人倒了一搪瓷缸子茶水。

亮·点：中共中央五大书记同时参加，布置一项任务；华北军区司令员聂荣臻和第二兵团政治委员杨成武一并被召集到西柏坡领受任务，这项任务的重要性不言而喻。保留着瑞金时代传统的毛主席住处，散发着农家和知识分子的混合的气息。14年前，于都河秋日的余晖记载着战略转移的无奈；14年后，太行山的夏风中洋溢着战略谋划的豪迈。

（毛主席）这才拿起一份电报，说：你们先看看。聂司令员接过电报，看完后递给我。这是中央军委1948年7月22日发给林彪、罗荣桓、刘亚楼并转告东北局的电报。这份电报的核心是命令东北野战军8月份开始南线作战。正是这份电报的精神，导出后来名垂战争青史的辽沈战役。我看完电报，把电报放到桌子上。毛主席喝了口茶，对聂司令员和我说：有没有问题？同意不同意？

他见我们完全同意，就又递给我们一份电报。这是中央 1948 年 7 月 30 日给林彪、罗荣桓、刘亚楼的电报。在这份电报里，中央军委指出：应当首先考虑对锦州、唐山作战，只要有可能，就应攻取锦州、唐山，全部或大部歼灭范汉杰集团，然后再向承德、张家口打傅作义。这一份电报使前一份电报进一步具体化，特别是把攻打锦州明确地提到了议事日程上。读完两份电报，我明白了，今天毛主席和中央书记处的同志召我们来，赋予我们的使命，和东北我军的一次重大战役——攻打锦州密切关联着。东北、华北唇齿相依，支援、开发与建设东北解放区以来，我们曾多次牵制关内敌人，支援东北我军作战。如 1947 年东北我军实施夏季攻势，中央军委电报指示我们："配合东北作战，不使敌人向东北增援。"我们出兵青沧，威胁天津，拖住了关内敌人的主力，为东北我军的夏季攻势创造了有利条件。而今，由毛主席亲自主持，中央书记处领导同志集体面授机宜，如此庄严郑重，要交代的任务自然非同一般了。我们看完了两份电报，毛主席问我们有没有意见？聂司令员和我都说："没有意见，坚决执行！"

亮·点：毛主席让聂荣臻、杨成武看了两份电报，使他们对中央军委攻打锦州和辽沈战役的布局、以及华北牵制关内敌人以配合东北作战，有了更强烈的使命感。两次看完电报，毛主席都问询：有没有问题、有没有意见、同意不同意，创造了非常民主的商讨氛围。

接着，毛主席站起来，伸出两个指头，操着浓重有力的湖南口音说：晋察冀野战军六个纵队，现在改组为华北野战军二、三两个兵团。……你们第三兵团准备进军绥远，开辟新的战场，配合东北作战。绥远为傅部所必救。你们把傅部的主力拖在平绥线，调动他们向归绥转移，使华北的敌人不出关、少出关。与此同时，第二兵团出击冀东，以一部在承德、北平线配合东北作战；另一部在北平、张家口线行动，配合你们三兵团在绥远作战。徐向前、周士第率领的第一兵团仍在山西作战，对付阎锡山。这样，就可以保证东北我军作战的胜利。毛主席说到这里，看了看我，问道：你们二十天内完成一切准备，怎么样？有没有困难？有什么要求？我脱口回答："没有困难，保证完成中央交给的任务。"

亮·点：毛泽东在解释了关内、关外如何具体配合作战的部署和准备的时间期限后，发出了本次谈话的第三问：怎么样？有没有困难？有什么要求？杨成武的回答：没有困难，保证完成中央交给的任务，透着军人的豪迈和坚定。确实，飞夺泸定桥，突破腊子口，茫茫草地先探路，直罗镇、平型关、黄土岭、清风店……都能看到杨成武矫健的身影，他是值得信任的一员虎将。

毛主席笑了笑，说：不对，出兵绥远，困难是很多的！他一一作了分析，指出：绥远是傅作义部的老窝，他们在那里经营了二十多年。国民党搞了很多欺骗宣传，那里的群众对共产党、对解放军还不太了解，特别是那里的粮食相当紧张，征粮不是一般的困难。傅作义部的政策是"兔子不吃窝边草"，他搞坚壁清野。过去，晋察冀野战军一部分部队两次出击绥东，都没有站住脚，主要原因就是吃不上饭。第二个困难是供给支前困难，供给到前线很不容易。第三个困难呢，可能战斗很不顺手。这些困难都摆在你的面前。这些困难中最大的困难是粮食的困难。毛主席指出这些困难后，问我："你看怎么样？""没有问题。"我说。

亮·点：面对杨成武的信心和承诺，毛主席温和而又明确地说：不对，困难是很多的。现实生活中，会出现截然相反的情况：领导布置任务后，部下找了一堆困难，领导安抚说，不要被困难吓倒，要有勇气、有信心战胜困难。杨成武能力强、有意愿、有信心，但是这次的任务确实非同寻常，所以，毛主席在具体分析了三个困难后，发出了本次谈话的第四问：你看怎么样？

　　毛主席提醒我，说："这不是当年在毛儿盖过草地，那个时候你带一个团，不过两千人。现在是个兵团，四个纵队，还有骑兵师、地方武装、上万的民工。十多万人都要吃饭呀，能说什么困难也没有。"战略上藐视困难，战术上重视困难，是毛泽东同志一贯的思想。现在，他把困难说得这样细致，这样具体，把进军绥远的这些困难都说出来了，我很受教育，很受感动。毛主席日理万机，全国各个战场都需要他呕心沥血，真可谓运筹帷幄之中，决胜千里之外。他既向部下交代任务，又为部下把执行任务的困难想透。他是那样了解情况，全国的各个战场上就如同一盘棋，全在他的指掌之中。是的，毛主席谈的进军绥远的困难都是真真切切，摆在面前的。这一点，我是有亲身体会的。抗日战争胜利以来，我们已经有过两次进军绥远的经历，两次都退了出来……

　　是的，完成进军绥远的任务确确实实困难重重。但是，有党中央、毛主席的英明领导，这些困难是能够克服的，能够战胜的。毛主席谈到毛儿盖，说到那时没有饭吃，没有衣穿。那时食不果腹，衣不蔽体，十分疲劳，十分饥饿，这样一支队伍打出了天险腊子口，面对着庞然大物——帝国主义、封建主义及其代理人国民党反动派还有日本帝国主义者的侵略，那困难该有多大呀！可是，在党中央、毛主席的领导下，多少困难也都被我们战胜了，被我们克服了。我们这支队伍创造出了历史上的奇迹，发展成今天这样威名赫赫的大好形势了。有了党中央、毛主席的领导，我们将无往而不胜。我断然地说："主席，没有问题，我们一定完成任务！毛主席说："现在我问你，能不能站住脚？"我坚决地说："能！"

亮·点：杨成武相信有党中央、毛主席的英明领导，再大的困难也能够克服！面对杨成武的"没有问题"，毛主席耐心地提醒了：环境不一样了，从团到兵团，从 2000 人到 10 万人……毛主席既向部下交代任务，又为部下把执行任务的困难想透，真正体现了把困难想在前面，战略上藐视困难，战术上重视困难。经过提醒后，毛主席发出了本次谈话的第五问：能不能站住脚？

　　毛主席说："过去一纵队、六纵队被人家赶出来了，你们会不会被赶出来？"
　　我肯定地说："我们去，不会被赶出来！"毛主席说："为什么？"我说："我们有四个纵队，两个骑兵师。"毛主席说："傅作义一辈子经营了两支主力，即：孙兰峰兵团和董其武部。这是他的全部资本。你要消灭他，他要拼命地和你干。你要消灭他的命根子，端他的老窝，触犯了他的根本利益，他非和你干不可。成武啊，困难就在这里，要估计透。第二，傅作义经营绥远，采取了许多欺骗手法，还搞了些小恩小惠，群众对他有幻想。他进行连保法，一人'通敌'，株连全村。他又在群众中进行像我们对付日本侵略军那样的坚壁清野。你搞不到粮食，就站不住脚。成武啊，你们到绥远要站住脚，就得准备饿三天肚子，吃两天草啊。"这时，少奇同志接着说："要准备饿四天肚子，吃三天草。""能！"

亮·点："你们会不会被赶出来？"，这是毛主席本次谈话的第六问。每一问，都促使对困难的思考更深一层。杨成武考虑的是人力数量对比，是"定量"；毛主席考虑的是傅作义"命根子"面临危机时的拼死抵抗以及搞不到粮食的危险，是"定性"。

毛主席又说："不行！我刚才讲了这不是过草地那个时候。现在部队多了，如果你没能站住脚，怎么行呢？察南战役你们派两个纵队进入绥远怎么没有站住脚啊！就是因为没有粮食。这个教训你们必须记住。如果要保证站住脚的话，你们必须做到：

一要有充分的精神准备，就是思想准备。要把可能遇到的困难想够想透，充其量最大的困难有多大。从思想上要不怕困难，怕困难的可以不去。你讲困难可以讲十条，讲有利条件讲五条就够了。要把那些困难，可能遇到的困难，一条一条地向干部讲清楚……这就是东北在那里打，华北在这里牵。你们不是直接地参加东北的作战，而是间接地参加东北的作战。

第二点，要做好充分的物质准备。武器弹药该补充的、能补充的，就赶紧补充。刚才杨成武同志讲，没有问题，可过去进去是两个纵队，现在是一个兵团啊。现在人多，力量大了，是个优点。但人多了，吃饭便是个大问题。你们要把解决吃饭问题当作能不能站住脚的最大问题来抓。

毛主席说到这里，稍事思忖，转向周恩来副主席："你交代薄一波同志，给他们十万现洋，让他们背着，揭不开锅的时候，就用它买粮食。现大洋在绥远是很管用的。"少奇、周副主席点了点头，说："好吧，我立即通知薄一波同志，叫他着手筹划这笔款子。"听到要拨给我们这么一大笔现洋，我忙说："十万现洋，得多少人挑呀，我怎么带得动啊！"朱总司令听我这么一诉苦，笑了笑说："你们可以用红军时期那个办法嘛，连长背五十块，排长背五十块，分给大家背，没有吃的就用现洋换。搞不到小米，可以买土豆。"听了朱总司令的话，我连连点头。接着，毛主席说，克服困难还有一个办法，那就是晋西北、晋察冀组织强有力的支前部队，支援你们。组织一个强大的工作团，到绥远后发动群众，组织群众。也可以带一批支前的民工担架队，这些都要组织好，包括民工的政治工作，思想工作，都要做充分。

第三个准备，就是要首战必胜。……第四条准备，就是全体指战员都要做群众工作，要把群众工作做好。就是严格执行党的各项政策：群众政策，俘虏政策，工商业政策。……

亮·点：毛主席在分析困难的基础上，提出了"四个准备"：思想准备、物质准备、首战必胜、正确的党的政策，这是克服困难、在绥远站住脚的关键行动措施。"在绥远站住脚"是目标，是"彼岸"，要到达"彼岸"，必须"造船造桥"，这些关键行动措施就是"船"和"桥"，"解决吃饭问题"是最重要的"船"和"桥"，这是抓工作重点，解决主要矛盾。有些领导在布置任务时，简单地表示："目标有了，究竟怎么做，你们自己去想办法"，这驱使部下绞尽脑汁地去想。但面对影响全局的重大任务，领导的方向性指导是不可或缺的。

毛主席看了看表，又说：你们今天就不要走了。你们想一想，还有什么事情要解决的。荣臻同志，成武同志，你们就住在这里，还可以和周副主席谈一谈。只要你们把今天谈的在全体指战员里都落实了，或者基本上落实了，我看就没有什么问题了，你们就能在绥远站住脚。再说一遍：你们进军绥远，是抄傅作义的"老家"，端傅作义的"老窝"，目的是要把傅作义的两支主力拖住，把关内的敌人拖住，不让他增援卫立煌。东面的杨得志兵团，配合你们作战。这样，我们的东北野战军作战夺取全胜就有把握。

亮·点：在毛主席简陋的小小棚屋办公室里，五大书记共同谋划着世界上规模最大的战略决战。"在绥远站住脚"，就是"把傅作义的两支主力拖住，把关内的敌人拖住，不让他增援卫立煌"，就是先东北、后华北，东北打、华北牵，直接打和间接打相配合，这样目标就更清晰了，方法也更明确了。毛主席说完后，其他首长又你一言，他一语，给了很多指示。小小棚屋热闹非凡。杨成武一边听，一边记录，一边思考。杨成武回忆说："听了中央首长的指示，我信心十足，觉得完成任务是有把握的。"

所以，领导布置重大战略任务，需要讲困难，需要讲方法，而且要讲清讲透，这样，部下可以带着实实在在的、有把握的信心走向战场。其通用流程是：选择值得信任的部下，分派至关重要的任务，明晰影响全局的意义，分析前所未有的困难，寻找切实可行的方法，激发基于现实的信心。"六问"加上最后"再说一遍"对目的的强调，这样布置任务，堪称教科书！

我们在布置任务的时候，会几问呢？

参考文献：

①《杨成武回忆录》，解放军出版社 2007 年版，第 707—718 页。

29 毛政委教导大夫当校长

当部下在新岗位上不得要领时,领导者该怎么做?

在中央革命根据地,汀州福音医院实际上已变成了红军医院,经常住满红军的伤病员,只是为了便于到白区去购买药品、订阅报纸,还保留着教会医院的名称。1930年,红军第十二军军长伍中豪同志患了急性肺炎,在医院里治疗。每天上下午,毛泽东政委和朱德总司令轮流来看他。有一天,毛政委和蔼地跟傅连暲医生说:"傅医生,你不但自己做医生,还要替红军训练些医生才好。"傅连暲没有马上回答。毛政委大概很快猜到了对方的顾虑,说:"懂多少就教多少,能做多少就做多少。"他的声调温和而又坚定,而且一下就解除了傅医生的顾虑,傅医生顿时豁然开朗,立刻觉得信心有了,办法也有了,承诺说:"好吧,我一定尽力去做!"

1931年年底,学校就开学了,校址设在汀州城内的万寿宫(江西会馆)。这批学员虽然是挑选来的"知识分子",其实文化水平都很低,最多的也只识几百字。因此,每天除了学业务外,还特地请了地方上的一个教师来教文化,学习进度非常缓慢。一天晚上,毛政委特地来看学员们,傅医生顺便把这些情况向他汇报。毛政委安详地回答说:

"挑部队中最常见的病来教,挑部队中最常用的药来教,讲不懂,就做给他们看。"就是这么简单扼要的几句话,却立刻解除了傅医生几天来的苦恼,原来可以不必按照陈旧的那一套公式来办护校,那不能适应革命形势的需要。

傅医生从毛政委这几句话中,体会到一种革命精神。他既提出教学方针,又提出教学方法。傅医生重新考虑了教案,确定每天上两次课,临床实习两次。讲课中遇到疑难问题,同样通过实际示范来说明。例如讲注射方法,就拿注射器在课堂上当面注射一次,果然学员们很容易就学会了。学员们住在万寿宫内的破房子里,睡的是稻草地铺,穿的是从家里带来的便衣,吃的是糙米饭;因为国民党军封锁,没有盐吃,都是用酸菜、辣椒送饭;夜里四五个人合用一盏茶油灯。即使在这样艰苦的情况下,他们还时常学到深夜才睡。因此,他们到毕业时,成绩都很好。

1932年,毛泽东同志亲自带着红军在福建的漳州打了一个大胜仗,回到汀州时,恰好红色护士学校第一批学员毕业,朱总司令还特地赶来参加了毕业典礼,并且讲了话。毛泽东同志一回来,就找傅医生谈话。他说:"现在环境更加稳定了,我们应该训练自己的军医,光会涂碘酒是不行的。"傅医生说:"训练一个医生不是容易的事,起码也得好几年呀!"毛泽东同志说:"给你一年时间。假如环境好,可以两年。"

傅医生立刻警觉起来,原来不知不觉又在旧公式中兜圈子了,没有考虑到革命的需要和当时所处的环境,于是连忙回答说:"我一定办到!"不久,中央红色医务学校就成立了。新招的、加上护士班留校的一共20名,他们成为中央红色医务学校的第一批学员。傅医生回忆:

> 和毛泽东同志几次谈话后,我感到自己思想方法和作风都稳健得多了。这次接受了这项繁重任务,心里不像从前那样紧张了。我

仔细研究了部队卫生工作的特点和作战地区的特点，决定在一年内把最基本、最迫切需要的技术知识教给他们。……我们就是这样在毛泽东同志的亲自指导之下，为我军训练了第一批医务人员。在革命战争中，这些同志和部队一起南征北战，出生入死，有的为革命献出了生命，有的后来成了我军卫生工作的领导骨干。[①]

毛主席向傅连暲医生委派新工作时，说明了"替红军训练医生"的目的，当人们理解任务的目的和意义时，就会发自内心地全力以赴。同时，在委派任务时，领导者的措辞在期待中饱含信任，使承接任务者缓解了顾虑，增强了信心。在傅连暲遇到困难时，毛泽东鼓励他因陋就简，注重实际练习。傅医生豁然开朗，跳出了原有的思维习惯，短时期内为党和军队培养了更多的专业人才。傅连暲也从一位个体贡献者变成了团队领导者、人才培养者，拓展了革命事业的宽度和高度！

领导者激发信心，领导者释放潜能！

参考文献：

① 傅连暲（时任中央红色医务学校校长）：《红军第一所医务学校》，《星火燎原》第 11 卷，解放军出版社 2009 年版，第 271—273 页。

30 毛委员教导指战员转行

让一个热衷本职工作的部下转岗，不是一件容易的事，让我们看看毛主席当年是怎么做的。本篇故事摘录自井冈山宁冈县古城区少共区委书记谢中光的回忆《井冈引路人》①，亮·点代表作者的点评。

我的家住在井冈山的山脚下，秋收起义后，毛泽东率领工农革命军上了井冈山，我们那一带也驻上了红军。我就是在这时投身革命的，当时担任宁冈县古城区的少共区委书记。在那如火如荼的斗争岁月里，我曾经多次见到过毛泽东和朱德……井冈山会师以后，随着蒋介石反革命"围剿"的日益加剧，形势越来越紧张了。1928年5月中旬，国民党保安团占领了我的家乡。他们烧杀抢掠，对根据地的干部、群众进行了血腥镇压。

为了给受害的乡亲和牺牲的战友们报仇，我和其他四个同志一起，怀着满腔的仇恨上山参加了红军。可是到连队还不满一个月，营里的党代表就来找我们了。他说，县委得知你们几个参军的消息后，特地派人找到部队来，要你们还回地方去开展工作，并说毛委员已经同意了县委的要求。

听到这一消息，我们几个人都愣住了。说实话，我们都不愿回去，觉得还是在部队拿枪杆子打敌人痛快。可这是上级决定的啊！怎么能不服从呢？这一天，正当我们在茅坪村连队的驻地收拾东西时，党代表派人来喊我们几个人到他那里去一下。

亮·点："枪杆子里面出政权"，在战争年代，"枪杆子"的重要性毋庸置疑，人们都以拿枪杆子直接打击敌人为痛快之事，这是可以理解的。但是"枪杆子"和"笔杆子"、军队和地方是相互依存的，没有稳固的根据地、没有强大的群众基础，"枪杆子"也很难施展，而且，在地方拿"笔杆子"可以同时拿"枪杆子"。

是不是情况又有了变化？大家边猜测边议论着向他房间走去。快到屋门口时，党代表和另一个身材魁梧的人从屋里迎了出来。大家定睛一看，原来是毛委员。他身着灰色军衣，脚穿一双草鞋，神态和蔼可亲。没等党代表介绍，我们几个人就不约而同地向毛委员敬了个礼。

毛委员笑容满面地和我们一一握手，问我们吃了饭没有，东西收拾好了没有，跟着就招呼我们到屋里去坐。想到毛委员要亲自找我们谈话，大家的心情既兴奋又紧张。我只感到心里"扑腾""扑腾"地跳个不停。

进屋后，我们几个人都规规矩矩地站着，不知该怎么好。"坐吧！坐吧！"看到我们那副拘谨的样子，毛委员笑呵呵地说。他把我们一一安顿坐下后，才紧挨着我坐了下来。他用和蔼的目光望着大家，挨个问了我们的姓名和年龄，接着，就亲切地和我们谈开了。

亮·点：毛委员注意到指战员们的紧张和兴奋的状态，没有开门见山、直截了当地处理事情，而是先处理大家的心情。握手、问候、请大家坐、自己紧挨着坐、笑呵呵地说、和蔼地注视、亲切地谈……这些肢体语言和交流创造了非常温暖、非常放松的沟通环境。

"革命前，你在家干什么呀？"他微笑着问我。"在家学裁缝。"我不好意思地答道。"哈哈！这么说，你还是个手艺人喽！"毛委员爽朗地笑了。一句话把大家都逗乐了，屋里的气氛顿时活跃起来，我们开头那种紧张的心情和不自然的举止也放松了许多。拉了一会儿家常后，他问起我们那里的情况。这一问，又勾起了我们想留在部队干的念头。

大家你一言我一语地向他诉说着保安团的罪行和乡亲们所遭受的苦难，异口同声地要求毛委员能批准我们继续留在部队干。听完我们的话，毛委员眉头紧蹙，脸上流露出激愤的表情，放在桌上的手也紧握成拳。他站起身来，在屋里踱了一个来回后，对我们说："同志们，我理解你们的心情。这不仅是你们一个村子、一家一户的仇，现在，全国有多少老百姓在受苦受难啊！我们闹革命，就是要彻底消灭反动派，砸碎吃人的剥削制度，让全国人民都能过上好日子。"

亮·点：毛委员听到大家诉说保安团的罪行和乡亲们的苦难，要求继续留在部队干，并没有在第一时间表示自己同意或不同意的意见，而是设身处地地理解大家的心情，感同身受地握成了拳，脸上流露出激愤，这是全国人民的仇、全国人民的难。毛委员的心情已经完全与大家融在一起，彼此相互理解、相互信任。

听到这里，我们都感到浑身是劲，心想，这下留在部队大有希望了。谁知毛委员却把话题一转说："想拿枪杆子打敌人是好事啊！

可是，你们想过没有，如果大家都想在部队干，不愿去做地方工作，那么，地方工作靠谁去做？我们还要不要建立政权？部队吃的穿的又从哪里来呢？"

他又转向我说："你过去是当裁缝的，你想，如果光有人织布，没有人做衣服，那人们穿什么呢？"是啊！这句话问得很简单，可是含义却很深刻，我不由得点了点头。他又接下去说："我们的革命要想取得成功，就必须既要有人在部队拿枪杆子和敌人干，又要有人在地方组织群众去和敌人斗，二者缺一不可。现在，敌人正在你们那里为非作歹，乡亲们正在受苦受难，你们都是当干部的，能放下群众不管，让敌人为所欲为，骑在群众头上作威作福吗？"听了这番话，我们脸上都感到热辣辣的。毛委员的话像一磅重锤敲在我们心上，使我们想到了自己的责任，大家都有点坐不住了。

亮·点："先承后转"是同理心倾听的两个核心步骤，即首先承接、接纳对方的心情，在相互理解、相互信任的基础上再转而表达自己的意见，这样就更容易得到对方的理解和接受。毛委员在肯定拿枪杆子是好事，同时借助谢中光入伍前是裁缝的身份，说明织布、做衣都很重要，只是分工不同，从而让指战员明白了"枪杆子"和"笔杆子"、军队与地方一样重要，缺一不可。"你们都是当干部的，能放下群众不管，让敌人为所欲为，骑在群众头上作威作福吗？"这个设问，很有情感冲击力，谢中光等本来就来自群众、本来就对敌人充满仇恨，而他们又不同于一般群众，因为他们都是"当干部的"，"身份感"会唤起人们强烈的自我认知和责任担当意识。毛委员的几句话威力太大了，如重锤，敲得大家火辣辣的，恨不得立即飞回地方工作岗位。

看到我们那若有所思的表情，毛委员趁热打铁，用探询的口气问道："现在县委特地派人到部队来找你们，这说明你们那里很需要人，你们看应该不应该回去啊？""应该！"我们几个人都心悦诚服地答道。大家脸上露出了欣慰的笑容，心里觉得豁然开朗。

毛委员又转过身来交代党代表，要他带部队送我们下山，消灭保安团，好让我们展开工作。临走时，他再三叮嘱我们，回去后一定要在县委的领导下，紧紧依靠群众，努力克服困难，争取迅速打开局面。我们反复咀嚼着毛委员的嘱托，怀着依依不舍的心情和他告别。就这样，我们回乡和群众一起开始了新的斗争。

亮·点：毛委员并没有用命令式的口吻"你们必须回去"，而是用探询式的语气，"你们看应该不应该回去啊？"这是毛泽东与指战员特别自然的对话习惯："你们看是不是啊？""你们看对不对啊？"时任陕甘宁晋绥联防军新编第四旅副旅长程悦长《忆陕北的三战三捷》中就有这样的描写："我们都一起留在陕北。说到这里，主席看出我们有点担心的样子，又笑了笑说：你们一定会担心我的安全，这不必要。陕北地形险要，群众条件好，回旋地区大，安全完全有保障。你们说是不是这样？听了这些话，我们周身热乎乎的。""时间已经很晚了，虽然讲了很多话，主席始终毫无倦容，话语里时时夹着爽朗的笑声。主席在跟我们倾心交谈中，不论是什么问题，总是谦和地问问大家：'你们觉得是不是这样？'主席的话，句句都说到我们心里，有时我们还不明确问题究竟在什么地方，可是听了主席三两句话，立刻豁然开朗。""当时我们不少人存在着一种思想，愿意打强敌，打硬仗，觉得这才能对战局起决定作用。主席指出这种想法是不切实际的。主席说：看菜吃饭，量体裁衣，有什么本钱，就打什么仗。我们部队数量和武器装备都占劣势，因此就决定我们先打弱的，后打强的；先打分散孤立的，后打集中强大的。你把弱的消灭了，强的也变弱了；把分散的打了，集中的又要分散。好比三个人，有一个强手，两个弱手，你先把两个弱手打倒，剩下一个，前后失去照应，他就孤立了，胆怯了。强手变成弱手，一打就倒。你们看，是不是这样？"[2]

"你们说是不是这样？""你们看是不是这样？"这样谦逊、温和的问询，可以将对方带入谈话的语境中来，激发对方的思考和参与，做出自己的选择和决定。没有参与，就没有承诺！有了参与，就可以发自内心地、自我驱动地执行。"应该"二字是指战员们经过交流后的心悦诚服而又坚定的承诺！指战员的工作做通了，毛委员一再叮嘱并派人相送，更增强了指战员回到地方工作的动力和信心。一次工作调动，就这么愉快地完成了，从中能发现毛委员特别善于创造谈话的氛围，特别善于"先承后转"的对话习惯，特别善于以小见大、由此及彼的说理方式，特别能鼓舞人激励人。

参考文献：

① 谢中光：《井冈引路人》，《星火燎原》未刊稿第 1 集，解放军出版社 2008 年版，第 141—143 页。

② 程悦长：《记陕北的三战三捷》，《星火燎原》第 8 卷，解放军出版社 2009 年版，第 325 页。

31 朱德与战士摆龙门阵

组织文化不仅写在书上、墙上，更要印在每一个成员的心里，这需要领导者运用一切正式沟通和非正式沟通的途径。非正式沟通——"摆龙门阵"的作用不亚于正式沟通。延安抗大学员赖春风回忆：

和战士们赛完篮球后，警卫员请总司令早些回去，总司令说："不慌嘛，还可以摆一会儿龙门阵嘛。"说完，他披着棉衣在城隍庙大门口的平地上坐下来，我们围坐在他的四周。总司令一一地询问我们的姓名、籍贯，然后对我们说："你们年轻人跑得快，打得勇敢，有一股子虎劲，这很好。青年人就是要生龙活虎，不管做什么事，都要有龙一样的精神、猛虎一样的劲头。不过，年轻人容易急躁，输了几个球就沉不住气，这就不好了。输了有什么要紧？！下次加把劲，赢回来就是了嘛！你说对不对呀？"总司令轻轻拍着我的肩膀，侧着头问我。

我一时不知怎么回答好，只觉得心里暖烘烘的，一个劲地笑着。停了一会儿，总司令又接着说："锻炼身体要经常，要坚持，人同机器一样，经常运动才能不生锈。我这半辈子大部分时间在打仗，东

214

奔西跑，各种苦头都尝过一些，但病号饭却从没吃过，连个头痛脑热都少有，就是靠了坚持锻炼这一条。我从小就喜欢体育，在当学生时我学过体育专科，后来在县里当过体育教员。参加革命后，时间少了，我就把劳动、行军同锻炼身体结合起来。你们毕业以后，就要到全国各个抗日战场上去，你们的担子是很重的，没个好身体可不行啊！"

最后，他还兴致勃勃地说："下次有机会，我们再来赛吧！"[①]

有一次晚饭后，总司令散步来到了警卫连。大家已经站成两列，先是夹道欢迎，接着一窝蜂似的把总司令亲亲热热地围起来，争着和总司令握手，问总司令好。总司令一一地和大家握手、点头，亲切地说："同志们好！""你们比我辛苦多了！"总司令向连队干部询问了情况，从行政管理到思想工作，还有连队的伙食，问得很细，然后就和在场的战士们随便唠了起来。

他问一个班长："你班几个战斗员啊？""算我九个。""不少嘛，"总司令接着问，"战士们听不听你的话呀？""有一个差点儿。"班长想一想回答。"哦，他差在哪儿呢？"班长开始数落起来："他有点懒，不愿起床，不愿站岗，还不愿洗脚，有时还把饭粒撒到桌子上，说他也不听，还和我吵架。"看班长和总司令那么自然的神情，就像是两个战友在谈心。"噢？这么多毛病啊！那你怎么教育他呢？"总司令以启发的口吻笑着问。"我找他谈话，有时也在班务会上讲。""你和他谈了多少次啦？""已经五六回啦！"班长有点委屈地说。

总司令笑吟吟地看了看身边的连队干部，然后招呼那个班长坐近些。"小鬼呀，"总司令对那个班长说，"你才谈五六回，觉得挺多啦，是不是？那不多，谈20次也不算多。记住，要讲究方法，首先要有耐心，还要多体贴他，关心他，他有什么困难，要主动帮助他。千万要注意,对落后思想可不能打击哟,一打击就糟。你要仔细给他讲道理,比如说,他浪费粮食,你就讲不要忘本,还要讲粮食来得不易。"说到这里,总司令念了一首诗:"锄禾日当午,汗滴禾下土,谁知盘中餐,粒粒皆辛苦。"还逐句地作了解释,告诉班长,就要这样给战士讲道理,启发战士改正缺点。干部战士们静静地倾听着总司令的教诲,注视着他那柔和的目光和亲切的手势,深深地沉浸在统帅对士兵的爱抚之中。[②]

朱老总散了步,摆了龙门阵,锻炼了身体,教育了战士,真是一举多得! 日理万机的朱总司令走到战士中间,与马夫交流,与参谋对话,与班长切磋,与战士们融为一体。朱老总与战士们唠嗑,没有假大空,没有居高临下,总是从生活小事开始,层层深入,启发思考,这是润物细无声,这是四两拨千斤,朱老总摆龙门阵"摆"出了艺术。这是真诚的力量,这是平等的魅力。卫立煌曾这样评价朱老总是"气量大、诚恳、忠厚的长者",这也是我军广大指战员共同的感受。有这样的"思想引领"者,就有千千万万的追随者!

参考文献:

① 赖春风(时任延安抗大学员):《总司令和我们一起赛篮球》,《星火燎原》第 16 卷,解放军出版社 2009 年版,第 302 页。

② 张竭诚(时任八路军第 115 师 344 旅司令部参谋):《朱总司令在三四四旅的几件小事》,《星火燎原》第 16 卷,解放军出版社 2009 年版,第 306—307 页。

32 让"小鬼们"感到重要

当人们感到自己做着重要的工作时，会感到自己重要；当感到自己重要的时候，对工作会全力以赴、全情投入。

在江西中央根据地时，毛主席就十分关心通信干部的培养教育，让他们感到工作的重要性。他经常到电台来与战士们谈话，问工作、问学习、问生活。有一次，毛主席问大家，懂不懂得通信工作的重要性？当时战士们都是十几岁的"小鬼"，只知道埋头干工作，对于其重要意义，懂得不太多。毛主席见战士们一时答不出，就说："做任何工作，都应该知道它的重要性。你们是革命的千里眼、顺风耳嘛，红军缺少了电台，就好比缺了块'鲁班石'一样。"接着毛主席给"小鬼"们讲了"鲁班石"的故事。

他说，很久很久以前，有条河上要修座石桥，招聘了不少能工巧匠，连夜开山取石，辛辛苦苦干了好多天，桥身修好了，拱形桥洞也砌得差不多了。只是桥洞的脊梁处，还缺少一块又坚固、又合适的石头嵌进去。这块石头很重要，没有它，桥就砌不成。于是匠人们四出寻找，不知爬过了多少山，涉过了多少河，才在一个打草鞋的老公公家里，发现了那块垫着捶草用的石头挺合适。搬去一试，正好不大不小，石桥终于修成了，原来这块石头是鲁班留下的。鲁班从此路过，量量桥身，又看看准备的石料，就知道少这样大小的一块石头。于是他悄悄地按尺码凿好一块丢下，然后扬长而去。从此，人们就给这块石头起了个名字叫"鲁班石"。毛主席停了停又说道："红军今后要大发展，这里要点火种，那里要点火种，一块块被分割的苏区，要靠你们从空中架起一座座桥连接起来。大家想想，你们不是红军中的'鲁班石'吗？"从那以后，战士们就常用"要做革命的鲁班石"这句话来鞭策自己的进步。①

"重要性"是抽象的，但"鲁班石""桥梁"是具体的、实实在在的，"小鬼们"一下子就理解了自己工作的重要性。

1936年10月，曾随左路军总指挥部在毛尔盖南下的电台战士们到达了陕北，他们一年多没见过毛主席了。毛主席特地来慰问战士们。毛主席进了窑洞，和以往一样，在战士们中间坐下，亲切地说道："这一年，你们和红四方面军的同志们，多吃了些苦，多爬了些山，这算不了什么，革命的道路总不会是一点弯子也没有的。如果有人因为吃了点子苦，就不愿在四方面军工作，那就不对了。四方面军也是党领导的军队，今后，我们还要尽可能多派一些人去工作，和他们团结一起，共同进步。"

讲到革命形势，毛主席说："现在形势空前好，新的革命高潮就要来了。今后通信工作也要大发展，你们的担子更重了。"讲到这里，毛主席又笑着问战士们是不是还有人不安心工作的。他好像已经了解到，近来有些战士心动了，想到抗日前线去，不愿在后方。在毛主席面前，谁也不肯说这话。毛主席见大家笑而不答，就又说道：我们干革命的，就要听党的话。党需要在哪里工作，就到哪里去。革命事业总得有个分工嘛，不能随个人挑挑拣拣。如果有人对革命工作还有贵贱之分的想法，这是不对的。毛主席还举了例子，大上海也需要清洁工，让战士们瞬间明白：分工有不同，工作都重要。②

毛主席的话，让"小鬼们"明白了：大家是"鲁班石"，对于"革命胜利之桥"很关键；无论在红一方面军，还是在红四方面军，都很重要；无论在大后方，还是在抗日前线，都很重要。当"小鬼们"感到一直在从事着重要的工作时，内心就会有源源不断的动力。

抗战时期，八路军在西安、兰州、桂林等地设有办事处。有一天桂林办事处电台出了问题。周恩来副主席来到工作人员中间，眼睛里非但没有责备的神色，就是半丝焦急的神情也没有。他围着机器左右打量了一番，问道："机子有毛病吗？"战士们回答道："没有。"他沉思了一下又说："看急得满头汗，还不擦一擦。"接着又说："遇到困难首先要冷静，一急办法就给急跑了。只有冷静地分析，才能找到原因。"他又问："波长对不对？"唐士吉拿波长表量了量，小灯泡在规定的指数上亮了。这时他稍稍皱了下眉头，突然指着天线问道："天线架得有没有问题？"

周副主席的话一下子提醒了战士们，大家曾检查了机器的各个部分，却忽略了天线。唐士吉和摇机员忙走到室外，果然发现引线有触墙的地方。战士们只恨自己太粗心，赶紧重架天线并整理好，打开机器重新呼叫。刚一呼叫完，立刻听到了对方的回答。对方的声音很激动，显然也在着急着联络！唐士吉兴奋地报告说："副主席，通了！"周副主席含笑地点了点头。

一份百十字的电报很快就抄完了，这时已是夜里12点了。隔了几十分钟，译电员又送来了一份向外发的急电。发这份电报时，周副主席一直站在机器旁边。当电报发出时，他说："小鬼们，你们知道自己完成了一个多么重要的任务吗？"没等战士们回答，周副主席略带微笑地说:"蒋介石不顾抗战利益,放弃了武汉,现在只有我们共产党人来领导武汉周围的人民起来抗日了。党中央派了一大批干部到长江流域开辟抗日根据地,刚才的电报就是和他们联系的。"唐士吉回忆说:"听了周副主席的话,我感到一股巨大的热流灌注在周身,兴奋地望着他那明朗可亲的眼睛,久久说不出话来。"③

作者在领导力培训课上,曾问起学员们,如果部下工作出错,谁可以做到"眼睛里非但没有责备的神色,就是半丝焦急的神情也没有",学员们普遍表示,不说责备的话相对容易做到,但在肢体语言和神情上没有丝毫的焦急和责备,这需要怎样的修养啊,太难了,非一般人能够做到。确实,肢体语言更能反映人内心的真实想法。周副主席不仅没有责备,还带着"小鬼"一起仔仔细细地找原因,从室内找到室外。当呼叫成功,"小鬼们"流露出愧疚后的兴奋时,周副主席含笑地点点头,那种情感之间的默契,既是首长与"小鬼",更像父亲与顽皮的孩子。

这也让我想起了一个学员课上分享的场景,他说,他的上初二的儿子有一天半夜11点多还没睡觉,跑到他们房门前,"咚、咚、咚"敲了三下,他说,进来吧,爸妈还没睡呢。儿子并没进来,只是站在门外,开心地说,我不进去了,我就想告诉你们,今天我学会了思考,然后就回到自己房间里去了。他兴奋地推开门,走到儿子的房间门前,也"咚、咚、咚"敲了三下,跟儿子说,我也不进去了,我就想告诉你,你今天学会了思考,爸妈特开心,然后就回到了自己房间。当这个学员说完后,全班响起了热烈的掌声,为孩子的成长、为父子间这种独特的默契而深受触动和鼓舞。

"小鬼们,你们知道自己完成了一个多么重要的任务吗?",这段对话,有大道理,更有厚情感,"小鬼们"不仅知道了自己工作的意义,而且他们在和周副主席、在和党中央毛主席、在和全国人民共同做着重要的事，太鼓舞人了！"小鬼们"感到"热流灌注周身"。

领导者让他人感到重要，领导者赋能他人！

参考文献：

① 刘泮林（时任红一方面军无线电通信干部）：《要做革命的"鲁班石"》，《星火燎原》第 4 卷，解放军出版社 2009 年版，第 151—152 页。

② 唐士吉（时任桂林八路军办事处电台工作人员）：《从武汉到桂林》，《星火燎原》第 5 卷，解放军出版社 2009 年版，第 459—460 页。

33 对下级高标准、严要求

对下级无要求、不批评的领导，是不是好领导？

若遇到无要求、不批评的领导，是部下的幸还是不幸？

高标准严要求让人一时难受，但可以避免一辈子难受！两者权衡，还是高标准、严要求更能培养人、成就人。一家高科技五百强公司雇用了十几位语言专家，专门校对员工的每一封邮件。他们的要求近乎吹毛求疵，邮件的标题怎么起，怎么问候，第一句怎么开始，什么时候用阿拉伯数字1、2、3，什么时候用英文单词one、two、three，如何署名，单词和语法不但不能有错误，更要信、达、雅。被语言专家折磨得死去活来、最终毕业的工程师，才能直接给客户发邮件。工程师们不解，有必要这么严格吗？得到的回答是：有很多人，这辈子你都不会当面见到，你给他印象的唯一方式，就是邮件，这就是现代意义的"见字如面"！专业度来自高标准严要求。战争年代函电的遣词造句、行为习惯关系到党的政策、部队的战斗力。

毛泽东帮萧劲光改电文

国共抗日民族统一战线建立后，经中共中央提议，萧劲光被国民党政府正式任命为八路军后方留守处主任，"名正言顺"地执掌着陕甘宁边区的防务。所以，当时陕甘宁边区与国民党方面打交道，直接出面的多是萧劲光。特别是处理边区的摩擦事件，文电繁多。那些给上至蒋介石、程潜、胡宗南、蒋鼎文等国民党政要，下至国民党军的师长、专员、处长的信函电报，大都用萧劲光的名义发送。往复函电及各种声明、文章、布告等文稿，也基本上都由萧劲光主持起草，毛泽东亲自审阅、修改定稿，而这些修改，有的画龙点睛，有的删繁就简，遣词造句更准确地体现党的政策、策略。

例如，就陇东顽固派杀人略地的电文，毛泽东就字斟句酌地做了修改，加了这样一些话："边区二十三县范围为蒋委员长所指定"，我军"对于原定二十三县并未越出雷池一步"。这样写理由很充分。边区二十三县是蒋介石亲口承认，又经过国民党的正式会议讨论才决定下来的，现在又派兵来侵占，出尔反尔，不是自己打自己的嘴巴吗？！

在致蒋介石等人的一份通电中，毛泽东反复推敲，最后写成这样一段话：

> 目前日寇以一师团之众大举西犯，柳林、军渡相继失守，我河东部队正尽一切力量，予以痛击，连日战斗甚为激烈。大敌当前，覆舟堪惧，后方纷争，实属不宜再有。苟一方拼死杀敌于前，他方复乘机争夺于后，则不啻以刃资敌，前途危险，何堪设想？！

这段话里的潜台词，是在警告顽固派不要继续与日伪勾结。

在处理国民党三区行政督察员兼保安司令钟竟成等杀人略地事件中，毛泽东将发给程潜的电文改写道：

> 镇宁两城虽被袭占，无辜官兵虽被牺牲，下级人员虽极愤慨，然劲光至今未增一兵，无非体钧座之意旨，本团结之大义，力求和平解决之道。职意公平处理，撤兵为先。进占镇宁两城之兵不撤，即无以示诚意而服人心。专员钟竟成实为肇祸之主谋。庆父不去，鲁难未已，施以撤惩，出自钧裁。

文末署名"留守兵团主任萧劲光"。电文虽不长，但理直气壮，共产党人、八路军顾大局，讲团结，忍让为怀的气度溢于言表。

1939 年冬，国民党驻防榆林地区军事长官邓宝珊所属部队的一个营长挑起了摩擦事端，两军相持，剑拔弩张。根据部队报告的情况，萧劲光起草了一份电报致邓宝珊，通报事件经过。电文最后是这样写的："恳请速电制止，将该营即调他处，以平公愤。并将敲诈人民、贪赃枉法、破坏团结、制造分裂、肇事凶犯之宋营长撤职严办，以惩刁顽，而维法纪！"毛泽东看后，将这段话全部删去，改为：

> 事件发生谅系宋营长受人挑拨所致。现在事态颇为严重，敬恳我公速电制止宋营长，勿再寻衅，然后查明事实，合理处置。并可否将该营另调他处？

改完后，毛泽东还在电稿的旁边加注："萧：后面口气太硬不好。"看到毛主席的提醒，萧劲光意识到自己的粗心和意气行事，感到对毛主席的"争取中间势力，不同对象区别对待"的思想还理解不深。邓宝珊先生如果看了萧劲光的原文，可能会勃然大怒至少心里会不高兴，定边事件可能节外生枝，迁延时日。邓宝珊收到经毛主席修改后的电文，果然态度很友好，回电主张和平解决，并建议双方立即派代表到当地去查明处理。①

毛泽东为萧劲光修改的电文，硬者更硬，软者更软，充分体现了中国共产党在抗日民族统一战线中原则的坚定性和策略的灵活性。毛泽东有一次曾称"萧劲光，你是个大知识分子"，萧劲光感觉自己哪里也不像，但转念一想，自己作为读过高中、又留过洋的，可能在那一代人中算是多读了一点书，是个"知识分子"，这让他警醒到自己的工作方法可能太书生意气了。对毛泽东修改的电文，萧劲光精心保留着，时常琢磨学习其中的奥秘。

有些领导对部下起草的文案不满意，会简单地说四个字：拿回去改！改了后又送了来，领导仍不满意，会简单地说两个字：再改！……这种高压的、完全让部下自己去琢磨的方式有时也能起些作用，部下确实也需要自己独立地去"悟！"但毛泽东把萧劲光"扶上马送一程"的方式一定让部下成长得更快！

朱德帮不拿枪的马夫养成好习惯

朱总司令喜欢到处走走看看。有一天，总司令信步走到庄子边缘的一个马厩，看到马厩里满地积水粪便，挺脏，管马的同志正在铡草。他就走过去笑着同马夫唠嗑："你每天洗不洗脚啊？"马夫开始愣了一下，然后答："总司令，我每天都洗脚。""你为什么要洗脚呢？""嗯，因为脏，洗洗也解乏。""你经常洗脚，这很好，又讲卫生，走起路来又舒服。"总司令指一指马，问马夫，"可你想过没有啊，那个马和人是一样的啊，它的马掌成天泡在泥水里，泡烂了它能走好路吗？你再看看，连马屁股上都是泥，这可使不得啊！这里离河很近，你为什么不给马洗一洗呢？"

马夫用不安的眼神看了看总司令，渐渐低下头，用手摆弄着衣襟，总司令走过去，拍着马夫的肩膀说："好啦，你以后要搞好，我还要来看。"

隔了几天，总司令又走到了这个马厩，一看，全变样了：马厩和马都收拾得干干净净；马夫也利落多了，憨笑着站在那里。总司令边看边自语道："嗯，这才像个样子，这就很好嘛！"随后转向马夫："你能经常保持吗？""能，总司令。"

"转移到别处也能保持吗？""也能。"马夫坚定地回答。"好！"总司令说，"这样你们旅长和政委都会高兴的。"临走时，总司令又叮嘱马夫："你要尽心尽力把马管好，要像爱护自己的眼睛一样爱护好马，马就是部队的武器。"说完，总司令用询问的目光注视着马夫，似乎在问："你懂吗？"

"武器不是步枪、手榴弹吗？"马夫带着疑惑的神色，小声反问了一句。本来，总司令已转身要走了，这时又转回来向马夫走近一步，耐心地解释：

> 你晓得不，我们部队有不少同志和你一样，干的是不拿枪的事，像炊事员呀，译电员呀……这些工作都是不可缺少的。拿你的工作来说，你把马养得膘肥体壮，你的旅首长骑着它指挥部队打胜仗，你想，这马不就起到了武器的作用了吗？[②]

马夫微微地点着头，满脸堆着笑容，目送着总司令。

陈毅要求译电员一个字也不许错

1941 年，在新四军军部，译电员把电文中的字译错了一个，平素一向随和的陈毅看到这份电报，突然大怒，质问译电的同志：为什么会出这样的差错？

> 我说同志，你知道你做的是什么工作吗？你知道你手中这支铅笔的重量吗？一字之差，就会贻误战机！一字之差，整团、整师乃至全军将士的性命，就会葬送在你的笔下！记住，你是新四军的译电员，你是战士。经你的手译出的电文，关系到战局的变化，关系到战争的胜负，一个字也不能错，一笔一画也不能错！"③

陈毅军长发起火来，真够怕人的。但是，战士们都知道他说得对。一字之差，可能造成不可收拾的严重后果，译电员的责任重大啊！事情过后，译电员好几天都在想：在今后的工作中，怎样才能不出差错。就在这帮小青年你一言我一语认真议论的时候，陈毅军长又来到了大伙中间。在他的身后，还跟着一个戴眼镜的同志。一进门，陈军长便乐呵呵地说："来，介绍一下，这位是军部给你们译电员派来的老师。你们可要好好地向老师学习啊！"

陈毅军长在译电员最需要帮助的时刻，给派来了文化教员。陈毅同志走后，这帮小青年都在想，他是怎么知道大家心事的呢？文化教员秉承军长的指示，要求可严格啦，认了字以后，还要让写，还不能随随便便地写，要有"体"。平时，要用"楷"体；译电时，要用"宋"体；就是朋友、同事之间留个便条，最潦草也必须是规规矩矩的"行书"体。起初，对于文化教员的这些要求，这些自由惯了的小青年，都感到十分别扭。后来，随着时间的延续、学识的长进，译电员对自己以前所写的龙飞凤舞的手迹，也羞于浏览了。

优秀是一种习惯，高绩效来自平时的高标准、严要求！

参考文献：

①《萧劲光回忆录》，当代中国出版社 2013 年版，第 117—121 页。

② 张竭诚（时任八路军第 115 师 344 旅司令部参谋）：《朱总司令在三四四旅的几件小事》，《星火燎原》第 16 卷，解放军出版社 2009 年版，第 307—308 页。

③ 余子迅（时任新四军军部译电员）：《陈毅轶事——"一笔也不许错"》，《星火燎原》第 17 卷，解放军出版社 2009 年版，第 364—365 页。

34 做"能参能谋"的好参谋

没有"参谋",如何进行战略决策?

没有"参谋",如何进行战役指挥?

如何成为"能参能谋"的好参谋?

徐向前与响堂铺战斗

1938年3月,一二九师南下,寻机打击在邯郸长治大道上的敌人,破坏其交通线。副师长徐向前命令七六九团、七七一团、七七二团各团于31日拂晓前进入响堂铺阵地,严密封锁消息,做好隐蔽、伪装和防空。陈赓的旅指挥所在七七一团阵地后面,多是背阴处,坑坑洼洼里的积雪刚刚融化,深夜又结了一层冰,战士们忍受着寒冷,屏住呼吸在等待。徐向前在指挥所守着电话机,突然陈赓来电:七七二团报告,东阳关之敌200余人进到马家峪;长宁东南高地有敌骑兵,向我侧后运动。陈赓判断,可能敌人发现了我设伏企图,欲从右翼侧击,截断后路,他请示徐向前副师长:是否把主力撤回到庙上村、鸭儿山区截击敌人?

如果设伏企图被识破，被敌包抄，那很危险；如果不是，盲目撤出，失掉胜利的机会，那是没打败仗的败仗。徐向前盯着地图，他迅速地判断，情报不可靠。如果敌人发现设伏企图，决不会只派这么点兵力前来"打草惊蛇"，遂拿起电话对陈赓说："没有我的命令，原计划不得变更，部队不能动，要严密埋伏，不得暴露，情况先不要向下传。"

放下电话，徐向前又对参谋说："你们注意，敌情没搞清之前，不要向邓政委报告。我们在前面，不能报告不明不白的情况，给他出难题。"接着，就派邓仕俊和另一位参谋，到东阳关和苏家蛟方向探听虚实，反复叮嘱他们："一定要把情况搞确实。快去快回！"

约两小时，参谋回来了，得到的情报是：东阳关方向，敌人没有异常动静；警戒分队看到的"敌骑兵"是几头驮驴，由老百姓赶着向北去了。

徐向前高兴地说："好！太好了！"，遂向邓小平报告了事情发生的经过，并告诉他："仗是可以打的！"……响堂铺这一仗，击毙击伤敌人400多，摧毁汽车180多辆，日军第十四团山田辎重队两个汽车中队遭到了毁灭性打击。带着丰富的战利品，徐向前率部迅速转移。下午，日军出动十多架飞机，对响堂铺狂轰滥炸，陈赓风趣地说："这不是打我们的，是给鬼子吊丧的。"战后，刘伯承见到徐向前，高兴地说："向前还是当年之勇，沉着果敢！"①

响堂铺战斗，凸显了正确的情报和沉着的判断的重要性。当然，参谋的工作还远远不止搜集情报信息。

左权建设"能参能谋"的参谋队伍

左权毕业于黄埔一期和莫斯科军事学院，经历过枪林弹雨的考验，是不可多得的兼有理论和实践的"模范军人"。国共建立抗日民族统一战线后，左权担任八路军副参谋长。左权认为要提高参谋人员的质量，使之真正做到"能参能谋"，不仅要培训，还需要参谋人员平时的积累，因此，他要求参谋人员必须苦练基本功，熟悉自己的业务，成为"活地图"。有的地方不能去实地考察，就必须熟知地图上的地名、地形、地貌，做到了如指掌、心细如发；敌、我、友的基本情况都牢记在胸，战场上的瞬息万变都能及时掌握，在首长询问时做到有问必答，答必无误。他常说做参谋工作的人既要能武，又要能文。

以百团大战为契机，左权对总部的司令部组织和工作进行了更为科学的调整，参谋处下设作战、侦察、通信、机要、管理等五科。又增设新闻台，专门负责谍报工作。他将作战科分为三个股，进行专业化分工，作战股兼管战况报道及总部机关的军事教育工作，情报股兼管本军部队的材料整理，统计股负责本军人员、武器统计；同时建立了号令监察、业务检查、业务研究、会议汇报、会客请假制度，还制定了值班工作条例、办公细则等。由于组织的健全和科学的分工，总司令部的工作效率大大提高了。参谋人员也迅速改变了原来轻视本职工作的态度，增强了钻研业务的热情。

机要工作关系着全党全军的咽喉命脉，他常对机要人员讲：密码比我们的生命更重要。一个人牺牲危害小，电报、密码失密就可能造成军队成百成千人的牺牲，以致危害党的机密，损失就更不可估量了。左权了解到机要人员值夜班，夜餐吃得晚，吃完就睡觉，不仅睡不着，而且胃也不舒服，于是亲自过问，将夜餐从11点提前到10点，并改吃容易消化的面条等食物，这体现了左权对机要人员无微不至的关心。②

时任晋察冀军区司令员的聂荣臻这样评价左权：

　　……你在长期的参谋工作中，军队的一切建设，部队的管理教育，战斗战役的组织，一切运筹帷幄，无不精细周详，大事不忘，小事不忽，在日常工作中负责，尤其是敢于负责，绝非敷衍苟且之徒可比；你对于司令部的工作计划，你对部队工作的指示，能说能行，贯彻到底，亦非那些说的多做的少，滔滔不绝的战略战术的清谈家可比；你精于朴素，实事求是的精神，更非那虚设机构摆空架子的人可比；你没有疲倦，你没有虚荣，你没有个人打算，你更没有要求请假去休养，亦没有借口要到哪里去学习。你是我们军中模范的军人，尤其是我们军中的参谋工作者永远的好榜样。③

曾任八路军一二九师参谋长的李达在后来回忆说：我曾翻阅过当年一二九师《阵中日记》，这里边记录了大量由左权起草或阅改的命令、指示和通报等，多者每日可达数千字。由此可见，他的工作效率是多么高！他的警卫员曾说："每天晚上，别人都睡下很久了，我还见他在办公桌上写东西，要么就是看书。有时我一觉醒来，天快亮了，还见他端着灯在看地图。李达评价道："说左权是八路军司令部业务建设的奠基人之一，是毫不夸张的。"④

朱德教"小鬼"当好参谋

朱老总特别喜欢散步，不论走到哪，碰到谁，总是主动打招呼，问寒问暖，如有时间，甚至会和干部战士攀谈起来。时任八路军第115师344旅司令部参谋长张竭诚回忆：

> 大约是总司令到旅部后的第二天，一次饭后，总司令在院内踱步，我也在和几个同志闲聊。总司令走到我身边时问我："哎，小鬼呀，你是做什么工作的？"我跟上去回答："我在旅部作训科当参谋。"

总司令接着问我姓什么叫什么、当参谋多长时间了，我一一作答。总司令还问我是哪里人，我说是湖北黄安人，总司令说："噢，是大别山老苏区！那是黄麻起义的地方啊。"唠了一会儿，忽然，总司令笑眯眯地提问我："看来你也算是老参谋了，你说说怎么才能当好参谋啊？"我稍作迟疑，顺口说："科长叫我怎么干，我就怎么干呗！"

"嗯？不那么简单啊，小鬼。"总司令停下步亲切地说，"要当好参谋，光听命令可不行。"接着，他不时地打手势给我讲解："司令部在首长意图下，战时组织部队作战，平时组织训练和管理部队，必须多谋善断，运筹于帷幄之中，决胜于千里之外，要了解敌我，知己知彼才能百战不殆。当参谋要学会自己动脑筋，想问题，还要手勤腿勤。比如说你要写好作战书呀，要下部队了解情况呀，还要随时主动地指导连队的工作。看到哪个战士的帽子戴歪了，就要当场告诉他正过来；看到哪个单位内务不好，就要亲自示范，动手把被子叠好给他们看。"总司令还强调要抓好训练，他说："现在我们面临的敌人是训练有素的日本鬼子，我们必须抓紧战斗间隙搞好训练，提高军政素质，才能最后战胜敌人。"聆听着总司令的教诲，使我感慨万千。总司令肩负重任，日夜操劳，还利用散步的机会，循循善诱地教育我当好参谋，这真是我做梦也未曾想过的。[5]

刘邓要求参谋"快准精"

刘邓对司令部工作要求极其严格。邓小平经常说："你们的工作，是贯彻我们的作战计划和决心。你们工作得好与坏，成功与失误，是关系着千军万马的行动，关系着战役战斗胜败的大事。""你们不能有

一点疏忽大意。"刘邓要求参谋人员做到"快、准、精":

第一,工作上做到快速,也就是快速准确地了解和掌握敌情、我情,并能及时上报,即刘伯承所说的"了如指掌"。同时,办事要快,"时间就是生命,时间就是胜利",这一格言,在战争上表现得最明显、最现实、最深刻。

第二,参谋人员报告情况要准确,写出的材料要真实,不能有差错,所谓"差之毫厘,失之千里"。在作战问题上,一个问题,一句话,甚至一个字的差错,都会造成严重后果。所以,作战科的工作一定要精益求精,准确无误。

第三,要求参谋人员要精通业务,熟悉情况,要熟知敌情、我情、地形、气候等诸多问题。邓小平是熟悉敌情的模范,对敌情比作战参谋记得还熟还准,他还经常出其不意地考参谋人员,如答不上,他就会笑道:"怎么你们青年人还记不过我们上年纪的人呀!"

刘邓还要求参谋人员会写、会画,并要大事小事都会做。刘邓直接到现场办公,参谋人员效率高,这是刘邓作战指挥的基本特点。在刘邓司令部里,没有繁文,没有缛节,大事小事一起处理,作战命令当场可下,战略决心及时可定,战役指挥现场即可下达。这就是刘邓的作战指挥风格。⑥

强有力的部队必有强有力的参谋队伍!

强有力的参谋队伍必有强有力的领导者!

参考文献:

①《徐向前传》编写组著:《徐向前传》,当代中国出版社 2015 年版,第 205 页

②《左权传》编写组著:《左权传》,当代中国出版社 2015 年版,第 288 页。

③《聂荣臻》:《祭左权同志》,《晋察冀日报》1942 年 7 月 3 日。

④ 李达:《我党我军一英才》,《人民日报》1986 年 10 月 19 日。

⑤ 张竭诚(时任八路军第 115 师 344 旅司令部参谋):《朱总司令在三四四旅的几件小事》,《星火燎原》第 16 卷,解放军出版社 2009 年版,第 304—306 页。

⑥ 邓榕:《我父亲邓小平戎马生涯》,中央文献出版社 2010 年版,第 374—375 页。

第六篇·高效执行

我们不但要提出任务，而且要解决完成任务的方法问题。我们的任务是过河，但是没有桥或没有船就不能过。不解决桥或船的问题，过河就是一句空话。

——毛泽东

35 如何守住生命线
——政治思想工作有方法

哪一个政党不讲政治？！

哪一个企业不谈思想？！

毛泽东说："政治工作是革命军队的生命线！"

真讲政治、会讲政治、深谈思想、会谈思想，谈得深入人心、讲得卓有成效，并非一朝一夕之功。

1937 年，八路军一二九师接连打了四次胜利的伏击战，有效支援了娘子关和忻口地区的国民党友军。宋任穷去晋东南扩兵时，刘伯承师长、徐向前副师长让其代表他们到晋城去拜访一下汤恩伯。刘伯承、徐向前同汤恩伯打过很多仗，可以说是老对头了，他们之间彼此很熟悉。当时是统一战线共同抗日，拜访一下也很自然。宋任穷去时穿着普普通通的八路军服装，打着绑腿，带了个警卫员。那时没有军衔，除了带有"八路"二字的臂章外，也没有其他什么标志。汤恩伯当时是军团司令。为了通报方便，宋任穷拜访前临时写了张名片："宋任穷，国民革命军第一二九师政训处副主任，湖南浏阳"。

见到汤恩伯时，宋任穷说："刘伯承师长、徐向前副师长委托我来看望汤司令。"汤说："外面有太阳，就在外面坐。"坐下后，天上的地下的闲谈了一通，谈得很多，也很随便。闲谈中汤恩伯问了一个问题："有一点我不了解，你们八路军为什么打仗总打不散，散了也能够收拢来。我们的部队就不行呢？"宋任穷回答说："道理很简单，因为我们的军队每个连都有共产党支部。汤司令要学的话，我们派些人到你的部队，也在每个连建一个共产党支部，保险你打散了又可以收拢。"汤恩伯听了后哈哈大笑。汤恩伯周围的一些随从见到20多岁的八路军军官同他们的司令长官讲话如此随便，感到十分惊讶。①

宋任穷将此事向刘伯承做了汇报，刘伯承爆发出爽朗洪亮的笑声，称赞道：妙！妙！你答得实在妙极了！

三湾改编确立了"支部建在连上"，古田会议建立了党对军队的绝对领导，这是党的政治思想工作的组织保证。究竟如何做好政治思想工作，徐向前、聂荣臻、罗荣桓等根据实际斗争做了一些总结。徐向前说：

> 军队的政治工作，主要是搞党的工作，无论是师长、党代表、政治部主任，都要编到党小组，和机关干部、勤杂人员一起过组织生活，学习党的决议、指示，开展批评和自我批评。我们党小组的组长是个马夫，小组会一周一次，请假的很少……发展党员，个别发展，条件很严格，打仗要勇敢，纪律性好，要起模范作用，主要是打仗要勇敢，如果打仗怕死，就不够入党条件。再一条要遵守纪律，听从指挥，服从命令，严守党的秘密。党员的模范作用，也很强调，吃苦在前，冲锋在前，行军要帮助别人背枪、背行李，到了宿营地主动烧开水，烧洗脚水，还要做群众的思想工作。通过党员的模范带头作用，就能把部队带起来。②

徐向前将政治思想工作与部队作风建设结合起来，使红四方面军养成了"狠、硬、快、猛、活"的作风。

"狠",是首要的、根本性的东西,贯穿于红四方面军的全部战斗活动中。不论打小仗或打大仗,游击战或运动战,进攻或防御,正面突击或迂回包围,分散袭敌、扰敌或集中主力歼敌,内线转战或外线出击,一言以蔽之,部队从上到下,自始至终,都有一股狠劲:有敌无我,有我无敌,不消灭敌人,决不甘休。

"硬",部队作战,不但要狠,而且要硬。尤其在战役战斗的严重、惨烈、危急时刻,部队一定要有"泰山崩于前而色不变"的气概,真正拿得出、挺得住、过得硬。这股硬劲,有时能起到反败为胜、化险为夷、扭转整个战局的重大作用。培养部队的过硬作风,关键在干部。只有不能打仗的官,没有不能打仗的兵。兵是干部带出来的,有什么样的干部,就会有什么样的兵。

"快",兵贵神速,时间就是力量,就是胜利,就是军队的生命。那时部队行装简单,人人有副铁脚板,地理条件熟悉,又有群众掩护。命令一下,干粮袋一背,一天一夜走上一二百里地,不成问题。敌人当然不如我们,走走停停,拖泥带水,所以尽管他们处于主动进攻地位,兵力、装备占绝对优势,但因丧失了时间,达不到围歼主力红军的目的,结果其主动和优势,便至少减少了一半。我军赢得了时间,飘忽自如,拖着敌人转来转去,直到把他们拖到疲竭不堪的程度,进行反攻,聚而歼之。

"猛",进若锋矢、战若雷霆。部队的勇猛作风,首先是一种震慑敌人的强大精神力量。战争不仅是敌我双方物质力量的较量,同时又是精神力量的较量。"两军相遇勇者胜"。部队的勇猛作风,又是战役战斗中的一种强大突击力、摧毁力。进攻时猛打猛冲,排山倒海;防御时以十当百,众志成城;迂回分割时猛进猛插,宛如行蛇利刃;追歼逃敌时猛打猛追,摧枯拉朽一般。

"活"，灵活机动，充分利用客观形势的有利因素及各路敌军之间的矛盾，避实击虚，避强击弱，出敌不意，各个击破；兵力使用从实际出发，或集中击敌，或分散扰敌，兵力集中时注意发挥各部队的优势和特长，分散作战时不忘全局的任务和要求；根据不同的作战阶段、作战对象、作战条件、去规定任务，部署兵力，灵活运用战术，变换战术，机动歼敌，不拘泥于机械死板的条条和框框；充分发挥各级指挥员和士兵在战场上的主观能动作用，灵活机动，协同配合，巧妙制敌。③

红一军团政治委员聂荣臻对政治思想工作有七点体会：

第一，知道自己为了什么而斗争的军队是不可战胜的。所以有的人归结说啊，我们红军打仗，打的就是政治，我认为这是从某种意义上讲的，是正确的。那时敌强我弱，我们的装备和火力都远不如敌人，在人数上敌人也数十倍于我，我们之所以能打胜仗，除了靠正确的机动灵活的战略战术，避实以就虚以外，主要靠压倒敌人的士气。士气从哪里来？靠广大指战员的阶级觉悟，知道为何而战。这就要靠政治思想工作，靠平时经常的基本的和时事性的政治思想教育和战场上强有力的宣传鼓动工作。

第二，的确如毛泽东同志说的"政策和策略是党的生命"。这也是直接关系到红军生死存亡、士气兴衰的大事情。

第三，做政治思想工作，一定要依靠党团支部，发动全体干部和党团员都来参加。在连队，党团员至少占全连总人数百分之二十，干部多数是党团员。依靠干部和党团员做好政治思相工作很重要。有人讲，共产党打仗打的是干部，打的是党团员。我认为这种用强调语气说的话，说得也对。事实上，从在中央根据地开始，我们每打一仗下来，党团员伤亡数常常占伤亡总数的百分之二十五，甚至百分之五十。我们的干部和党团员绝大多数真正做到了"吃苦在前，享受在后"，"冲锋在前，退却在后"。到了关键危急时刻，敢于扬臂一呼："同志们，跟我来！"干部和党团员以身作则，这是政治思想工作起作用的关键。

第四，必须从政治上到物质生活上关心群众，越是在困难时刻，越要注意关心群众的疾苦。这本身就是政治思想工作。

第五，提高部队的文化教养，发动革命竞赛，培养与发扬部队革命英雄主义的荣誉感，也是政治思想工作重要内容之一。毛泽东同志说过，没有文化的军队是愚蠢的军队。红军在中央根据地经常挤时间上政治课或识字。歌天天唱，尤其是三大纪律八项注意歌，有晚会常有舞蹈。列宁室有机会就开展文化娱乐活动。一驻下整训，单杠木马等军事体育活动就展开了。

第六，一切政治工作必须为着前线胜利。只有明确这个目标，才会注意在平时政治工作中为战时打基础，并加强战时政治工作，加强战场宣传鼓动工作，发挥政治工作的顽强性、不间断性；政治干部才会注意学战术，学会做各种战斗情况下的政治工作，才能克服政治工作中的文牍主义、闭门造车、形式主义等等。

第七，各级政治机关、政治干部必须经常注意发现好的干部苗子，推荐选拔干部、培养干部。④

聂荣臻的七点体会，谈到了政治思想工作的目的、目标和途径。

罗荣桓被誉为我党"政工巨匠"，很善于做思想政治工作。他注重刚性与柔性相结合、平时与战时相结合、自发与自觉相结合、言传与身教相结合、传承与创新相结合、政治思想和军事目的相结合。

1928年初冬,第三营驻在永新。一天傍晚,刮起了凛冽的西北风,气温急剧下降,池塘里结上了薄冰。九连四班放哨回来,因为无火可烤,大家都钻进稻草堆,一个个瑟瑟缩缩地当了"团长",冻得怎么也睡不着。一位被俘过来的战士抱来老乡一点柴草来烤火,班长黄永胜说服不了,还被顶撞,就骂了他,并打了一个耳光。

第二天一早,罗荣桓打着雨伞,踩着泥泞来到九连,命令传令兵去把黄永胜找来。黄进屋,看到罗党代表,拘谨地敬了一个礼。罗荣桓招呼他坐下,然后单刀直入地问他:"听说你昨天晚上打人啦?你何事打人啊?"黄永胜辩解道:"那个战士违犯了群众纪律,又不服从命令,我才打了他一巴掌。"

罗荣桓耐心地听完黄的话,说:"哦,这么说来你打人是对的喽。"他把手放在火上烤着,停了一会,又抬起头看看黄永胜说:"我问你一个问题,不知道你想过没有。你当班长,如果不打人,有没有法子把全班带好?"黄答不上来。"怎么?你没有想过吧?我再问你,如果你是当兵的,犯了一点错误,班长动手打你,你的心里会好受吗?"黄低下脑袋,一句话也说不出。

罗荣桓接着耐心地说:"毛委员再三讲,靠拳头来代替教育,那是不能解决问题的。同志们有了缺点和错误,要反复向他们讲道理,使他们明白为什么错了。要以理服人,不能以力服人。口服不如心服,只有心服了,才能自觉遵守纪律。你今后无论如何也不要打人了。你回去好好想一想,看看我讲的道理对不对。"在罗荣桓的耐心教育下,黄永胜承认了错误。⑤

罗荣桓非常关心连队的生活和战士的疾苦。他每次到连队,总要到伙房看看伙食好不好;有时还到厕所去看看清洁不清洁、方便不方便;战士没有牙刷、牙粉,他提出用纱布和盐代替;发不起蚊帐,他建议用蒿草熏蚊子。他还特别嘱咐连队指导员要做好来队家属工作,吃饭时要给来队家属加菜，放哨时要安排替班，让战士和家属有较多的时间在一起。他认为，在军事管理方面，是有些带强制性的，以弥补政治自觉之不够，巩固高度的集中行动，保证战斗任务之完成……而政治工作的方式方法就要有所不同，必须耐烦地进行说服教育并发扬民主，以启发战士的情绪，达到同一的目标——完成战斗与工作任务。只有耐心的说服教育加上对战士体贴入微的关怀，才是巩固部队的根本措施。⑥

罗荣桓强调政治干部不仅要懂政治，而且要懂军事、懂业务，了解战争，熟悉部队，能从实际出发，有的放矢。要让政治机关成为干部之家，千万不要变成鬼不上门的阎王殿。要发挥政治干部的表率作用，他经常对干部说："虽然现在是战争环境，但是我们必须从紧迫的时间里再挤出些时间来，多读点书，多学习些东西，以适应未来革命的发展。"在他的倡导和带动下，八路军一一五师和山东纵队规定，情况许可，干部每天都要挤出两小时进行学习。

"生命线"抓住了，战斗力就有保障了！徐向前、聂荣臻、罗荣桓等将帅知道了，并且做到了！

参考文献：

①《宋任穷回忆录》，解放军出版社 2007 年版，第 110—111 页。

②③《徐向前回忆录》，解放军出版社 2007 年版，第 64—65、166—178 页。

④《聂荣臻回忆录》，解放军出版社 2007 年版，第 162—168 页。

⑤⑥《罗荣桓传》编写组著：《罗荣桓传》，当代中国出版社 2006 年版，第 43、148—149 页。

36　毛泽东抓主要矛盾

毛主席说：

　　在任何一个地区内，不能同时有许多中心工作，在一定时间内只能有一个中心工作，辅以别的第二位、第三位的工作。因此，一个地区的总负责人，必须考虑到该处的斗争历史和斗争环境，将各项工作摆在适当的地位；而不是自己全无计划，只按上级指示来一件做一件，形成很多的"中心工作"和凌乱无秩序的状态。上级机关也不要不分轻重缓急地没有中心地同时指定下级机关做很多项工作，以致引起下级在工作步骤上的凌乱，而得不到确定的结果。领导人员依照每一具体地区的历史条件和环境条件，统筹全局，正确地决定每一时期的工作重心和工作秩序，并把这种决定坚持地贯彻下去，务必得到一定的结果，这是一种领导艺术。这也是在运用领导和群众相结合、一般和个别相结合这些原则时，必须注意解决的领导方法问题。①

统筹全局、一个中心、有序组织、达成结果，核心是确定工作重心，毛泽东在陕北窑洞里总结的这种领导艺术和领导方法与几十年之后哈佛大学的研究成果惊人的一致。从 1921 年到 1949 年，毛泽东一直在考虑的工作重心是：如何壮大自我、消灭敌人。毛泽东是这样说的：

> 关于丧失土地的问题，常有这样的情形，就是只有丧失才能不丧失，这是"将欲取之必先与之"的原则。如果我们丧失的是土地，而取得的是战胜敌人，加恢复土地，再加扩大土地，这是赚钱生意。市场交易，买者如果不丧失金钱，就不能取得货物；卖者如果不丧失货物，也不能取得金钱。革命运动所造成的丧失是破坏，而其取得的是进步的建设。睡眠和休息丧失了时间，却取得了明天工作的精力。如果有什么蠢人，不知此理，拒绝睡觉，他明天就没有精神了，这是蚀本生意。我们在敌人第五次"围剿"时期的蚀本正因为这一点。不愿意丧失一部分土地，结果丧失了全部土地。[②]

在"地"与"人"之间，毛泽东坚定地选择了"人"和"有生力量"，这是关系到中国革命胜利的核心目标，而"城"与"地盘"是看起来很美很诱人的次要目标。解放战争开始后，人民解放军先后放弃了重要又有象征意义的海安、张家口、临沂、延安，因为丧失才能不丧失，失人存地，人地皆失，而存人失地，人地皆存。毛泽东曾意味深长地说，如果当时国民党放弃锦州，退回华北，那仗就不好打了。人民军队与国民党部队的较量，不仅是"枪杆子"的较量，更是"笔杆子"——思维和战略的较量，领导艺术和领导方法的较量！

毛泽东专注于中心工作，专注于至关重要的目标，具体表现在：

一、抓主要矛盾

1927 年 9 月，湘赣边界秋收起义计划严重受挫，工农革命军第一师由 5000 人锐减到 1500 人，是继续进攻还是实行退却？毛泽东在文家市里仁学校召开的前敌委员会会议上，清醒地对客观形势作出判断，认定当地农民起义并没有形成巨大声势，单靠工农革命军的现有力量不可能攻占国民党军队坚固设防的长沙。敌太强我太弱，是当时的主要矛盾。所以毛泽东确定的工作重心是：主动放弃进攻长沙，将起义部队转移到敌人统治力量薄弱的农村山区，寻找落脚点，以保存革命力量，再图发展。

1935 年 1 月的遵义会议，为了减少不必要的阻力，毛泽东选择首先解决军事问题，而不是思想路线问题，当时的主要矛盾是：战略撤退中的消极防御和国民党军队的围追堵截，使红军处于生死存亡的关头，工作重心是：制定正确的军事方针，跳出敌人的包围圈。而清算左倾教条主义思想路线问题留到了环境相对安定时期的整风运动。

二、投入主要力量

毛泽东说：

军事平均主义者到一九三三年，有所谓"两个拳头打人"的说法，把红军主力分割为二，企图在两个战略方向同时求胜。那时的结果是一个拳头置于无用，一个拳头打得很疲劳，而且没有当时可能取得的最大胜利。照我的意见，在有强大敌军存在的条件下，无论自己有多少军队，在一个时间内，主要的使用方向只应有一个，不应有两个。我不反对作战方向有两个或两个以上，但主要的方向，在同一个时间内，只应有一个。③

"握紧一个拳头，收回来，再打出去"，集中优势兵力歼灭敌人有生力量，是人民军队的主要策略，整体的以少胜多、以弱胜强，实际上是建立在局部战役的以多胜少、以强胜弱的基础上，从而积少成多、积弱成强。我们的战略是"以一当十"，我们的战术是"以十当一"。正如毛主席后来总结的我军的十大军事原则：

先打分散和孤立之敌，后打集中和强大之敌；先取小城市、中等城市和广大乡村，后取大城市；以歼灭敌人有生力量为主要目标，不以保守或夺取城市和地方为主要目标。保守或夺取城市和地方，是歼灭敌人有生力量的结果，往往需要反复多次才能最后地保守或夺取之；每战集中绝对优势兵力（两倍、三倍、四倍、有时甚至是五倍或六倍于敌之兵力），四面包围敌人，力求全歼，不使漏网。在特殊情况下，则采用给敌以歼灭性打击的方法，即集中全力打敌正面及其一翼或两翼，求达歼灭其一部，击溃其另一部的目的，以便我军能够迅速转移兵力歼击他部敌军。力求避免打那种得不偿失的、或得失相当的消耗战。这样，在全体上，我们是劣势（就数量来说），但在每一个局部上，在每一个具体战役上，我们是绝对的优势，这就保证了战役的胜利。随着时间的推移，我们就将在全体上转变为优势，直到歼灭一切敌人。不打无准备之仗，不打无把握之仗，每战都应力求有准备，力求在敌我条件对比下有胜利的把握……④

1947年3月青化砭战斗结束后，彭德怀兴奋地说："敌人气势汹汹，可是在眼前这小小的战场上，我们以绝对优势兵力压倒了它，在具体战斗中，就得杀鸡用牛刀！"⑤

粟裕用兵，典型地体现了毛泽东的战略思想。抗日战争、解放战争初期，在总体上敌人兵力占据绝对优势的情况下，粟裕更加注重战术上的以多胜少，每次战役必然集中数倍于敌人的兵力，在局部形成压倒性优势，以排山倒海之势速战速决。苏中战役时，虽然论总体兵力粟裕以3万不敌12万，处于劣势。但具体到每一个战役，粟裕都精心部署，务求人员对比上的绝对优势。苏中首战宣泰，粟裕以整编83师为首，迅速集中6倍于敌以上的兵力，仅用3天时间，就歼敌3000余人，开创消灭美械装备蒋介石嫡系部队之先河。血战孟良崮之时，粟裕集中5个纵队、10余万人的优势兵力，团团包围张灵甫整编74师3万余人，只用3天时间赶在国民党援军到来之前，就歼灭了蒋介石的五大主力之首。

三、抓紧时机

1927年9月29日，秋收起义部队来到江西省永新县三湾村。此时，部队减员较大，人员不足1000人。因作战失利、连续行军、斗争艰苦，一些意志不坚定的人开始动摇，悲观情绪在蔓延，成批的官兵四散而逃，再这样走下去，非溃散不可。毛泽东利用三湾短暂休整的有利时机思考：如何把枪杆子牢牢抓在党的手中？怎样才能凝聚起这支部队？整个队伍中唯一没有逃兵的连队，吸引了毛泽东的目光。这个连的党代表叫何挺颖，曾是北伐时期的团党代表。昏暗的油灯下，毛泽东与何挺颖促膝长谈。毛泽东问，部队为什么抓不住？为什么逃兵这么多？何挺颖回答，主要原因是连队一级没有党的组织，党的影响没有渗透到队伍中去；党员太少，又没有捏在一起，形不成力量。窗外，电闪雷鸣，风雨交加。屋内，思想火花碰撞迸发：党支部不能只建在团一级，而要建到连队去！为了巩固这支新生的革命军队，适应革命斗争的需要，当天夜里，毛泽东主持召开前敌委员会扩大会议，决定对部队进行整顿和改编。"支部建在连上"，使党对军队的影响深入基层。

1945年8月抗战胜利后，针对蒋介石假和谈真内战的阴谋，在重庆的毛泽东、周恩来与在延安的刘少奇、朱德等，密锣紧鼓地筹划下一步行动，于是有了闷头大赛跑的千里大行军，为争分夺秒抢占东北、建立巩固的东北根据地、赢得解放战争的胜利奠定了基础。

抓主要矛盾，投入主要力量，抓紧时机，实现至关重要的目标。

参考文献：

①《毛泽东选集》第三卷，人民出版社1991年版，第901页。

②③《毛泽东选集》第一卷，人民出版社1991年版，第211—212、225页。

④《毛泽东选集》第四卷，人民出版社1991年，第1247页。

⑤《彭德怀》编写组著：《彭德怀传》，当代中国出版社2015年版，第185页。

37 毛主席"三说"撤离延安

一个相同的主题，面向三个不同的群体，毛泽东采用了三种不同的说法。

沟通是双向交流的过程，沟通的成效不在于你说了什么，而在于你怎么说；不在于你说了多少，而在于对方听懂了多少。正如毛泽东所说：

> 射箭要看靶子，弹琴要看听众，写文章做演说倒可以不看读者不看听众吗？我们和无论什么人做朋友，如果不懂得彼此的心，不知道彼此心里面想些什么东西，能够做成知心朋友吗？做宣传工作的人，对于自己的宣传对象没有调查，没有研究，没有分析，乱讲一顿，是万万不行的。[①]

毛泽东在做农民思想工作时，用一把筷子掰不断、石子也能砸破大水缸说明团结起来就不用恐惧旧势力；在做安源工人思想工作时，用小石子掺上沙子、石灰合成团，大老板搬也搬不动，说明咱们的工人有力量！农民听懂了，工人听懂了！

1946年6月26日，全国内战爆发，国民党狂妄叫嚣在三个月至半年内扫清关内共军，然后解决东北问题。然而八个月过去后，到1947年2月，国民党军也只是占领了解放区的一些城市，而且付出了惨重代价，且战线越拖越长，兵力越来越分散，补给越来越困难，包袱越来越重。为挽救全面进攻的失败颓势，蒋介石决定收缩进攻的正面，抽调兵力重点进攻山东和陕北两解放区，企图在战略上首先实施两翼突破，尔后钳击华北。

延安是中共中央所在地，被誉为"革命圣地"，一直是蒋介石的眼中钉。此次他把进攻陕北解放区的重任，交给了他的得意门生、心腹爱将——第一战区司令长官胡宗南。当时，胡宗南统辖40多个师，总兵力达40余万人，控制着陕、甘、宁、青等数省，人称"西北王"，可谓权倾一时、威风八面。

2月底，胡宗南飞到西安，召集手下诸将开会，商讨进攻延安的具体部署。最终决定调集34个旅20多万人，围攻延安，摧毁中共中央机关、人民解放军总部，消灭陕甘宁解放区部队于黄河以西，或逼过黄河，尔后会同华北国民党军将其歼灭于黄河以东地区。

此时，人民解放军在陕北战场仅有正规军1个纵队和2个旅及3个兼警备区的地方旅，全部兵力加起来不足3万人，而且装备很差，形势万分严峻。3月2日，中共中央书记处召开会议，研究决定"必须用坚决战斗精神保卫和发展陕甘宁边区和西北解放区"，以从战略上配合其他解放区作战。为此，急调晋绥军区第2纵队王震部2个旅近万人，自吕梁地区西渡黄河，集结于延长附近，加入西北人民解放军序列；西北人民解放军充分利用陕北有利的地形条件和群众基础，诱敌深入，与敌周旋；必要时放弃延安，采用"蘑菇战术"，牵制胡宗南集团主力于陕北战场，陷敌于十分疲惫、缺粮的困境，抓住有利战机，集中绝对优势兵力在运动中各个歼敌，以时间空间换取敌我力量的逐渐改变，最终夺取西北解放战争的胜利。让我们看看毛主席是如何与指战员、干部、群众三个不同群体分别用不同的语言来说明"撤退延安"政策的。

1947年3月10日下午，新四旅所属的十六团突然接到命令，星夜开赴延安，准备歼灭胆敢空降的敌人伞兵。毛主席接见了新四旅团以上干部。毛主席和蔼可亲地跟大家一一握手，询问了部队情况。旅政委黄振棠同志回答说，部队经过西华池战斗，武器、弹药都得到了补充，战士们坚决表示要狠狠打击进犯的敌人，哪怕战斗到最后一人，也要保卫延安，保卫党中央，保卫毛主席。

主席听到这里，点头微笑着说：这个决心很好啊！延安是要保，我们搞军队工作的同志要有这个决心和勇气，才能打胜仗，现在要给全体同志们讲清楚这个道理。我们在这里住了十年，挖了窑洞，种了小米，学了马克思列宁主义，培养了干部，指导了全国革命，全中国、全世界都知道有个延安，不能不保，但是延安又不可保。于是主席又反复说明，作战不在于一城一地的得失，主要是消灭敌人的有生力量。毛主席以第二次国内革命战争和抗日战争时期的史实为例，作了详细的阐述：在反五次"围剿"时，我们有些同志把"不放弃一寸土地"的政治口号用在战术上，不管自己的力量大小，和敌人生杀硬拼，这是错误的。寸土必争是对的，但是要看怎样争。

主席又接着说："存人失地，人地皆存；存地失人，人地皆失。"这是个显而易见的真理。从全国战局、敌我军事力量对比方面看，暂时放弃延安，无损于人民解放战争胜利的大局。想到延安可能暂时要放弃，心头微微感到一些沉重，感情上一时还转不过弯来。这时，十六团团长袁学凯同志忍不住说："一枪不放，就把延安让给敌人，真有些不甘心！"

主席笑了："你完全可以放几枪，'运输队长'要来，我们总要放几枪欢迎他嘛……"主席站起走了几步，继续说:"几个窑洞，你们都舍不得，将来人家把上海、南京、北平、天津、武汉、广州……都给你们，就会舍得吗? 那些大城市，都是我们的。蒋介石心疼也没有办法!"[②]

对旅团以上干部，毛主席"先处理心情再处理事情"，先接纳、肯定、鼓励指战员们保卫延安的决心，再解释为什么要放弃延安的道理，并从"人"与"地"战略取舍的角度进行说明。指战员们听了后，"全身热乎乎的""脑子就像过滤过的清水一样，明澈、纯净"。

对于中共中央决定放弃延安、转战陕北，广大干部战士想不通，许多高级领导人也担心党中央和毛主席的安全。时任中央书记处办公室主任的师哲回忆道:

> 在延安保卫战打响后的一天晚上，我特地从枣园骑马急行几十里赶到王家坪去见毛主席。我忧心忡忡地问主席，备战工作到底应该怎样做? 一定要疏散吗? 可否设法保住延安而不撤退? 主席点燃了一支烟，转过来微笑着打开了话匣子:你的想法不高明，不高明。不应该拦挡他们进占延安。你知道吗? 蒋介石的阿Q精神十足，占领了延安，他就以为自己胜利了。……延安既然是一个世界名城，也就是一个沉重的包袱。他既然要背这个包袱，那就让他背上吧。而且话还得说回来，你既然可以打到延安来，我也可以打到南京去。来而不往非礼也嘛。毛主席还说:我们在延安住了十几年，都一直处在和平环境之中，现在一有战争就走，怎么对得起老百姓? 所以，我决定和陕北老百姓一起，什么时候打败胡宗南，什么时候再过黄河。我不离开陕北，还有一个理由，现在有几个解放区刚刚夺得主动，如果蒋介石把胡宗南投入别的战场，那里就会增加困难。中央留在这里，蒋介石就会多下些本钱。这样，咱们负担重些，就能把敌人拖住，不让他走，最后还要消灭他。[③]

对师哲，毛泽东选择了从世界政治、全盘战略角度进行说明。

当地的老乡对放弃延安更是想不通，毛泽东就耐心给他们讲故事：

譬如有一个人，背个很重的包袱，包袱里尽是金银财宝，碰见了个拦路打劫的强盗，要抢他的财宝。这个人该怎么办呢？如果他舍不得暂时扔下包袱，他的手脚很不灵便，跟强盗对打起来，就不会打赢，要是被强盗打死，金银财宝也就丢了。反过来，如果他把包袱一扔，轻装上阵，那就动作灵活，能使出全身武艺和强盗对拼，不但能把强盗打退，还可能把强盗打死，最后也就保住了金银财宝。我们暂时放弃延安，就是把包袱让给敌人背上，使自己打起仗来更主动，更灵活，这样就能大量消灭敌人，到了一定的时机，再举行反攻，延安就会重新回到我们的手里。④

对普通民众，毛泽东选择了用最通俗生动的故事进行说明：放下财宝才能击退强盗，从而保护财宝。

我们党所进行的一切宣传工作，都应当是生动的，鲜明的，尖锐的，毫不吞吞吐吐。这是我们革命无产阶级应有的战斗风格。⑤

为了说明同一个主题——"主动撤离延安"，毛泽东针对不同对象采取了不同的沟通方式，也延续了一以贯之的"生动、鲜明、尖锐"的沟通风格，其结果是：谁都听懂了，谁都理解了，有所"舍"，才有所"得"；暂时的"舍"，才能有长远的"得"，大家都对暂时撤离延安不久再回延安充满了信心。

参考文献：

①《毛泽东选集》第三卷，人民出版社 1991 年版，第 836—837 页。

② 程悦长（时任陕甘宁晋绥联防军新编第 4 旅副旅长）：《记陕北的三战三捷》，《星火燎原》第 8 卷，解放军出版社 2009 年版，第 323—324 页。

③ 师哲：《在历史巨人身边》，中央文献出版社 1991 年版，第 337—338 页。

④ 阎长林：《警卫毛泽东纪事》，吉林人民出版社 1992 年版，第 31 页。

⑤《毛泽东选集》第四卷，人民出版社 1991 年版，第 836—837 页。

38 教导部下抓重点

领导者不仅要自己抓好工作重点，还要教导部下抓好工作重点。

筠门岭有中央苏区南大门之称，1934 年 4 月筠门岭战斗打响，英勇的红军粤赣军区第 22 师抵挡了国民党粤军三个师的疯狂进攻，迟滞了国民党粤军向北推进的进程，保卫了红都的安全，此次战役史称"筠门岭保卫战"。

在表扬了指战员的英勇后，罗荣桓问红大毕业生、师政治部主任刘道生："你到部队有些日子了，你看巩固南线要解决什么问题？"这正是刘道生日夜琢磨的问题，便说道："最要紧的是要让部队树立坚守南线的信心。"罗荣桓说："对。"他又用商量的口吻说："怎么建立信心呢？首先是抓好党员教育。就像我们今天看到的堡垒一样，党组织要坚强，要能充分发挥威力，才能带动整个部队坚定信心。"

罗荣桓在 22 师住了下来，政治部每周一次的部务会，他都受邀参加。会上，组织部部长、宣传部部长、群工部部长分别说了他们的工作，提出一大堆问题，刘道生一时也抓不住主要矛盾，厘不清头绪。

会后，罗荣桓找刘道生单独谈话说："今天，我们专门谈一个问题，如何开好会。""今天组织部部长讲了发展党员的工作，讲了军事训练中的政治工作；宣传部部长讲了形势教育问题；群众工作部部长讲了召开群众大会问题，哪个是当前部队的主要问题呢？"经罗荣桓一提醒，刘道生觉察今天会前缺乏充分的准备，没有掌握好重点。罗荣桓同志继续说道："开会以前，你心里首先要有个主题，一次会议只解决一两个问题，而且是当前部队的主要矛盾。不然，眉毛胡子一把抓，什么问题都解决不好。哪个问题要先解决，这就要靠调查研究。你调查好了，先找部长们分别交谈，把你的想法和他们通气，让他们有所准备，然后开会，议题就集中了。这样，发扬民主，又有集中，能把大家的积极性调动起来，动员整个政治部的力量在一个时候集中做好一两件事情。会后，大家下去落实，最后要检查、总结。"①

罗荣桓讲到了开好会议的几个核心环节。我们可以细化和延展为"九必"：

一、凡是会议，必有准备，永远不开没有准备的会议。会议前，必须把会议材料，提前发给与会人员，与会人员要提前看材料，并做好准备。会议还没开始，思考早已开始，草案已在胸中。

二、凡是会议，必有主题，没有主题和流程的会议，就如同没有主线的散文，又像没有绳索的风筝，随风飘荡，浪费时间。

三、凡是会议，必有纪律，对于迟到、不按流程进行、发言带情绪、开小会私下讨论、攻击他人行为的，要进行惩戒。

四、凡是会议，会前必有议程，使与会者能了解会议的目的、时间、内容，能有充分的时间准备相关的资料和安排好相关工作。每一项讨论，必须控制时间。

五、凡是会议，必有结果，开会的目的就是群策群力解决问题，每个人都要积极地参与到会议议程中来，会议监督官，有权打断那些冗长的发言，使会议不偏离主要目的。

六、凡是开会，必有讨论，开会难免有意见不一或者争论，如果处理不好，就会影响开会的效果，要鼓励建设性争论，使大家畅所欲言。"没有参与，就没有承诺！"人与人的"碰面"不是"会"，人与人的"碰智"才是"会"！

七、凡是开会，必须守时，设定时间，准时开始、准时结束。特殊时代的特殊会议另当别论。

八、凡是开会，必有记录，会议的要点、决议、任务、责任人、完成期限等都要记录在案，避免会后互相推诿，影响决议的完成。"没有承诺，就没有执行！"

九、凡是散会，必有事后追踪，"散会不追踪，开会一场空"。加强问责检查，建立会后追踪程序，及时鼓励和总结，"没有检查，就没有落实！"

罗荣桓不仅教导指战员如何抓重点开好会，还带领他们做另一项重点工作，即调查研究。在一个多月里，罗荣桓带着刘道生等走遍了所有连队，了解困难，寻找方法。在一次会上，有一个战士提出说："这次反'围剿'，碰到的敌人比过去都顽固。"罗荣桓启发地问道："这是为什么呢？"有的回答说："广东军队没挨过红军的厉害打击，不了解红军。"罗荣桓说："对，应当向他们宣传红军，号召白军学习赵传生、董振堂二十六路军光荣起义。"刘道生说："在红军大学，周恩来副主席讲课时，号召把敌人消灭在我们面前，瓦解在他们内部。"罗荣桓说："这叫双管齐下！大家来出主意，看哪些口号能打动白军士兵的心。"他当场和战士们一起研究，拟出了一些宣传口号，如："红军官兵一律平等；白军将、校、尉起居饮食不同"，"红军自愿当兵，英勇奋斗为工农；白军抓来当兵，莫为反动派流血、流汗白送命"等等。战士们将这些口号用石灰水刷成标语，并用到战斗宣传中。[②]

这次讨论再一次让刘道生感受到了什么是好的会议：

一次会议一个核心问题——敌人比以前顽固；

一次会议一个核心目的——找到对付顽固敌人的方法，双管齐下，"消灭在我们面前，瓦解在他们内部"；

一次会议一个核心目的的关键行动方案——拟口号、刷标语、多宣传。

人民军队培养人真是下大功夫、下真功夫！对刘道生这样的十九二十岁的师政治部主任，不仅送到红军大学培养，还让赫赫有名的军团政治部主任罗荣桓亲临一线加以贴身辅导，不仅满怀期望地"扶上马"，还对症下药地"送一程"。培养人、培养干部成了人民军队的一个传统、一个习惯！

红一军团第六军在黄陂战斗中，缴获了敌师部的几个草绿色的铁皮箱子，里面都是医疗器材和药品，其中有两箱是当时极为难得的针剂。那时，杜平在军医处当政治委员，他把运输这些箱子的任务交给了处里的段副官。因为处里原有的挑夫都已挑了一副担子，段副官就在当地临时雇了几个民夫来挑新缴获的药箱。那天，我军急于转移战场，部队连夜在沟壑之中的小路上疾进，一夜没有歇脚。第二天早晨，部队驻下来休息。杜平一查，发现少了一担箱子，那些装镊子等外科手术器具的箱子都没少，偏偏少了一担针剂。杜平顿时急了起来，找段副官追查此事。段副官也说不出个子丑寅卯来，吓得头上直冒汗。考虑到当时敌情、地形和时间诸方面的情况，顺着来路去追查已经不可能了。杜平只好硬着头皮跑到军部，向军长如实汇报。

黄公略军长一听针剂丢了，习惯地背着双手，在房子里踱了几步，严厉地说："你们怎么搞的？把我们奇缺的针剂丢掉了。我给你一担金子，你给我换担针剂来，它能救治多少伤病员啊！"杜平担心可能会处分段副官，就检讨说："这件事，我有责任，出了问题，我应该负责。但段副官确实有实际困难，平时挑夫就不够，新缴的药箱是雇民夫挑的。"军长听完解释,火气消了,以和缓的口吻说:杜平,这件事虽然是在紧急情况下发生的,你们又缺挑夫,当然有困难。但是,如果换个自己的挑夫挑,也不致丢失吧!你要从这件事中很好地吸取教训。我们是领导同志啊,什么事都不能掉以轻心,要过细一点。革命工作,千头万绪,样样都要抓。但是,作为领导干部,首先要抓住重点。譬如这次,丢了贵重的针剂,挑回来的是脓盘、镊子,这就是抓了芝麻丢了西瓜嘛!你回去吧。"黄军长的一席话,说得杜平心悦诚服。他说:"这样的批评,对我来说确实是一种享受。从此,不论做什么工作,'要过细''要抓重点'就成了我的座右铭。"③

在全国各地领导力培训课上,作者常提出这样的问题,"你的部下将你的批评当作一种享受吗?",举手赞成的极少,大多是无奈的摇头叹息。还有一位学员实话实说:"我批评部下的时候,就没想过让他享受,他能平静地、理性地、不抵触地接受就可以了。"及时的赞扬很重要,及时的批评也很重要,关键是如何批评,部下接受批评时的感受怎样,是否达到了批评的效果。

罗荣桓下沉到连队,"手把手"地辅导下级如何开会抓重点,如何解决重点问题。黄公略"说重点"说到点子上,对干部宽严并济,先严厉地指出错误,当下级认识到错误,愿意主动承担责任后,再温和地提出希望。下级心服口服,把批评当成"一种享受"。做到这一点不容易,但是,一旦做到,领导者的领导力和下级的成长都将迈上一个新的台阶。

参考文献:

①② 刘道生(时任红军粤赣军区第 22 师政治部主任):《罗荣桓同志在南线》,《星火燎原》未刊稿第 2 集,解放军出版社 2008 年版,第 160—161 页。

③ 杜平（时任红1军团第6军政治部宣传科科员）：《杰出的红军将领黄公略》，《星火燎原》第11卷，解放军出版社2009年版，第239—240页。

39 # 战前这样做动员

不打无准备之仗，不仅表示要在人力、物力、财力、战略、策略等方面的准备，还要在人的意愿、情感、心态方面做好准备，其难度不亚于粮草和弹药等物资准备。人民军队的战前誓师大会或战前动员很有特点，下面的三个动员实例分别发生于土地革命战争时期、抗日战争时期、解放战争时期。

麻田圩誓师大会

1930 年 10 月，第一次反"围剿"，蒋介石的指导方针是"分进合击，长驱直入"。国民党军以张辉瓒的十八师和谭道源的五十师为其主力，这两支部队都是"围剿"总司令、江西省主席鲁涤平的嫡系部队。当时，敌我双方力量对比，我方明显处于劣势。怎样改变敌我力量对比呢？毛泽东从两个方面着眼：一方面，与积极援助红军的人民群众结合，以取得相对的优势；另一方面，集中红军对付敌人的一部分，以取得局部的绝对优势。

战前，在麻田圩的一个宽阔的河滩上，毛泽东同志亲自主持隆重的誓师大会。除了一、三军团主力部队外，还到了不少地方武装、赤卫队和群众，河滩上密密层层，人头攒动，红旗招展，枪矛林立。主席台上一幅横匾是"苏区军民歼敌誓师大会"，两边台柱上挂着一副大字对联，左边是：敌进我退，敌驻我扰，敌疲我打，敌退我追，游击战中歼敌人；右边是：放开两手，诱敌深入，集中兵力，捉住战机，运动战中操胜算。这副对联吸引了全场的目光，大家念了又念。许多同志忙着向大家讲解诱敌深入的道理，复述毛泽东同志讲过的许多风趣的比喻，会场上到处是笑声。

毛泽东在大会上讲了话。他指出当前的局势是紧张的，敌人大兵压境，可是我们有足够的条件制胜。哪些条件呢？毛泽东举起左手，用右手一个一个地按下那张开的手指讲开了……这时，全场肃静无声，只有毛泽东高朗、清晰的声音，像洪亮的钟声，在这个面临10万大敌的圩场上空震响。他指出了六个条件，并作了详细的解释：

第一条，我们军民一致，敌人军民对立，这是最重要的条件；

第二条，我们可以主动选择优良阵地，设下陷阱，把敌人关在里面打；

第三条，我们可以集中优势兵力，歼灭敌人一部分；

第四条，我们可以发现敌人薄弱的部分，拣弱的打；

第五条，我们可以把敌人拖得精疲力竭，然后再打；

第六条，我们可以造成敌人的过失，趁敌之隙，加以打击。

毛泽东同志讲得活泼生动，会场上时而寂静无声，时而腾起一片欢笑之声。最后，毛泽东同志又亲自领着大家呼口号："勇敢冲锋，奋勇杀敌，多缴枪炮，扩大红军！""活捉鲁胖子，打倒蒋介石！"会场上好像掀起万丈狂涛，有力的口号声震得山鸣谷应。麻田誓师以后，大家的信心更足，情绪更高，摩拳擦掌，跃跃欲试。[①]

热烈的会场、精辟的对联、生动的讲话、昂扬的口号，让指战员对即将到来的战斗充满了信心和期盼。

东征抗日誓师大会

抗日民族统一战线建立后，红军需要"改名换帽"，很多指战员思想一时转不过弯来。有一次，贺龙来到一个连队，代理连长向他汇报说大家就是不愿意改名，"国共合作，全民族抗日"是可以的，但是为什么要红军改名呢？红军一改名不就成了白军了吗？想不通。贺龙听了以后说："是啊，现在的问题就是不愿红军改名啊。我贺龙也不愿红军改的喽！"他转过身去，看看陪他来的团长说，"我看你们团长也不愿红军改名哩。是吗？"团长不好意思地点点头。贺龙严肃地说："同志们，这可不行啊！为了全民族的利益，实现国共两党合作，团结一致共同抗日，使中国人民不当亡国奴，红军就得改名。红军不改名，蒋介石就不肯抗日。红军是名改心不变，一颗红心为人民嘛。红军改了名，还是党中央毛主席、朱总指挥领导。红军改名，是党中央的决策，全体红军战士、共产党员，必须无条件服从。我，贺龙，就无条件服从。"贺龙这番话打开了干部们的心扉。连长、指导员当即表示："名改心不改，我们通了。"贺龙高兴地大笑着说："好嘛，蛇无头不走，鸟无翅不飞。你们通了，就好给战士们做工作喽！"②

1937年9月2日，一二○师在陕西富平县庄里镇举行抗日誓师大会。朱德、任弼时出席了会议。朱德在会上说：

同志们，你们思想不通，党中央知道，毛主席也知道。我是受党中央与毛主席的委托，来做你们的工作的。现在国共合作了，我们工农红军改编成国民革命军第八路军。为了消除各阶层的疑虑，我们可以穿统一的服装，戴青天白日帽徽。同志们思想不通，甚至有的高级干部思想也不通，这个心情我们理解。毛主席说了，红军改编，统一番号是可以的，但是，有一条不能变，就是一定要在共产党的绝对领导之下。③

朱德这番话引起了阵阵掌声。

贺龙要求大家坚决执行党中央、毛主席、朱总司令的指示，他谈起了自己的经历：

> 就我本人来说，国民革命军的军装，过去我穿过；青天白日帽徽，过去我戴过；青天白日旗，我也打过。有人说，我当将军，皮靴不穿，愿穿草鞋跟红军爬山，高楼不住，愿跟红军钻芦苇。可是，他们哪里知道，当红军，穿草鞋，钻芦苇，是我的心愿。算起来，从大革命失败到现在，我已经闯荡了十年，跟国民党斗了十年。现在国难当头，为了国家与民族的生存，共同对付日本帝国主义，我愿带头穿国民政府发的衣服，戴青天白日帽徽，和国民党部队统一番号。这样，看起来我们的外表是白的，但我们的心却是红的，永远是红的。④

贺龙的话，在干部、战士的心灵里引起了十分强烈的反响，"白皮红心"的话长时间牢牢地记在心上。当天，贺龙、萧克、关向应发布渡河命令，开启一二〇师新的历程。

先做好团长的工作，再请总司令讲话，再以自己的亲身经历与战士们交心，有这样的细心疏导，广大指战员都"通了"！！

一一五师、一二〇师、一二九师在东征抗日前都进行了庄严的誓师，在理解大家"眷念红军"的情感基础上，再阐明国难当前一致对外的道理。经过庄严的誓师大会，统一了认识，鼓舞了斗志。

清风店战役动员令

1947年10月的清风店战役是中国人民解放军晋察冀野战军和地方武装一部，在河北省定州市留早镇地区歼灭国民党军的运动战战役，是杨得志、罗瑞卿、杨成武围点打援战术的代表作。清风店战役的动员令是这样写的：

> 一、集中一切兵力、火力，猛打！猛冲！猛追！发挥三猛战斗作风。狠打、硬打、拼命打，毫无顾虑地冲垮敌人！包围敌人！歼灭敌人！
>
> 二、不顾任何疲劳，坚决执行命令！不顾夜行军、急行军！不管没吃饭、没喝水！不管连天、连夜的战斗！不怕困难！不许叫苦！不许怠慢！走不动也要走！爬着滚着也要追！坚决不放跑敌人！全体干部以身作则，共产党员起模范作用……
>
> 同志们！坚决、干净、彻底、全部歼灭敌人！活捉敌人军长罗历戎！活捉敌人师长、团长！创造晋察冀空前大胜利，看谁完成任务最多、最好，看谁胜利果实最大。打胜仗的比赛！缴枪捉俘虏的比赛！为人民立大功！[④]

清风店战役动员令，开门见山，气势磅礴，用了大量的排比句和动词，火药味浓，鼓动性强，如排山倒海之势，具有强烈的画面感和感染力。

三次誓师或动员，时间、地点不同，但都传递了坚定的信念，唤起了广大指战员强烈的紧迫感和敢于胜利勇于胜利的大无畏精神。

参考文献：

① 刘亚楼：《伟大的第一步》，《星火燎原》未刊稿第 1 集，解放军出版社 2008 年版，第 211—212 页。

②③④《贺龙传》编写组著：《贺龙传》，当代中国出版社 2015 年版，第 128—129 页。

⑤《杨成武回忆录》，解放军出版社 2007 年版，第 663—664 页。

40 朱总司令在石家庄战役的前中后

1943年，周恩来在《怎样做一个好的领导者》一文中指出，"正确的领导"要做三件事：（一）必须正确地决定问题。（二）必须组织正确决定之执行。（三）必须组织对于执行这种决定的情形之审查。①这三件事简而言之即是"前中后"——正确决策、执行落实、跟踪审查。石家庄战役是"攻坚战"的开篇之作，影响巨大。如果把石家庄战役比作一部"作品"，那么朱德总司令在完成这部作品的"前中后"三个环节中，都做出了重大贡献，展现了高层领导者在决策、落实、跟踪方面的独特作用。

一、正确决策

石家庄，又称石门，是连接平汉、正太、石德三条铁路的枢纽，是华北的战略要地。虽然在正太战役以后石家庄已陷于孤立，但仍像一个楔子，横亘于晋察冀同晋冀鲁豫两大解放区之间。石家庄的防务，在日军侵占时就比较强，蒋介石派重兵进驻后又不断加固，逐步形成了周长60里的外市沟，30多里的内市沟和市内坚固建筑群组成的三道防线。名目繁多的碉堡达6000个以上。内、外市沟深宽在5—7米。沟外有铁丝网、布雷区，沟内有电网、暗堡。外市沟内沿还有一条50多里长的环市铁路，铁甲车平时可巡逻，战时则是活动堡垒。虽然没有城墙，但深沟层层，暗堡林立，也算得上是"地下城墙"了。国民党自诩"石门是地下有城，共军一无飞机，二无坦克，国军凭着工事可以坐打三年"！③

1947年5月，以刘少奇、朱德为首的中共中央工作委员会来到距离石家庄仅65公里的河北省平山县西柏坡。6月14日，毛泽东在关于中央工委当前三项任务的指示中，明确把"将晋察冀军事问题解决好"放到了三项任务的第一位，怎样进行攻坚战，夺取敌人盘踞的大中城市，这是一个不同于游击战的新课题，引起了朱德的高度重视。

1947年6月29日，在青沧战役和保北战役胜利后，朱德致电中共中央军委："由于打堡垒及攻城的战术都有相当的提高，步兵炮兵能够协同作战，步兵并善于使用炸药。今后华北作战已转为主动，……对较坚固的城堡，如准备得好，时间宽裕，亦可攻破。"

7月11日，朱德致电毛泽东："下一战役拟打石家庄。"8月16日，朱德和刘少奇、聂荣臻一起致电晋察冀野战军："待秋高时大举进攻三角地带、三条铁路或攻石家庄。"1947年10月，中央发布了《中国人民解放军宣言》，提出了"打倒蒋介石，解放全中国"的口号，全国其他战场的部队，基本上把战争引入了蒋管区。清风店战役后，石家庄实际上已成为一座"陆地孤岛"。罗历戎主力被歼灭，这座"孤岛"便处于人民战争的包围之中了。

10月22日12时，晋察冀野战军司令员聂荣臻和华北局刘澜涛致电中央军委、工委，建议乘胜夺取石家庄。10月23日，朱德与刘少奇复电中央军委，建议批准聂荣臻的计划。同日，他们复电聂荣臻等："我们同意乘胜打石门……请你们预为准备各种补充。待军委批准后，用全力来进行此战役。朱拟即去野司。"②中央军委很快批准了攻打石家庄的计划。

二、执行落实

1947 年 10 月 27 日，朱德到达河北省安国县晋察冀军区炮兵旅驻地。年过六旬的朱老总迈着矫健的步伐，在坑洼不平的田野里检阅炮兵部队，他代表党中央、中央军委向大家表示慰问："你们有前途，准备好，还要继续发展扩大，将来要准备打出去。""炮兵很重要，为步兵开辟道路，可以减少伤亡，炮不打，口不开，打开缺口可以胜利向纵深推进，扩大战果。""在战术上要注意，接近敌人要秘密，打炮时要猛，要突然，火力齐整集中，集中里面还要再集中，还要注意运用不同地形实施射击，不打则已，一打就打得猛，打得准，打得狠。步、炮协同好，胜仗不断打。""要打石家庄了，打下石家庄，可以学会打攻坚战，学会打大城市，还可以把晋冀鲁豫和晋察冀两大解放区连成一片，在军事上、政治上、经济上意义都很大。"朱老总这一天工作了 12 个半小时，直到晚上八点半才离开旅部。④

10 月 30 日，朱德在安国县召开的晋察冀野司炮兵、工兵会议上，讨论和研究了阵地攻坚战的诸多问题，例如如何攻打堡垒、如何进行坑道作业、如何通过外壕、巷战中炮兵和步兵如何配合，等等。他仔细听大家发言，不时地启发大家多设想几种情况，多研究几种打法和战术，最后，朱老总讲道："这个会开得好，一是民主空气好，二是求实精神好。石家庄是一个很好的课堂，大家要好好学习，在作战部署上，主要进攻方向火力要集中使用，大集中里面有小集中。迫击炮要能伴随步兵一起行动，山炮、野炮、榴弹炮，要组成火力队，在主要进攻方向上支援突击队。"⑤朱总司令一再强调了步、炮协同，集中里面再集中的攻坚战术。

10月31日，野战军前线委员会召开旅以上干部扩大会议，研究石家庄战役的作战任务和布置战前的准备工作，朱德在这次会议上提出"勇敢加技术"的号召，要求各部队精心计划、大搞军事民主，认真研究战术技术，做好入城工作。攻城攻坚的阵地战不同于指战员所熟悉的游击战、运动战，对"技术"提出了特别高的要求，因此，朱老总提出"勇敢加技术"非常及时。这次会议制订了具体的作战计划，对攻城和打援两个方面都作了周密部署。会后，各方面立即展开了紧张的战役准备工作。

石家庄战役打响前，朱德总司令为及时了解情况，指挥作战，仍然留在野战军司令部。国民党的飞机不断地来轰炸，大家都为总司令的安全担心，远在陕北的毛泽东也放心不下，他曾多次在给晋察冀野战军的电报中要求朱德回到总部。1947年11月1日，毛泽东再次致电刘少奇："朱总到杨得志、杨成武处帮助整训一时期很好，但杨、杨进攻石门或他处作战时，请劝朱总回工委，不要亲临最前线。"杨得志、罗瑞卿、杨成武等晋察冀野战军领导一起劝朱老总到冀中军区所在地河间去，他都摇头不肯，他说："你们不都在这里吗？未必飞机就专来找我朱德。"杨得志知道他是关心着战役的发展情况，便说："你到河间，我们会随时向你报告的。"朱老总笑了，他幽默地说，野战军司令向总司令下逐客令，没得办法，我只好去找孙胡子（冀中军区司令员孙毅）了。离开前，朱德致电聂荣臻、萧克等，强调了"以阵地战的进攻战术为主要方法，有组织、有步骤地去进攻，用坑道作业接近堡垒，用炸药爆破，加以炮击，各个摧毁，采取稳打稳进的办法"。⑥

在完成了战役准备工作后，野司发布了石家庄战役命令，当日各部队渡过滹沱河向石家庄分头开进，4 日前全部到达指定位置。5 日夜，晋察冀野战军以隐蔽突击的动作，包围了石家庄各外围据点。杨得志与聂荣臻司令员进行了战前最后一次电话。聂荣臻说："我相信你们。战斗进展要力求快速，但指挥上不要太急。要特别向部队交代清楚，入城后要坚决执行党的政策。还有，"聂司令员停了停，然后充满感情地说，"告诉罗、耿、潘，还有你，你们习惯靠前指挥，这我不反对，但是一定要注意安全！你听见我最后几句话了吗？"杨得志答应着，但是没有说出话来。⑦

在电话线两端，在大战开始前，司令员的"停顿"、前线指挥员的"没说话"，仿佛像一个画面定格在面前，将帅之间，英雄相惜，有战斗的渴望，有决胜的承诺，有战友的关爱。

朱德到了冀中军区所在地河间，随时关心着战况。11 月 6 日，野战军发起石家庄战役。杨得志回忆道：

突破外市沟后，（7 日）午夜，我正等着部队突击第二道市沟的情况，一位参谋突然跑来向我报告："司令员，请快接电话，是总司令从河间打来的。"我拿起话筒，大声地说："我是杨得志！"

"晓得的！"电话里传来朱老总亲切的声音，"怎么样呀？"

虽然只是一句话，但我完全理解朱老总的心情，甚至好像看到了他握电话机的样子。我简要地报告着战况。当说到正向第二道市沟突进时，参谋来报告：第二道市沟又被我们突破了。我把这一消息马上报告了总司令。

"打得好呀！我祝贺你们！"朱老总兴奋地说。"按你们的计划打下去，告诉大家，后边的同志可是都望着你们呐！"

我把总司令的指示告诉了罗瑞卿、耿飚和潘自力同志。我说："总司令是希望我们打得更快一点呦！""聂司令员也一样啊！"罗瑞卿说罢，转身告诉参谋，"把总司令和聂司令员的指示和希望迅速通知各纵队，要他们传达到每一个战士，告诉大家，总司令和聂司令员在等着我们的胜利消息呢！"⑧

这个午夜通话，时间虽短，但朱老总仿佛拿着电话机站在一线指挥员面前。在战斗的关键时刻，朱老总第一时间向前方将士表示了慰问和祝贺。"晓得的！""怎么样呀？""打得好呀！""望着你们呐！"短短的几个字、几句话，有欣喜，有赞扬，有期待，让前方将士备受鼓舞，那一瞬间，河间、石门，连在一起，总司令与指战员的心在一起。

11月9日，朱德又打电话指示杨得志等：（一）突破内市沟后，一定要猛推、深插、狠打，不让敌人有半分钟喘息；（二）充分做好打巷战的准备；（三）全歼一切敌人，包括还乡团在内。

当解放军攻入市内同守军发生激烈巷战时，朱德又打电话给杨成武，嘱咐他："一定要注意城市政策，特别要保护好几个大工厂。石家庄是我们占领的第一个大城市，要做出榜样。我们军事上要打胜仗，政策上也要打胜仗。"⑨

由于准备充分，部署周密，从6日到12日，仅仅用了6天6夜，晋察冀大军就攻克了敌人坚固设防的第一个大城市石家庄，歼灭国民党军22677人，缴获汽车280辆、坦克9辆、炮99门、机枪674挺、车头40个、铁甲车车厢数十列。

三、跟踪审查

攻克石家庄后，朱德总司令兴奋写下《攻克石门》，诗曰：

石门封锁太行山，勇士掀开指顾间。

尽灭全师收重镇，不教胡马返秦关。

攻坚战术开新面，久困人民动笑颜。

我党英雄真辈出，从兹不虑鬓毛斑。

后来，这首诗被镌刻在石家庄解放纪念碑上，成为石家庄人民永远的记忆。

1947年11月13日，即石家庄解放的第二天，朱德就给晋察冀军区全体指战员发来了嘉奖电："仅经一周作战，解放石门，歼灭守敌，这是很大的胜利，也是夺取大城市之创例，特嘉奖全军。"⑩

接着，朱德就认真总结打下石家庄的经验，以期在相同或类似条件下积极推广，攻下更多的敌人坚固设防的大城市。11月18日，朱德来到束鹿县东小庄村，参加由晋察冀野战军政治部召开的石家庄战役经验座谈会。他在会上强调："必须极大地注意学习阵地攻坚战术，这是我军建军以来经过三次革命战争的新课题，它意味着中国革命战争已经跨入一个新阶段。打下石家庄，只是上了第一课，而更大的课题、更艰巨的实践还在后面。"⑪

11月28日，朱德再次来到野战军，在晋县侯城村座谈总结这次战役的经验教训。座谈会开了三天，参加的有50多位指战员，有野战军司令员杨得志等，更多的是来自战斗第一线的连长、连指导员、排长和班长。

12月1日，朱总司令在野战军干部会议上作了《打下石家庄的意义和经验教训》的重要报告：这次胜利，缴获很多，但最大的收获是我们提高了战术，学会了攻坚，学会了打大城市，以后可以打下第二个、第三个以及许多像石家庄这样的城市，这是军事上政治上的意义。经济上的意义也是很大的，可以把晋冀鲁豫和晋察冀两大解放区连成一片，发展交通、工业、商业，发展生产，支援战争。阵地攻坚战，这是我国革命征途上的一个里程碑，一个新课题。它意味着中国革命战争已经跨入一个新阶段。能打下石家庄，一是有充分的准备；二是动员工作做得好；三是讲究战术，包括：冲锋前挖了工事，缩短了冲锋距离，减少了伤亡；炸药使用得很好，很普遍；炮兵起了很大作用；学会了集中火力突破一点；一班分为三个战斗小组，互相掩护，分散前进；巷战打得很艺术；四是善于利用俘虏。总司令要求大家把这些经验收集起来，加以整理、学习和发展。他还指出了某些不足之处，告诫大家不要骄傲，要严格遵守纪律，打更多的胜仗；要一边打仗，一边建设；伟大的事业要在我们手上成功，一定要成功！⑪

12月10日，朱德写信给毛泽东主席转中央，报告他到野司、冀中、再由石家庄回中央工委的经过及所见，他在信中特别讲道，"这次在攻打石家庄的过程中，发扬了军事民主，发动了士兵群众，上下一致，因而胜利地完成了战斗任务。"同时，朱德又指出工人对生活待遇要求过高，以致有些工厂关门，会造成生产降低和经济衰落，是一种"自杀政策"。中央十分重视，把信转发给各地，要求重视军事民主，同时立即纠正这种错误经济政策。

世界上的事都是干出来的，不干，连半点马克思主义也没有。朱总司令在石家庄战役中出实招、鼓实劲、办实事。难题在实干中破解，办法在实干中见效。攻克石家庄不仅将晋察冀和晋冀鲁豫两大解放区连成一片，使华北战局有了根本改观，从而使我军掌握了华北战场的主动权，而且为全军提供了攻克大城市和管理大城市的经验，提升了全体指战员对攻坚战的信心，为解放战争的加速胜利做出了重大贡献。

在正确决策、执行落实、跟踪审查"前中后"三个环节，高层领导都发挥着无可替代的作用。他们群策群力做决策，亲临一线帮落实，第一时间做总结。领导者是决策者，领导者也是执行者。

参考文献:

①《周恩来选集》上卷，人民出版社 1980 年版，第 129 页。

②⑥⑫《朱德选集》，人民出版社 1983 年版，第 211—212、212、220—224 页。

③⑦⑧⑩(《杨得志回忆录》，解放军出版社 2011 年版，第 339、343、344—345、346 页。

④⑤⑨⑪金冲及主编:《朱德传》下册，中央文献出版社 2016 年版，第 694—695、695、698、699 页。

41 及时的个性化激励

　　如何激励，如何赞赏，战争年代颇有其个性化特点。

　　第一次反"围剿"，活捉了张辉瓒，缴获了一部电台，因红军不认识电台，其中的发报机被砸坏，只剩下收报机可使用，它能够清晰地收听到敌军部署情报。曾任红军第一个无线电总队政委的冯文彬回忆说：第一、二、三次反"围剿"打得很顺利，当然毛主席指挥领导没问题，但是没有这些情报，毛主席也很困难。缴获收报机，毛主席高兴地说："文彬同志，这个缴来的电台很好啊，奖他两块大洋买鸡吃。"得奖者高兴得不得了，因为是毛政委奖的！红军打下漳州后，获得了100万光洋和大量胶鞋，回到苏区举行了金山银山展览，给每位指战员奖励了一双胶鞋，每一双胶鞋可以穿一年，相当于100双草鞋，①可以想象战士们穿上这份"奖品"后的心情了。长征途中，中央军委为了表彰飞夺泸定桥的红四团，除了颁发一面奖旗外，还给22个首先过桥的突击队员，以及团长、政委发了奖，每人一套印有"中央军委奖"字样的列宁服，一支钢笔，一个日记本，一个搪瓷碗，一双筷子，这在那时确实是最高的奖赏了。

　　能够满足人们生理、心理需求，都能产生激励作用，一只鸡、一双鞋、一套服装都是激励。在特定的战争年代，睡觉也是一种激励。

据中共中央机关工作人员阎长林回忆：转战陕北时，主席三天三夜没有睡眠，我们恨不得快些赶到地方，好让主席休息。于是破例地打开了随身带的手电，在前头照路。哪知到了朱官寨，号房子的同志说，主席的住处在后沟，离这里还有二里路，那里要安静些。主席忍不住笑了，说：我现在不需要安静，只需要睡觉！同志们临时腾出一孔窑，可是刚一落脚，首长们却又开会了。毛主席的一句玩笑道出了战争年代人们的一大核心需求——睡觉。②

聂荣臻回忆说：长征途中，中央红军在突破第四道封锁线后也没有敢休息，因为敌人在后面紧追。

> 过了油榨坪摆脱了敌人，到了一个大树林里，我们才得到休息。几天几夜的紧张激烈的战斗，这时候才感到又饥又饿，疲劳极了。我把身上带的干粮拿出来吃，也分了一些给林彪吃，觉得真是香极了。艰苦的岁月就是这样，紧张的战斗会使你忘了饥饿和疲劳，一旦休息，能睡上一小觉，或吃上一点干粮，会觉得是一种极大的享受。③

1934年10月，贺龙、关向应率领的红三军与任弼时、萧克、王震率领的红六军团主力在南腰界举行了隆重的庆祝会师大会，任弼时宣读了中共中央庆祝红三军和红六军团会师的贺电。贺龙说：

> 会师，会师，会见老师，你们来自井冈山，那是毛主席、朱总司令创造的苏区，一直是我贺龙和我们红三军学习的榜样，我代表红三军全体同志热烈欢迎你们，你们千里跋涉来到这里，本该休息两天睡个好觉，可是蒋介石不会让我们休息，我们一会师，树大招风，我料想蒋介石也睡不着觉喽！这里是新开辟的根据地，不很巩

固，可靠的根据地在哪里呢？在我们的脚板上，靠我们行军、打仗、夺取胜利，开辟更大的根据地，消灭更多的敌人。到了那一天，我贺龙请客，大家轮流睡上一天一夜！④

整天行军打仗的贺龙太懂得指战员们的需求了。"睡觉"，人的最基本的需要，也是那个年代最大的奖励。

1935 年 5 月，刘伯承听了先头部队第一团第一营营长孙继先歼敌、找船的经过，鼓励爱将说：有了船，我就有办法，并慈祥地慰勉道："好吧！一营睡觉，等天亮时，把全街能买到的好吃的东西都给你们吃，早饭以后强渡。"营长和战士们豪言"管它是十达开、九达开，我们一定能过河，我们一定能胜利"，总参谋长的这个安排是对他们最体贴、最豪迈的激励！⑤

1936 年春天的一个晚上，杨得志陪同陈赓检查完部队训练情况，返回驻地。陈赓在土炕边坐下来，一只手将负过伤的腿搬到炕上，轻轻地抚摸着，压低声音对杨得志说，这几天腿"闹独立"，看来要搞点"破坏活动"，请杨得志代劳次日到渡口的实地勘察（这本是杨的分内事情），并请替他保密；并表示热炕头上睡上一晚，天一亮就会好的。见杨得志坐着不动，陈赓说："你去忙你的，让我睡，让我睡，明天我送你们出发。"陈赓睡熟后，杨得志将一条线毯轻轻地给他加盖上。次日晨，杨得志见侦察班长和侦察员打扮成完全陕北农民模样，很高兴，问陈赓同志"怎么样"，陈赓说："蛮好嘛！我这个当过'探子'的人也看不出什么破绽哩！"杨得志想问陈赓的腿怎样了，"噢，"陈赓笑了，"不是说过了吗？睡一觉就好——陕北的土炕胜过上海的大医院哩！"⑥

从祁连山一路乞讨找到部队的徐向前这样回忆道：

第二天，刘伯承同志派人把我接到镇原援西军总部，我们谈了些西路军和援西军的情况，就安排我去休息，那时我疲劳得要死，好像浑身百分之九十九的精力都耗尽了，只想好好睡几天觉……任弼时听后，叫我写个文字材料，我写后交给了他，另外，还将从西路军带回的十多个金戒指（组织上给我的路费）全部上交给彭德怀同志。⑦

1948年6月，为筹划豫东战役，粟裕和张震、钟期光乘坐吉普车连夜驶向开封。吉普车由警卫员唐洪驾驶，因几天连续作战，唐洪没有睡好觉，加上天气闷热，没走多远，就打起瞌睡来，导致吉普车突然翻倒。粟裕第一个站起来，拍拍身上的土说："我没事，大家各自检查一下，看伤了没有。"张震也站了起来，连说："没事，没事！蒋介石没有打倒，全国没有解放，马克思是不会接收我们的。"检查结果，四个人除了头上碰个包、身上擦破皮以外，没有重伤。于是一起把汽车翻过来。粟裕抢先坐在驾驶员座位上，对唐洪说："小唐啊，这几天你太累了，我给你开一会儿，你给我睡一觉。"

车子跑得又快又稳，很快就到达目的地。唐洪连忙跳下汽车，拦住三位首长说："请求首长，给我个处分吧！"粟裕微微一笑："好，就处分你把汽车开到那棵枣树下，在车上躺一小时。"唐洪朝粟裕指示的方向望去，枣树就在前线指挥所门前，而且在哨位旁边，在那里睡觉既安全又不误事，不由得心头一热，热泪盈眶，哽咽着喊了一声："首长！"粟裕严肃地说："小唐啊，一个革命军人，必须首先适应战争，才能赢得战争。抓紧时间休息吧！"⑧

这是怎样的一种"处分"呀？！战士有了过错，首长先帮着开车，还让战士在安全的地方赶紧躺下睡觉，严肃的教育中透着温暖的关怀！

1948 年 12 月，第二次解放张家口后，杨成武走出连着工作了两昼夜的指挥所，踏着一片银白世界，顺着西太平山的南坡，一步一步地走下山来。在山下的一个垭口处，有一座庙。看到这座庙，杨成武才觉得又饿又累，便走进庙门，准备稍事休息再走。北岳军区的政治委员王平同志帮弄来一盆子鸡蛋炒饭。几天没有好好吃一餐，直觉得炒饭香味扑鼻，没多会儿，杨成武就把一盆子饭吃得精光。吃饱了，困意却跟着袭来，两个眼皮硬是睁不开来，惺忪迷离，浑身发软。破庙四壁空空，除了几尊掉了颜色的神像注视着不速之客，此外什么也没有，不是好的安眠之所。杨成武当时实在太困了，好几天没有怎么合眼、一直紧紧地盯着战场，守着电话机，当时也并没有觉得困、一旦把绷得很紧的弦松下来，就感觉困意来了，难以支撑。他叫警卫员弄了点谷草，便和衣躺下。警卫员拿来两件大衣当被子，他两眼一闭，便沉沉入睡了，一直睡到第二天上午 10 点钟，醒来感到身上特别舒服，立即掀掉大衣，抖掉草屑，走进歌声四起、锣鼓咚咚的张家口市。⑨

可以想象，一觉睡了十几个小时的杨成武"抖"掉草屑后是怎样的"精神抖擞"啊，忽然间，"抖擞"有了最恰当的注解！睡觉，也是一种个性化激励！

参考文献：

①《学习强国》，文献纪录片《毛泽东》第 3 集，中央广播电视总台摄，1993 年。

②阎长林（时任中共中央机关工作人员）：《胸中自有雄兵百万》，《星火燎原》第 8 卷，解放军出版社 2009 年版，第 310 页。

③《聂荣臻回忆录》，解放军出版社 2007 年版，第 185—186 页。

④《贺龙传》编写组著：《贺龙传》，当代中国出版社 2015 年版，第 97—98 页。

⑤《刘伯承传》编写组著：《刘伯承传》，当代中国出版社2015年版，第78页。

⑥《杨得志回忆录》，解放军出版社2011年版，第164—167页。

⑦《徐向前回忆录》，解放军出版社2007年版，第411页。

⑧《粟裕传》编写组著：《粟裕传》，当代中国出版社2012年版，第385—386页。

⑨《杨成武回忆录》，解放军出版社2007年版，第778—779页。

42　庆祝大会讲什么?

　　如果说"动员"是"高效执行"的激励人心的序幕,"庆祝"则是"高效执行"的鼓舞人心的谢幕。一开一合之间,目标实现,结果达成。28年间,人民军队经历了井冈山会师、会宁会师、将台堡会师等多次会师,每一次会师都是一次系统的总结和隆重的庆祝,庆祝大会讲什么? 庆祝对"高效执行"有怎样的帮助?

　　据王耀南班长回忆:

　　　　1928年5月4日,天刚拂晓,人们就像潮水般地涌向会场——砻市宽阔平坦的河滩上。锣鼓喧天,彩旗飘扬,部队整整齐齐地坐在会场中间,有七八千人,几十挺机关枪摆在队伍的最前面,两旁挤满了老百姓,看样子足有二三万人。大约十点钟光景,毛委员、朱德、陈毅等党、政、军的代表登上了主席台。立刻,掌声、口号声、欢呼声此起彼伏,整个会场洋溢着无比欢乐的气氛。大会执行主席陈毅同志宣布大会开始。全体起立,奏军乐。然后,陈毅宣布:"根据前敌委员会的决定,全体部队改编为中国工农红军第四军。军长由朱德同志担任,党代表由毛泽东同志担任。"接着，朱军长讲话，只见他头戴军帽，身穿灰布军衣，打着绑腿，身体非常魁梧，显得特别精神。他说："我们党领导的两支革命武装今天胜利会师了，大家一定都很高兴。现在，我们的力量扩大了，加上我们已经有了井冈山这块根据地，我们红军一定会不断地消灭敌人，不断地发展革命。我们这两支部队要加强团结，共同奋斗，保卫红色根据地，夺取革命的最后胜利。"他那浓重的四川口音和淳朴的语调，赢得了一阵阵的掌声和欢呼声。①

据何长工党代表回忆：

毛泽东同志指出这次会师是有历史意义的，同时分析了红军部队的光明前途。他说我们红军不光要打仗，还要发动群众，组织群众。现在我们虽然在数量上、装备上不如敌人，但是我们有马列主义，有群众的支持，不怕打不败敌人。敌人并没有孙悟空的本事，即使有孙悟空的本事，我们也有办法对付他们，因为我们有如来佛的本事。他们总逃不出如来佛的手掌！我们要善于找敌人的弱点，然后集中兵力专打这一部分。十个指头有长短，荷花出水有高低，敌人也是有弱有强，兵力分布也难保没有不周到的地方。我们抓住敌人的弱点，狠狠地打一顿，打胜了，立刻分散躲到敌人背后去玩"捉迷藏"。这样，我们就能掌握主动权，把敌人放在我们手心里玩。毛泽东同志这一番话，把大家说得心花怒放，信心倍增。全场响起了暴风雨般的掌声和热烈的欢呼声。②

杨成武回忆一、四方面军 1935 年 6 月达维村的会师：

我们欢呼着涌进达维村，四方面军的同志忙着把自己住的房子让给我们住，八十八师的首长立即来看我们，同战士们欢谈，还送给我们三十担粮食，做面葫芦慰劳我们。村头村尾的每一角落都有一群群的战士在愉快地交谈，互相询问情况。两支红军主力的会师，对一、四方面军的每一个同志，都是极大的鼓舞。当同志们相互进一步了解到对方艰苦奋斗、英勇奋战的经历后，就更增加了革命的胜利信心。晚上，我们在达维村的广场上开了一个会师联欢晚会。熊熊的篝火映红了天空，战士们的脸上闪射出欢乐的光辉。在四川民歌、评书、兴国山歌的间隙中，连续爆发出震天动地的欢呼声。这歌声，这欢呼声，不仅道出了红军战士心头欢腾的情绪，而且是一支雄伟的历史进行曲，它向全国人民宣布：红军的两大主力已汇成一道巨大无比的洪流。当夜，团长王开湘同志和我睡在四方面军同志为我们准备好的床上。在漫长的征战途中，从来没有在这样舒适的环境中睡过。然而，我们久久不能入睡。会师带来的欢乐情绪在我们心头奔腾起伏。后来，我们干脆来个"长夜话"，时而谈起经历过的惊涛骇浪，时而谈起革命的美好远景。③

红六军团战士谭尚维回忆与四方面军1936年7月甘孜会师庆祝大会：

总司令迎着一阵阵春雷般的掌声和无数兴奋激动的笑脸在主席台上出现了。他个子不高，不像我想象中的那样高大、严肃，稍稍有些黄瘦的脸上，挂着慈祥的微笑。衣着很朴素，上身穿着一件土织褐色毛布上衣，脚上是一双草鞋，十分平易近人，一切都和士兵一样。他向全场巡视了一下，用洪亮而有力的四川口音开始讲话了："同志们，我祝贺你们战胜了雪山，也欢迎你们来与四方面军会合，但是这里不是目的地，我们要继续北上。要北上就必须团结一致，不搞好团结是不行的。此外，在我们前进的道路上，还有荒无人烟的草地，我们要有充分准备，克服一切困难。"接着他简单地介绍了一下甘孜地区的情况，并告诉我们一个好消息：毛主席去年带着一方面军胜利地通过草地，到达了抗日前哨阵地——陕甘地区。现在，陕甘边根据地巩固、扩大了，红军也壮大了。总司令的每一句话，都深深地铭记在全体指战员的心里。晚饭后，四方面军政治部的剧团为我们演出了《迎亲人》的歌曲和《红军舞》等精彩节目，这是七八个月以来第一次坐下来安安稳稳地观看演出，大家都是异乎寻常地激动。吃过晚饭后，我们每个人都领到一件毛衣或一双毛袜子。这些东西对我们南方人来说都有点稀罕，有些人过去在乡下就根本没有见过这样厚的毛衣毛袜子。有人问指导员："这是哪里来的?"指导员说："是四方面军慰劳我们的。人家怕我们受冻，全军上下几天几晚没有休息，剪羊毛、洗净、捻成细细的线，又一针一针织成的。"在稻城，我们还为衣服发愁，现在从吃的、住的，到穿的都有了。大家感动地把毛衣左看右看，穿上脱下，脱下又穿上……他们先人后己，起早贪黑织出这样漂亮的毛织品送给我们。想到这里，我的眼睛湿润了。晚上各连召开了干部会和党的小组会，讨论如何搞好团结，克服困难继续完成北上抗日的光荣任务。战士们个个都表示决心，要以英勇顽强的精神征服大自然障碍，坚决北上抗日。④

这些会师的庆祝大会体现了共同特点：

热烈的现场环境；

对过去的肯定；

对现状的分析；

对未来的展望；

激发信心，鼓励行动。

庆祝是激情的释放，是团队的凝聚，是行动的承诺！如果没有庆祝，一年就变成了一天的三百六十五次的机械重复。庆祝是"高效执行"上一阶段的尾声，更是"高效执行"下一阶段的序曲。

参考文献：

① 王耀南（时任工农革命家第 1 军 1 师 1 团 1 营 1 连 1 排 1 班长）：《会师台》，《星火燎原》第 11 卷，解放军出版社 2009 年版，第 164 页。

② 何长工（任工农革命家第 1 军第 1 师第 1 团连党代表）：《伟大的会师》，《星火燎原》第 1 卷，解放军出版社 2009 年版，第 157—158 页。

③ 杨成武（时任红 1 军团第 2 师 4 团政治委员）：《翻越夹金山，意外会亲人》，《星火燎原》第 3 卷，解放军出版社 2009 年版，第 123 页。

④ 谭尚维（时为红 6 军团第 17 师战士）：《甘孜会师》，见刘伯承、徐海东等：《星火燎原》第 3 卷，解放军出版社 2009 年版，第 274—277 页。

第七篇·将帅风采

领导者的责任，归结起来，
主要地是出主意、用干部两件事。

——毛泽东

43 彭德怀教欧团长保卫兵工厂

让我们看看彭德怀副总指挥和左权副参谋长是如何运用督导型领导风格帮助欧致富成长的。本篇故事来源于欧致富（时任八路军特务团团长）的回忆文章《彭总教我保卫兵工厂》①，"亮·点"代表作者点评。

在太行山中，屹立着一座层峦叠翠、山峰奇异、雄伟壮丽的黄烟山，山下有个高25米、宽20米、深40米的天然大石洞——黄崖洞。我八路军总部水腰兵工厂就设在这里。兵工厂是1939年8月由一一五师和一二九师的机械修理所合并组成的。1940年11月上旬，正当百团大战中我团进行的关家垴战斗刚刚结束之时，彭总亲自给我交代任务：令我团立即开赴黄崖洞，执行保卫兵工厂的光荣任务。

进入防区后，部队反映，待在黄崖洞总不是个滋味儿。许多同志说，像在关家垴战斗那样，消灭敌人，大显神威，那才痛快哩！指战员们纷纷要求上前线与敌决战。说实话，当时我的思想也和大家一样，总想上前线打个痛快。但为了稳定部队、表面上只好极力克制自己。不知为何，这时怎么也压抑不住了，就深夜挥笔向彭总写了请战书。突然间，一阵清脆的电话铃声打断了我的思路，传来的是彭总像霹雳般的声音：……

"你欧致富也没闲着嘛！你们只想在前方大打，是不是？"

"彭总！要我们保卫兵工厂，那总部和首长们的安全……"

"你认为保卫兵工厂的任务次于前方打仗、保卫总部？请告诉同志们，我们的朱总司令把这个兵工厂视为八路军的掌上明珠。他说：保住了兵工厂，就保住了总部。党中央和毛主席、周副主席对兵工厂的建设和安全问题都极为重视，前不久亲自派人从延安运来了新机器。最近周副主席还问到兵工厂是哪一个部队去保卫。可见，你们的任务是多么的光荣和重要啊！"

亮·点：领导者敏锐意识到下级喜欢在前方打仗或直接保卫总部的求战心理，而对留在后方保卫兵工厂的认识和意愿不足，同时这些下级对如何保卫兵工厂的能力和方法也没有经验，对待这样的下属要采取相对强势的"督导型"领导风格，要帮助他们做计划，要教导和示范，要检查与监督，要提供经常性的反馈。彭总的深夜来电，声如霹雳，让对方迅速意识到保卫八路军的"掌上明珠"——黄崖洞兵工厂与保卫总部保卫党中央一样重要！

次日上午九时许，彭总在左权副参谋长的陪同下，突然来到了我们团。我们陪着首长爬上了阵地的主峰。当我介绍了地形、我团兵力部署及火力配系等情况后，彭总微笑着说："欧致富同志，你说说，这里设防驻守，有何意义？"当时，我知道彭总是在考验我，好半天我才作了回答，但心里一直生怕说错。可彭总却肯定了我答话的意思，并作了补充地说："黄烟山与我总部驻地后边的桐峪山相互呼应，山下河谷盆地，一目了然。在此地作战，因地形险要，易守难攻。为此，你团在此设防，北可阻击武乡东下'扫荡'之敌，南可截击骆城、黎城来犯我总部之寇，特别是将厂区的南面那高而狭长的山口一堵，则大有'一人把关，万夫莫入'之势。这样，不仅能保卫住兵工厂，而且总部的安全也有了保障。这意义不很明显吗？""首长，我明白了。可战士们说，我们都进来这么久了，还没打上一仗哩。"我求战心切地说。

"恐怕你欧致富也是这样想吧！你告诉同志们，仗是有打的！虽然今天没打上，甚至半年内没有大仗打，但可以料定，敌人终究会来一次'扫荡'的。因此，你们应立足在此地做好能顶住一千、一万敌寇疯狂进犯之准备。"彭总越说越加重语气，我越觉得责任重大，便表示："报告彭总，我定率领全团认真做好准备，不惜一切代价，坚决保住兵工厂。""你们团一听说有大的仗打就嗷嗷叫，但'不惜一切代价'的说法我不赞成。因为我们打仗的目的是消灭敌人保存自己。只有尽量地避免那些不必要的牺牲，设法保存自己，才能更有效地消灭敌人。因此我们必须以小的代价换取大的胜利。"彭总深沉地说。

亮·点：彭德怀不让下属在会议室做汇报，而是直接来到阵地主峰，考察设防驻守情况。当下属汇报后，领导首先给予了肯定，并做了补充和说明，下属得到了鼓励，同时明确了思路。针对下属的求战心切和"不惜一切代价"，领导者及时地予以指导和纠偏。欧致富团长保卫兵工厂的"意愿"和责任感迅速地产生变化，领导者对他的指导帮助将重点转向"能力"的提升。

这天，彭总不辞辛劳地察看了我团的所有阵地。首先给我们分析了地形、敌情，而后阐述了坚守防御的指导思想，再确定了团、营甚至连的防御方向、要点、兵力部署、阵地编成、火力配系、障碍设置、阵地伪装，战术手段等，就连一些工事的具体位置和射向也都在现地作了详细、具体的规定……他指教说："你们把南口西南侧那个孤立而又陡峭的高地作为防御要点是不大理想的，在那里最容易吃敌炮弹。我们的防御应是防中有攻、攻中有防的积极防御，而不是只防不攻、只躲不打的消极防御。据此，应把这个要点改在南口。因为那里地形复杂，与前沿几个阵地都能相互呼应，既可防御，又便出击，既能打，又能藏，才主动……"

亮·点：彭德怀副总指挥不仅让下属明白了什么是"积极防御"，还指导下属如何"积极防御"，即从内、外两方面来帮助下属，哪里不恰当，及时地给指出来。领导者在指导下属时，有时偏重于内在的思想和态度，有时偏重于外在的能力和方法，副总指挥对欧团长内外并重，帮助其快速成长。

　　根据彭总的指示，我立即把营以上的干部召到现地，传达了彭总对地形、敌情的分析和亲自定下的决心和部署。然后，我们很快地拟制了防御计划，又呈报了彭总。我们决心按彭总的指示，以黄崖洞为中心，据险设防，构筑工事，设置障碍，组织火力，组成由多阵地（防区）梯次环形的防御阵地，坚决保卫住兵工厂。
　　彭总审阅了我们的防御方案后高兴地说："这个方案不错，动了脑筋，下了功夫，符合不骄不躁、不惶不恐、以守为攻、以静制动、杀敌制胜的作战原则。"

亮·点：下属迅速地行动，领导迅速地反馈，这是执行力高的体现。领导者赞扬下属的行动，没有停留在"不错"二字上，而是上升到20个字的作战原则的高度，使下属知道了对在哪里、好在哪里。称赞得越具体，激励的作用越大。

1941年2月至9月，日军没有对我举行大规模的进攻。因此，我们得到了加强战场建设、实地练兵的好机会。这期间，彭总先后多次到我团视察。每次来的目的虽然都有所不同，但都嘱咐我们一定"要充分准备。"……特别是彭总对在黄烟山口架设的活动吊桥非常满意。他说："桥收起来，等于鬼子断了一条腿，我行动更自由了。"后来，他又指着该营阵地问："欧团长，其他防区是不是也这样做啦？""首长，我们都是统一布置的。"我回答。

左权副参谋长插话说："全团已构筑各种战壕9000多米，坑道11节，隐蔽部190多个，各阵地都建起了明碉暗堡群，7月底可按计划完成阵地建设。"彭总连连点头赞道："好！好！只要在思想上、物质上都有了足够的准备，技术精练了，战术搞活了，把工人组织好了，那么，敌人来的再多也不在话下。"

亮·点：没有检查就没有落实，没有衡量就没有进步。自嘲是"粗人"的彭德怀检查工作之严格、督促准备工作之细腻，令人肃然起敬。对下属及时的鼓励，能极大提升下属的信心。在领导者的多次检查、督促、指导、激励下，保卫兵工厂的指战员们已经跨越了意愿和能力的局限，为迎接艰苦战斗做好了准备。有这样的督导型领导，有这样的充分准备，战斗的结果已经可以预期。

……战后，在庆功大会上，彭总代表总部，亲自授予我团"保卫水腰立功"的锦旗，并被誉为"执行命令的模范"。毛主席和朱总司令在贺电中号召全军学习八路军特务团黄崖洞守备战的经验和英雄事迹。

亮·点：领导者成就他人，领导者让平凡的人成就不平凡的事，领导者提升个人愿景到更高的境界，领导者提升个人绩效到更高的标准。在某个特定领域意愿低能力低的下属在领导者频繁的督促、指导、帮助下，可以释放潜能，成为高意愿、高能力的"双高人员"！

参考文献：

① 欧致富（时任八路军特务团团长）：《彭总教我保卫兵工厂》，见《星火燎原》第 17 卷，解放军出版社 2009 年版，第 352—362 页。

44 谁敢横刀立马？唯我彭大将军！

　　彭德怀是优秀的前线指挥员，毛主席对他是怎样信任和委派任务的呢？

　　保卫井冈山，毛主席想到了彭德怀；保卫陕甘宁，毛主席想到了彭德怀；东渡黄河做先锋，毛主席想到了彭德怀；抗美援朝，毛主席想到了彭德怀。彭老总也用一次次的丰硕战果回报了这种信任。

　　可以想象毛主席和彭老总交谈时的那种默契，毛主席的家，湖南湘潭韶山冲；彭德怀的家，湖南湘潭乌石村，两地只相距10公里。一样的山，一样的水，连屋后的竹子长得都是一样，高高大大的、油绿油绿的。但两人第一次见面的地方却是在井冈山。

　　走在彭德怀故居的小院里，感慨于人生的不易和生命的坚强。彭德怀年少时因家贫辍学，当过窑工和洞庭湖堤工，小小年纪干着成人的重体力活。18岁当兵，24岁考入湖南陆军军官讲武堂，毕业后在湘军任排长、连长、营长。28岁随部队编入国民革命军，参加北伐战争，结识共产党人段德昌，开始接受共产主义思想。1928年1月升任团长，4月在大革命失败的低潮时期加入中国共产党。7月22日，彭德怀率领800余名指挥员，举行了继南昌起义、秋收起义和广州起义后的平江起义，成立了中国工农红军第五军，彭德怀被推举为红五军军长兼十三师师长，滕代远为军党代表，邓萍为参谋长。全军连同新参军的工农群众共计有 2500 余人。因受优势敌军的包围，红五军守卫平江失利。彭德怀决心以朱毛红军为榜样，并亲自去井冈山"取经"。他认为"井冈山是乌云满天中的一颗明星，是湘鄂赣根据地和其他根据地的指路明灯"。毛泽东获悉彭德怀、滕代远率领红五军主力即将来井冈山后，同朱德决定派何长工等率部迎接，两军在宁冈县城实现了胜利会师。

彭德怀第一次与毛泽东相见，是在宁冈县茨坪一户中农家里。彭德怀走进屋里，看到一个身材颀长的人向他伸出手，用与自己一样的湘潭口音热情地说："你也走到我们这条路上来了，今后我们要在一起战斗了。"①

初次相见，毛泽东详细地讲述了他对中国革命道路和前途的看法。如：为什么必须建立根据地；红色政权在中国得以存在和发展的原因；中国目前革命的性质等。彭德怀后来追述，这次直接接触了毛泽东同志，使他对毛泽东更加敬仰了。

红五军与红四军会师宁冈不久，湘赣两省军阀即纠集 18 个团的反动军队，向井冈山地区"会剿"。根据当时的严重情势，毛主席决定以红五军少数兵力（约一个团），留守井冈山，吸引两省"会剿"敌军，掩护红四军挥师赣南，开辟革命根据地。当时红五军军委会内部，多数同志不同意担当此任，主张迅速北返，扩大湘鄂赣根据地。在这重大的战略抉择面前，彭德怀以全局为重，力排众议，说服大家，毅然挑起毛主席交给的千斤重担。

红四军离开井冈山刚刚三天，四面八方的敌军即向井冈山疯狂地围攻。经三昼夜激战，在大量消灭敌人有生力量之后我军被迫突围。经辗转苦战，彭德怀所部仅剩 300 余人。但是，仍然积极寻找战机，主动出击敌人，有力地配合了红四军在赣南地区的顺利发展。

在历次反"围剿"战斗中，彭德怀在毛主席统一指挥和毛主席军事思想的影响下，英勇奋战，大量歼敌，战绩卓著，威名远扬。特别在第二次反"围剿"战斗中，在红一军团密切协同下，彭德怀率部连打三仗，初战东固山，全歼公秉藩师四个团共一万余人；再战中村，打垮孙连仲部一个旅，俘敌千余人；三战建宁，将敌刘和鼎师大部歼灭，缴获大批武器装备，真是"七百里驱十五日""横扫千军如卷席"，取得了第二次反"围剿"的完全胜利。

彭德怀常讲：干部勇敢、不怕死，部队才能冲得上，攻得下。他自己正是勇敢而明智的模范。为了正确无误地实施指挥，他常常冒着战火硝烟，奋不顾身，亲临前线，实地察看地形敌情，力争做到"知彼知己，百战不殆"。

长征途中，彭德怀率领红三军团，配合红一军团，以劣势兵力，猛打猛冲，一举消灭凭险固守的强大敌人，攻占天险娄山关，二进遵义城。这是整个长征中我军歼敌最多的一次战斗。

1935 年 10 月 19 日，党中央和红军抗日先遣队结束了长征，到达陕北保安的吴起镇。蒋介石发电报给盘踞在陕甘宁一带的国民党军队各部："朱毛赤匪长途行军，疲惫不堪，企图进入陕北会合刘志丹"，各部要"前往堵截，相机包围，予以歼灭"。为确保长征红军与陕北红军胜利会师，毛泽东提出决不能把尾追长征红军的敌军带进陕北根据地，于是毛泽东把"切尾巴"的重任交给彭德怀。

彭德怀亲自部署和指挥红军陕甘支队（原红一方面军缩编改称）第一纵队和第二纵队，在吴起镇西北部的五里沟口一带设下埋伏。翌日当太阳升起的时候，敌三十五师骑兵团 2000 多骑兵进入我军伏击圈。陕甘支队司令员彭德怀一声令下，埋伏在周围的红军战士居高临下，同时向敌骑兵开火。这一仗红军吃掉敌一个骑兵团，击溃敌两个骑兵团，俘虏敌官兵700余人，迫使敌军停止了对长征红军的追击，远离陕北革命根据地。

这是中央红军到达陕北后第一场胜仗，为此，毛泽东特赋诗一首赠予彭德怀："山高路远坑深，大军纵横驰奔。谁敢横刀立马？唯我彭大将军！"彭德怀收到后，将诗末句"唯我彭大将军"改为"唯我英勇红军"，并把原诗回赠给毛泽东。

埃德加·斯诺对彭德怀有这样的描写：

> 我原来以为他是个疲惫的、板着脸的狂热领袖，身体也许已经垮了。结果我发现彭德怀是个愉快爱笑的人，身体极为健康。……他有一件个人衣服，孩子气地感到很得意，那是在长征途上击下敌机后用缴获的降落伞做的背心。……他的谈话举止里有一种开门见山、直截了当、不转弯抹角的作风很使我喜欢。……虽然政府军飞机常常在红军前线扔传单，悬赏五万到十万元要缉拿彭德怀，不论死擒活捉，但他的司令部门外只有一个哨兵站岗，他在街上走时也不带警卫。……我注意到，彭德怀很喜欢孩子，他的身后常常有一群孩子跟着。……我常常见到彭德怀和两三个"红小鬼"坐在一起，认真地向他们讲政治和他们个人问题。他很尊重他们。……有一次我同彭德怀一起去看一军团抗日剧团的演出，我们同其他战士一起在临时搭成的舞台前面的草地上坐下来。他似乎很欣赏那些演出，带头要求唱一个喜欢听的歌。天黑后天气开始凉起来，虽然还只是8月底。我把棉袄裹紧。在演出中途，我突然奇怪地发现彭德怀却已脱了棉衣。这时我才看到他已把棉衣披到身旁的一个小号手身上。[②]

通过斯诺的这些文字，我们能感受到彭德怀的个性魅力和对战士的关心。在1942年面对中共中央北方局党校的干部学员，彭德怀回忆起自己当连长时的经历，深情地说："我只要听听睡觉时的呼吸声，就知道这个士兵是谁；隔着一堵墙的脚步声，我也能分辨出是哪个士兵的，这叫倾听群众的声音，是最起码的基本功。"这是"倾听群众呼声"的最生动、最具画面感的诠释。

1947年3月，国民党企图攻占延安，摧毁中共党、政、军指挥中枢，西北战场处于极端困难境地。彭德怀所部装备很差，兵力只有2.5万余人，而面对的敌人却是美械装备的23万多人的胡宗南军，敌我力量对比几乎是10比1，至1947年3月16日已突破我防御部队的第一线阵地。延安处在敌人重兵压境的危急情势之中。要拖住胡宗南集团，保卫陕甘宁边区，进而解放大西北，需要一位有威望的强有力的指挥员来统率边区的部队。毛泽东选中了彭德怀。3月16日，中央军委发布命令：边区各兵团及一切部队，"自3月17日起，统归彭德怀、习仲勋同志指挥"。彭德怀乃出任西北野战兵团统帅，直接指挥西北战场上的野战部队作战。

中共中央和毛泽东留在陕北，彭德怀深知其分量，他对身边的工作人员说：中央把这么重的担子交给我，我要是指挥不好，犯了错误，那就是我彭德怀无能，对人民犯了罪，对不起中央的重托。

撤离延安后的一个半月内，作为西北战场前线总指挥的彭德怀，坚决执行毛主席制定的作战方针："先打分散和孤立之敌，后打集中和强大之敌，以歼灭敌人有生力量为主要目标"，在青化砭、羊马河、蟠龙，三战三捷，极大地鼓舞了我西北军民的信心。野战军指挥员对彭德怀的指挥艺术高度信赖，说："这是老鹰抓小鸡，一次一个旅、两个旅，一个一个把敌人收拾干净。"就连敌方指挥官刘戡也不得不承认彭德怀指挥之高明，他说："彭德怀有实战经验，指挥相当谨慎，又非常灵活。"③

此后的沙家店战役，基本粉碎了国民党军对陕北的重点进攻。中共中央高度评价这一仗对全国战局的重大意义，指出："经此一战，局势即可改变。利于陈（赓）谢（富治）南进。"22日，陈谢集团相机强渡黄河，挺进豫西，转战豫陕鄂边地区。23日，西北野战军在前东原召开旅以上干部会议，毛泽东、周恩来、任弼时到会向指战员们祝贺胜利。毛泽东说：沙家店这一仗确实打得好，对西北战局有决定意义，最困难时期已经过去了。用湖南话来说，陕北战争已经过坳了。侧水侧敌本是兵家之所忌，而我们的彭老总指挥的西北野战军英勇奋战，在短短一天时间里，就取得了空前胜利。彭德怀站起来说："毛主席讲过坳了，这是对我们的鼓励。我们要真正过坳，还要多打几个胜仗。"④

对待能力和意愿"双高"的下属，领导者要做的就是五个字："都交给你了！"

参考文献：

①③④《彭德怀传》编写组著：《彭德怀传》，当代中国出版社2015年版，第39、191、200页。

②［美］埃德加·斯诺：《西行漫记》，东方出版社2005年版，第269—272页。

45 刘伯承的讲话谁都懂

毛委员的讲话赛发饷，刘伯承的讲话谁都懂！

曾经好奇：为什么作为重庆将校学堂的优等生、苏联高级步兵学校和伏龙芝军事学院的优秀生、马克思主义军事理论家、军事教育家的刘伯承同志的讲话如此生动形象通俗易懂？作者走访重庆开县赵家镇周都村，终于找到了答案。刘伯承故居坐落在风景秀丽的小华山山腰沈家湾，依山傍水，坐南朝北，翠竹环抱，浦里河在门前山下缓缓流过，奔向长江。刘伯承父亲刘文炳被称为"泥脚文人"，母亲周寅香高大壮实、勤劳俭朴，是家庭中的主要劳力。她心地善良，处事严谨，忍得气，吃得亏。虽然是幺媳妇，实际地位远在其他妯娌之上，能得心应手地处理农田里的事、家族里的事。尤其是脑子里积攒的那些谚语、歇后语，说起来一串一串的，像什么"多栽花，少栽刺"，"鸡肚哪知鸭肚事"，幼年时的刘伯承最喜欢听母亲摆"龙门阵"。父亲的"之乎者也"、母亲的歇后语，相映成趣，对刘伯承日后语言风格产生了深刻影响。

1931年11月，中央革命军事委员会在江西瑞金创办了中央军事政治学校。刘伯承同志于1932年1月进入中央苏区，任该校校长兼政治委员。刘伯承按照毛泽东"把红校办成'红埔'""办成培养干部的基地"的指示，做了很多开创性的工作。为了让文化程度低的指战员都能理解军事知识和战术要领，刘伯承化繁为简，经常采用通俗易懂的比喻。

比喻一，弹道与小孩小便。时为中国工农红军军事政治学校工兵连学员谢忠良回忆刘伯承讲射击学：

> 他问大家：子弹出了枪口是直的还是弯的？有的说是直的，有的说是弯的。这个问题连里早就争论过，大部分同志脑子里一下子还是转不过弯来，仍相信弹道是直的。刘校长在黑板上画了个简图，没有讲什么道理，只是说："大家都看到过小孩子挺着肚子小便吧！弹道和小孩小便相似。你们说是直的还是弯的？"说得大家哄堂大笑。①

比喻二，母鸡带小鸡。据时任七连指导员的戴润生回忆：

> 有一次执行掩护任务时，天气炎热异常。晌午时分，我们部队到达一个小山坳，接到原地休息的命令。由于长途跋涉后的疲劳和干渴，干部战士一听到休息命令，有的立即到附近的河沟里找水喝，有的索性坐在地上，抓紧时间打个盹。在忙乱中，我们竟忘了派出警戒哨。刘伯承同志看到了，并没有马上批评我们，而是命令我们立即把队伍集合起来。然后示意大家坐下，亲切地提出了一个问题："你们看到过老母鸡带小鸡没有？"我们干部战土不由相互地对视了一下，不约而同地回答："看到过！""好！"他接着问："老母鸡带小鸡时，它总是把两扇翅膀张开，头往前伸，为什么它要这样呢？"我们摸不清刘伯承同志提出这个问题是什么意思，一时都不知如何回答是好。

　　他略一沉思，继续说："依我看，老母鸡带着一群小鸡，除了教会小鸡寻食外，还要保护小鸡的安全，防止老鹰把小鸡叼走。因此，它张开翅膀就是向两侧警戒，头往前伸就是随时准备战斗。你们说对不对？"我们一听都乐了，连说："对！对！"大家都被他形象的比喻和深入浅出的说理折服了。话音一转，他的语气变得严肃了："你们今天休息，就像散了集一样，连警戒也不派，还不如母鸡的警惕性高呢！"我们都羞惭地低下了头。他一扬手，缓了缓说："请大家记住，我们是军队，而且是红军，不管什么时候，也不管在什么地方，都务必要保持高度的战斗警惕，绝不能有一丝一毫的麻痹大意。"②

　　狮子不必总是怒吼，平静中能拨动对方的心弦是一种真正的力量，这样的批评让指战员终生难忘。

　　比喻三，西瓜与换帽。1937年，国共开始第二次合作，指战员们对改名字、换帽子转不过弯来。陈锡联回忆道：

　　　　刘师长说大家都见过西瓜，西瓜从外表看是青的，但里面的瓤却是红的。我军虽然在形式上进行了改编，但我们的心仍是红的，我们仍然是共产党的武装。名称改了，我们人民军队的本色没有改；帽子变了，我们人民军队的传统没有变！刘师长的话语非常通俗，讲出的道理却非常深刻。经过刘师长的耐心教育，全团上下对我军改编及对推动全面抗战和扩大我党、我军政治影响的伟大意义，有了正确而又深刻的认识。③

　　刘伯承师长借助西瓜里外颜色之别将我军改编的"两变""两不变"说得如此透彻，指战员们放下包袱，奔向抗日前线。

比喻四，小孩的"迎头一棍"。1937年10月19日，阳明堡战斗打响当天，刘伯承与386旅会合，该旅的任务是侧击进犯娘子关的日军，支援友军作战。刘伯承召集营以上干部，解释侧击的意义和方法：

> 日本鬼子人多，装备好，很愿意跟我们硬拼，可我们偏不这样干，而是打它的侧背。大家一定都懂得这样的道理，对付大人的欺侮，小孩子只有找机会躲在门背后，等他过来，就乘其不备地给他迎头一棍，我们目前就是用了这一打法。④

比喻五，男子头上有一顶光荣的花冠。因1947年9月商城、光山等战役打得不理想，当各纵队的领导干部相继赶到光山以南的王家湾会场时，刘伯承、邓小平没有像往常那样亲热地跟大家打招呼，而是紧绷着脸端坐不动。刘伯承说：勇敢的"勇"字，就是男子头上有一顶光荣的花冠。……我们进到大别山，处于无后方作战，困难重重，但要有勇气战胜困难，特别是要打好仗。最后，刘伯承、邓小平共同表扬了群众创作的歌颂跃进、鼓舞斗志的歌曲、快板，刘伯承一再肯定说："我们部队就是要唱这样的歌：'大别山好比一把剑，直插到蒋介石的心里面！'"⑤

这次重要会议，对坚持大别山的斗争，迅速实施战略进攻，起了重大的作用。多年后，陈再道等高级干部对这次"不拉手"的王家湾会议仍记忆犹新。

刘伯承长期身处战斗一线，指挥千军万马，面对文化程度有限的广大指战员，他一次次用生动形象、通俗易懂的语言，筑起了沟通的桥梁，让战略落地，让目标成为现实。

参考文献:

① 谢忠良:《在红校当工兵》,《星火燎原》第 2 卷,解放军出版社 2009 年版,第 177 页。

② 戴润生(时任江西瑞金红军学校司号连学员、校训育处工作人员),《"母鸡带小鸡"》,《星火燎原》第 12 卷,解放军出版社 2009 年版,第 125—127 页。

③《陈锡联回忆录》,解放军出版社 2007 年版,第 64 页。

④⑤《刘伯承传》编写组著:《刘伯承传》,当代中国出版社 2015 年版,第 103、258 页。

46 贺龙通过打球教育人

正式沟通与非正式沟通都是增强影响力的重要手段，非正式沟通有时起着正式沟通难以起到的作用，贺龙、关向应借助于打球比赛，与战士们进行了深入的情感思想交流。本篇故事和对话摘编自时任八路军第一二〇师直属队机关干部黄烈的回忆文章《战斗队》[①]，亮·点代表作者的点评。

　　1938年初，师直属队的机关干部，组织了一个业余篮球队，得到贺龙师长的支持。大家都想给球队起个响亮的名字，贺师长说："我们红军有过'战斗球队'，八路军嘛，还是要战斗。我们师有了'战斗报社'、'战斗剧社'，球队也叫'战斗'吧！"从此，这个球队便命名为"战斗球队"。

　　在战争环境下的晋西北，打球是新鲜事。"战斗队"每次打球，干部、战士、群众，都里三层外三层围着球场看热闹。那时候，有些队员是刚参军不久的青年学生，喜欢在球场上出个风头，玩个花枪，表现表现自己。

　　打完球之后，贺师长当场把大家召集起来，说："我们打球，绝不是为了自己痛快痛快。我们是为了锻炼身体，使自己能适应各种各样的艰苦环境，也是为了培养团结协作、勇敢顽强、不怕艰苦、严守纪律和机智灵活的战斗作风，是直接为战斗的胜利服务的。我们要提倡朴实有效的作风。把球投进篮里算数，那种想借打球的机会显露显露自己，让观众叫两声好，拍几下巴掌，和流里流气的作风，要不得。"虽然都是个球，也都往篮里投，但打球的目的却不一样，这里面是有学问的。"关政委说："打球，不但可以看出一个人的技术好坏，更重要的是可以测验一个人是否有文化教养，和思想品质如何；你的集体观念好不好，意志强不强，作风是否踏实，别人都会看得清清楚楚。"他特别嘱咐说："要记住，当一名好运动员，定得先成为一个好战士。"

亮·点：球里有政治，球里有学问，球里有人品，贺龙师长和关向应政委的话对"战斗队"触动很大。"朴实有效"的教导，让人想起毛主席常说的打仗如同做生意，赚钱的就干，蚀本的不干。打球也是如此，能得分就干，花哨的不干。

"战斗队"的影响越来越大，打球的越来越多。每当战斗的间隙或晚饭后，河滩上、大路旁、野地里，到处是活蹦乱跳的人。五颜六色的篮球、排球，像穿梭的流星，到处被追逐着。为了省鞋子，战士们就赤脚打球；怕弄破衣服，夏天，就光着膀子干；冬天，先穿棉衣打一阵，等出了汗，再脱掉棉衣、棉裤，只穿一条裤衩打。贺龙师长看到这情形，高兴地说："这才像个样。军队嘛，就要像生龙活虎一样，该工作就工作，该打仗就打仗，该娱乐就好好娱乐。"他和关政委、周士第参谋长等首长，也经常兴高采烈地出马上阵。每逢这个时候，欢声笑语汇成欢乐的海洋，震撼着偏僻的山谷，使人们把战斗和工作的劳累，全忘得一干二净。

挺进到冀中后，战斗更加频繁，贺龙提示大家打球也要找时间多训练。每到宿营地，只要情况允许，战士们就选一块平地作球场，再向老乡借几根木头和两块门板做球架，安上自带的篮筐就干起来。一次，"战斗队"在师指挥所旁边的一块空地上打起球来。贺龙师长安详地坐在球场旁边，一面看，一面还指点着队员的战术和动作。当时，敌人的炮弹不时飞来，大家心情比较紧张。正打着，一颗炮弹忽然在球场附近爆炸了，尘土像激起的浪花，弥漫了球场。贺龙毫不在意地掸掸身上的尘土，挥手表示继续打，并用诙谐的口吻说："没关系！打嘛！天一黑我们就去收拾敌人。"看到师长那根本没把敌人放在眼里的英雄气概，战士们的精神也都为之一振，打得更加热火。

打完球，他又把大家叫到一起说："打球和打仗一样，最要紧的是充分做好调查研究和战前的计划、准备工作。心中无数，要想战胜对方是不可能的，这就叫'凡事预则立，不预则废'。知己知彼，才能百战百胜。""打起来，就要有旺盛的士气和必胜的信心。在强手面前，不畏惧，不紧张，不长对方志气，灭自己的威风；在弱手面前，不骄傲，不轻敌，哪怕对手是只猫，也要当老虎来打。"

黄昏后，北风骤起，飞沙走石。在贺龙师长亲自指挥下，战斗打响，一举歼敌七百多，原来，战斗早在贺龙师长的运筹之中。

亮·点：什么时节开什么花，"该工作就工作，该打仗就打仗，该娱乐就好好娱乐"，要么不干，要干就百分百地投入，就百分百地尽兴。彻底地消除疲劳，彻底地投入战斗，这是一种良性循环。不打无准备之仗，打球与打仗一样，也需要"预"！白天打球，晚上打仗，炮弹炸于前而面不改色。领导的信心是能够传递的。

冀中军区和行署为了欢迎一二○师，特地组织了一次盛大的联欢会，精彩节目之一，便是军区和行署联队同战斗篮球队的友谊比赛。赛前，贺龙再三叮咛："同兄弟部队比赛，球的输赢是小事，人的输赢可大啦！一定要打得顽强，表现出一二○师的战斗风格。要注意团结，发扬我们无产阶级的体育道德作风，还要虚心向人家学习。"比赛结果我们输了，大家心里都有点不痛快。可是，贺龙师不但没有责怪，反而鼓励说："人家打得好，要好好学习。你们虽然输了，打得也不坏，很顽强，是从团结和集体的荣誉出发。球虽输了，人没有输，这点很可贵。别灰心，总结总结经验，这次输了，下次再来。"在贺龙师长的鼓励下，大家认真总结了这次比赛，从中得到了两条教训：一条是战前调查研究不够，不摸对方的底，心中无数，计划不实际；一条是技术还很差，还需要很好的下功夫，多找几个对手碰碰。

亮·点：优秀的领导总能看到部下做到了什么，取得了哪些进步，在鼓励的基础上提出希望。输球，没有输人，这是对"人"的最大肯定。

1940年初，一二○师从冀中回到晋西北。9月的一天，延安抗日军政大学调往东北工作的一部分干部，来到兴县。他们当中，有一支非常出色的篮球队，名叫"东干队"，在陕甘宁边区所向无敌。"战斗队"决定同他们"碰碰"。贺师长指示说："先让他们吃好、睡好，把场地熟悉好再赛。你们也应该先摸摸底，研究研究对策。""战斗队"在比赛前参观了"东干队"练球，又开了几次调查研究会，逐个地研究了对方每个人的特点，制定了具体的方案。赛前贺龙师长又嘱咐道："要注意团结，讲究作风，自己也要密切合作。赢球固然重要，赢人更重要。"

比赛还没开始，球场四周便站成了厚厚的人墙，贺龙师长、关向应政委都到场了。比赛结果，"战斗队"胜了，在体育道德作风方面，也获得一致好评。贺师长说："不错，球和人都赢了。"接着，他又告诫道："可不能翘尾巴！打胜了，有胜利经验；失败了，有失败教训，这些都要学，要打一仗，进一步呵！"

亮·点：赛前出谋划策，并谆谆教导"赢人比赢球更重要"，使队员树立健康的比赛观。球赢了，人也赢了，及时地提醒不骄傲，打一仗进一步！无论输赢，领导的最恰当的声音总是及时地响起！

1940年10月，在延安与"延安代表队"比赛时，朱总司令、陈云、李富春、邓发等领导同志，也在百忙中来观看。比赛结束，朱总司令特邀大家进了晚餐，并鼓励说："你们不光技术好，意志好，作风也好。你们在贺师长和关政委领导下，体育活动开展得很好。我们的部队就要这样：既要'团结紧张'，也要'活泼严肃'。"临别时，他又赠给"战斗队"一面锦旗，上写"球场健儿，沙场勇士"。

1942年9月，延安举行了空前盛大的"九一"运动大会，"战斗队"第二次来到延安。大会闭幕之后，毛主席接见了"战斗队"。毛主席亲切地说："我每天看报，总要看看体育消息。你们的比赛，我差不多都在报纸上看到了。你们打得很好。你们在贺师长领导下，一面打仗，一面开展体育运动，很好。我们军队是很需要体育的……你们除了坚持锻炼身体以外，还要好好工作，为革命事业献出自己的力量。过去无数党员和革命先烈为革命流血牺牲，好不容易才把革命引上轨道。比如你们的贺师长，两把菜刀闹革命，经历了千难万险，不怕杀头，到处找才找到了共产党。现在，党就在你们面前，你们要好好地跟着党走。要追求真理，要忠心耿耿地为党做事。"……

这是"战斗队"得到的最大荣誉和最高奖赏。

亮·点：一只篮球蕴含着如此丰富的大道理，贺龙、关向应将打球与育人结合得如此完美，让战士锻炼了身体，增进了友谊，提高了认识，增强了信心。朱总司令的晚餐、毛主席的接见是对"战斗队"、也是对奋斗在晋西北艰苦环境中的一二〇师全体将士的极大鼓舞。

参考文献：

① 黄烈（时任八路军第一二〇师直属队机关干部）：《"战斗队"》，《星火燎原》第 6 卷，解放军出版社 2009 年版，第 102—108 页。

47 聂荣臻、贺龙帮助冀中成模范

盛夏的一天，作者来到重庆江津聂荣臻故居。秧苗正在茁壮成长，路边和坡地到处都长着繁茂的花椒树，一片富足的田园风光。走进故居堂屋，迎面的屏风上书写着："决非一衣一食之自为计，而在四万万同胞之均有衣食也；亦非自安自乐以自足，而在四万万同胞之均能享安乐也"，这是聂荣臻的愿景和使命，他的奋斗绝不是为一人之"荣"、一家之"臻"。

贺龙之女贺晓明回忆说：

在父亲看来，参加革命，绝不是为了谋财求官，而是要结束军阀混战，让普天下的中国人民都过上好日子。当年，蒋介石以五百万光洋，外加汉阳兵工厂和武汉卫戍司令的头衔，企图收买父亲，却丝毫动摇不得他那崇高的信仰和政治理想。他早已决心把自己的毕生奋斗都融入中国人民的伟大革命事业，他觉得自己的一切，包括生命都应该毫无保留地交给党、交给人民。作为党和军队的领导人，危难关头，就应该率先垂范，慷慨赴死。①

贺龙、聂荣臻胸怀共同的革命理想，曾在南昌起义并肩战斗，全面抗战后，分别作为一二〇师和一一五师的领导战斗在华北抗日前线，又先后来到冀中平原，帮助吕正操建设冀中根据地。

吕正操，从张学良的副官、秘书、东北军某团团长到中国共产党第一个平原抗日根据地的始创者，实现了惊人的跨越！冀中平原根据地的建设，是聂荣臻、贺龙、关向应、吕正操等人集体智慧和中国共产党人民战争思想的胜利。

"人民群众比山靠得住"

1937 年 11 月，八路军一一五师副师长、政治委员聂荣臻受八路军总部之命任晋察冀军区司令员兼政治委员，率 3000 人的武装，在五台山区创建敌后第一个抗日根据地。12 月中旬，吕正操、孙志远率领人民自卫军和抗日义勇军共 2300 人，来到平汉路西整训。吕正操表示在旧军队待久了，对八路军的方法很生疏，聂荣臻以忠厚长者的身份，对吕正操言传身教：

> 人民群众比山靠得住，广泛的群众基础比地形靠得住。就说大山吧，如果山上没有群众，山路又很窄，敌人把山路一堵，我们根本不能坚持，不用说别的，吃的问题就没办法解决，没有群众供养我们，难道能吃石头吗！对于建设敌后根据地，首要的问题是发动群众，得到人民群众广泛的支持，地形的作用还是比较次要的，而且也是可以改变的。我们晋察冀这块根据地虽然发源于五台山，但我们不是有了五台山，才有了这块根据地，而是敌后的群众支持我们，拥护我们才使我们能够得到这样大的发展。……冀中这块抗日

阵地，是我们党领导首创的平原根据地，意义非常深远。你们成功了，对于全国其他平原地区的抗战，将提供出借鉴的经验。②

聂荣臻将吕正操挥戈北上和在冀中的工作，向中共中央和总部作了报告，毛主席知道后，非常高兴。

"首创平原根据地"，这种定位，能唤起强烈的荣誉感和自豪感。当人们知道从事着重要的、开创性工作时，会以更大的动力投身其中。"人民群众比山靠得住"，这是来自于晋察冀实践的真知灼见。聂荣臻的谈话，使吕正操开始懂得毛主席的人民战争思想，比较清楚地认识到在冀中平原建立抗日根据地的不利条件和有利条件，对吕正操鼓舞很大，同时也感到肩上的责任光荣重大。

1938年5月，根据晋察冀军区命令，人民自卫军与河北游击军等冀中抗日军队统一整编为八路军第三纵队，成立冀中军区，吕正操任冀中军区司令员兼八路军第三纵队司令员。在晋察冀军区领导下，他带领部队依靠广大人民群众，积极开展冀中平原游击战。半年时间内，吕正操指挥部队与日伪军作战100余次。在开辟大清河北根据地以后，冀中抗日根据地很快发展到几十个县、人口约700万人，建立了冀中抗战学院，军区部队发展到约10万人。

强将鼓舞三军志

1939年1月，八路军一二〇师挺进冀中。同年2月，根据中央指示，成立了由贺龙、关向应、程子华、吕正操、黄敬等五人组成的冀中军政委员会，贺龙任书记。贺龙一见吕正操就风趣地说："你这个司令官可不小呀，冀中的人口比陕甘宁还多两倍呢！"说得大家都笑了。在当天晚上举行的军民联欢大会上，贺龙说：

> 日本鬼子有啥了不起，他不比谁高嘛！真正了不起的是毛主席
> 领导的八路军、老百姓。冀中人民拆城墙、挖道沟，改平原为山地，
> 是个创举。现在我们有几万人马，几万支枪，还有这么多这么好的
> 老百姓，力量不小呀！只要我们军民团结，照着毛主席说的去干，
> 管他小鬼、大鬼，都能打败它！③

这天的会一直开到深夜才散。天气虽然很冷，但歌声、掌声、欢呼声，把会场搞得热气腾腾。真是强将鼓舞三军志，勇师振奋万人心。那一晚，贺龙和吕正操、程子华等睡在一个铺上，谈了很久，贺龙说吕正操"什么都扯"，吕正操说与贺龙"一见如故"。

从此吕正操就经常与贺龙一起研究问题，部署整个冀中区的作战行动，也经常一起行军，一起宿营。在这期间，贺龙同志一有空就和大伙闲谈，天上地下，风土人情，无所不及，非常坦率。有一次，他意味深长地说："你别看我贺龙现在像这么回事，南昌起义队伍在潮汕一带被敌人打散后，我在回湘西的路上，连个买烧饼的钱都没有了……"说完，他爽朗地笑了。

来到冀中后，一二〇师主动承担战斗任务，保证冀中部队顺利整训。整训是八路军总部下达的第一期整军训令的要求，也是冀中部队正规化过程之急需。可是，由于日军的频繁"围攻"，冀中部队忙于作战，无法执行。贺龙不顾一二〇师一个多月的长途跋涉和对地形的生疏，主动提出：冀中区的反"围攻"任务由一二〇师承担，冀中部队抽出身来进行整训。

在部下独立和成熟之前，领导者总是把硬骨头揽在自己肩上！根据这一提议，三纵队十六团、十七团、二十团、津南自卫军移往晋察

冀边区整训；在冀中的部队由一二〇师帮助整训。后来，冀中军区又抽调各分区九个大队和一个营到边区整训。整训后，冀中军区共建成14个主力团，以新的姿态战斗在冀中平原上。

向上级要干部和自己培养干部

贺龙下大力气培养干部，加强冀中部队领导力量。冀中部队由旧军队和农民部队改编而成的，新战士多，老干部少，部队中存在着极端民主化和绝对平均主义的倾向。党员很少，大部分连队还没有建立党组织，政治工作比较薄弱。这是冀中军区领导在部队建设上面临的最大难题。贺龙到了冀中，吕正操、程子华就向他要干部。贺龙说："你要哪个，我就给你哪个。"贺龙从一二〇师先后抽调了常德善、吴西、肖新槐、郭陆顺等50多名领导骨干到冀中军区。同时，贺龙也多次叮嘱吕正操要自力更生培养干部。他语重心长地说："搞革命搞军队，没有一批政治上坚定的干部怎么行呢！光靠向上级要不行。你向聂荣臻同志要，他一下子生不出那多。向毛主席要，毛主席的担子比咱们重得多。最牢靠的办法是靠自己。"贺龙以贺炳炎、余秋里两个同志为例，来说明培养干部的重要性，他说："贺、余两个人都只有一只胳膊，刚来冀中时没几个人，可是他们东一搞、西一搞，就搞出个队伍来。这个队伍打得很硬嘛！敌人一听见'一把手'的队伍，离老远就吓得溜掉了。"贺龙还说："冀中战士的质量可不低呀！他们见识广，有文化，接受能力强，又吃得苦，只要两块玉米面饼子往肚里一填，就解决问题了。睡觉也不要铺盖，连鞋也不脱，穿着衣服往炕上一滚就睡。才补进连队没几天，抱起枪来就冲锋……这些兵，只要有好干部带，那还了得呀！"④

模范带头，取长补短

贺龙特别重视以一二〇师的模范行动去影响冀中部队。一二〇师在冀中军民中有很高的威望。贺龙一面强调一二〇师要做好样子，要求极严；一面通过吕正操、程子华发动冀中军区部队组织参观团，到一二〇师见学、座谈、交流工作经验，学习老八路的光荣传统和作风。在此基础上，贺龙指示一二〇师司令部、政治部举办各种训练班，帮助军区部队训练干部。据统计，在短短的几个月中，一二〇师举办了游击干部训练班、锄奸干部训练班和敌工工作训练班各一期，为冀中军区部队训练了410名干部。贺龙还亲自主持了一二〇师与冀中军区干部共同参加的参谋工作会议，总结经验，交流思想。贺龙亲自在会上讲解了一二〇师在冀中作战的若干战例，传授作战经验，对冀中的干部颇有启发。[5]

为了提高冀中部队的作战能力，贺龙同志还让一二〇师的每个团都带上冀中部队的一个团，在战场上一块冲杀，互相取长补短，共同前进。这是"一带一""一帮一"的模范实践。贺龙同志常说："训练新兵最好的办法就是打仗。今天入伍，明天打上一仗，后天就是老兵了。"[6]

1939年1月，日军以7000之众，分兵五路，对冀中进行第三次战役围攻，贺龙组织部队避其锋芒，与敌周旋于平原，然后相机集中兵力干掉它一部，最后歼其全部。4月间的齐会战斗，一仗就把不可一世的日本王牌军吉田大队消灭了700多名，狠狠打击了日军的气焰，创造了冀中平原大规模歼灭日军的空前范例。

思想引领，忠于革命

贺龙经常和冀中领导人在一起谈思想，讲工作，分析形势，交流经验，以实际行动影响和提高冀中军区执行中央战略的自觉性。

针对破坏抗战的张荫梧，冀中根据地进行了针锋相对的斗争。贺龙非常高兴地说："你们干得对嘛！对国民党就得有两手，抗日咱们欢迎，捣乱，咱们就打！"他还说："根据地是人民的，不能让国民党顽固派这股坏水流进来。"吕正操说："卧榻之旁，岂容他人酣睡！"贺龙笑了笑说："对！你这句老八股引得好！毛主席说过，要独立自主地开展游击战争。这是个原则，要坚持。"贺龙还经常谈他自己在党内路线斗争中的经历和教训。他在晋绥的时候，率领部队几经浴血奋战，才从日军手里夺回几座县城，但却有人把国民党老爷请来当县长，说不那样做就是不符合"一切服从统一战线""一切经过统一战线"的精神。结果，八路军的扩军、征粮，甚至连过路都得受限制。贺龙同志气愤地说："这叫什么统一战线？乱弹琴！这明明是捆住自己的手脚让人家把你搞掉嘛！纯粹是右倾投降主义！我们可千万不能再上王明这个家伙的当！"

贺龙常说："中国革命没有共产党是不行的，没有毛主席也是不行的。"他对反对毛主席的人非常愤恨。1935年6月，红军一、四方面军在四川懋功会合以后，张国焘出于对形势的悲观估计和篡党夺权的野心，竟公然反对北上抗日的路线，反对党中央和毛主席。朱德、刘伯承、任弼时等许多领导同志，对张国焘进行了坚决的斗争。贺龙当面质问张国焘说："我过去当过军阀，好不容易才找到了共产党找到了毛主席，走上了革命的道路。你是个老党员，现在却要反对毛主席，去走军阀的老路，你走得通吗？"问得张国焘面红耳赤，吭吭哧哧地答不上话来。在冀中，不管在什么场合，贺龙只要一谈起张国焘这一罪行，总是非常愤怒，深恶痛绝。贺龙同志热爱毛主席，自觉执行毛主席革命路线的高贵品质，给了冀中领导很大的启发和教育。⑦

1939年8月，贺龙奉中央命令率一二〇师去执行新的任务，部队陆续离开冀中。贺龙对吕正操非常赏识："老吕这个人首先有一条，他对党的任务、决定是坚决执行的，对党信任，组织观念强；第二条，打日寇是坚决的；第三条，有群众观念。"⑧

与贺龙戎马相随、朝夕与共相处了八个月的吕正操实在不舍。他惋惜地说："贺老总，你知道，过去我是个旧军人，没有经过长征锻炼，也没搞过土地革命，对咱们八路军这套东西还没有学会，还需要你继续帮助，你却要走了！"贺龙听了，哈哈大笑了几声以后，说："你常说你是个旧军人，就算个'小军阀'吧，那算个啥！我在旧军队里当过镇守使、师长、军长，可是个'大军阀'呢。但一找到共产党，跟上毛主席，有了觉悟，就有个'突变'嘛！过去的事提它干啥，要紧的是跟着毛主席干革命，风吹浪打不回头！"⑨

在临别的时候，贺龙还鼓励吕正操说："八路军这套东西，都是毛主席教会的。你现在正在学习《论持久战》《抗日游击战争的战略问题》，这就好嘛！另外，有事多向聂荣臻司令员、区党委请示报告，一定可以把冀中搞得更好。"贺龙对冀中有着深厚的感情，他无限眷恋地说："冀中这个地方多好啊！素有'平津门户''华北粮仓'之称，历来是兵家必争之地。将来对日本鬼子实行反攻，还是个前进基地呢。部队从这里一捅就可以捅出关外，一鼓劲就可以把日本鬼子赶过鸭绿江。"最后，贺龙还特别嘱咐吕正操说："毛主席对冀中很关心，你现在就写信给毛主席，把这里的情况汇报一下。"吕正操遵照贺龙的指示给毛主席写了封信，汇报了冀中抗日根据地的情况。⑩

冀中部队长期坚持平原游击战争，进一步扩大了冀中和晋察冀抗日根据地，经受住了1942年日军发动的空前残酷的大"扫荡"，有力地打击和牵制了日本侵略者，最后为党保存下几万人的正规化战斗部队，毛泽东曾亲笔题词，称赞冀中抗日根据地是"坚持平原游击战争的模范，坚持人民武装斗争的模范"。吕正操的成长和冀中的成就与聂荣臻、贺龙、关向应的亲自指导，与一二〇师部队的传、帮、带是分不开的。

特别感慨：吕正操从小目睹日本军队对自己东北家乡的烧杀抢掠，内心充满对侵略者的仇恨，将自己的名字改为"正操"，就是长大后当兵，操练本领，打击日本侵略者。在中国共产党领导下，他终于实现了自己的愿望。与其他东北军将士相比，吕正操是幸运的、幸福的。

特别敬佩：聂荣臻、贺龙等言传身教，以"首创平原根据地""人民群众比山靠得住"唤起冀中军民强烈的荣誉感和自信心。领导力就是动员大家为了共同愿景而努力奋斗的艺术。经过传帮带，一支以旧军队和农民为主的部队焕发了惊人的战斗力。

特别亲切：通过吕正操个人的回忆，贺龙的故事、贺龙的语言、贺龙的形象跃然纸上，仿佛每一个人都能参与到当年的对话中，"管他小鬼、大鬼，都能打败它"，"一把手的威力"，"你这句老八股引得好""张国焘面红耳赤，吭吭哧哧地答不上话来"，从冀中"一捅就可以捅出关外，一鼓劲就可以把日本鬼子赶过鸭绿江"，"'小军阀''大军阀'，找到共产党，跟上毛主席，就有个突变"……真是生动极了！

特别惊叹：短短八个月，贺龙、关向应与一二〇师给吕正操和冀中部队带来这么巨大的变化和精神财富。"你要哪个，我就给你哪个。"这是怎样的胸怀啊！如果我们在领导岗位上，八个月，我们能给组织或部下带来些什么？

参考文献：

① 张黎明主编：《我的父辈》，上海人民出版社 2010 年版，第 349 页。

②③④⑦⑧⑨⑩《吕正操回忆录》，解放军出版社 1988 年版，第 100—101、180、191、182、188—189、192、193 页。

⑤⑥《贺龙传》编写组著：《贺龙传》，当代中国出版社 2015 年版，第 165 页。

48 陈赓这样处理指导员的请假

陈赓，1903年出生于湖南湘乡市龙洞乡泉湖村，祖父是湘军将领，祖母是一位上马能提刀、飞骑能射雁的女中英魁。陈赓在这样的家庭环境中长大，自幼就受着"武"的熏陶、"智"的教育，养得一身正气。13岁投笔从军，19岁加入中国共产党，21岁考入黄埔军校一期，被誉为"黄埔三杰"之一。戎马生涯中，先后救过蒋介石和周恩来的命，是一个"人到了哪里，笑声就传到哪里"的有故事的人，邓小平曾与家人说，陈赓很调皮。

2019年深秋，作者来到陈赓故居。这是一个丁字路口，门前一大片开阔的水稻田，秋收后的田野，稻桩子上又长出了一层青苗。屋后，是一座平缓的小山。站在故居门前，仿佛看到祖孙耍枪弄棍的场景，仿佛听到陈赓"天下人饥，我以个人温饱为耻"的青春誓言。这里离韶山毛泽东的家只有15里，毛泽东搞农民运动调查时，曾来过这里，与陈赓的父亲交谈得很投机……

"开心果"陈赓的故事太多太多。有一次，连指导员的父亲要为儿子请假，准还是不准？这是管理者经常遇到的棘手问题，陈赓在1933年是这么处理的。本篇故事摘编自魏洪亮回忆《忆陈赓校长》[①]，亮·点代表作者的点评。魏洪亮，出生于 1915 年，1931 年参加革命，当时是中国工农红军大学学员，彭杨步兵学校政治营八连政治指导员。

（魏洪亮）：一天，我父亲从 80 里外的兴国县来找我，一见面就哭，杨百让连长赶紧把他安排到连部住下来。父亲一面哭着，一面把一双布鞋塞给我，说："伢子，这是你妈妈给你做的布鞋，她身体不好，想看看你……她又给你生了个小弟弟……"

这一夜，父亲和我们住在一起，他又说又哭，非让我回家一趟不行。杨百让连长也一夜没睡，一会儿劝他，一会儿给他倒水。直到天亮，我也动心了，跑去找陈校长。

陈校长听说我父亲来了，很关心，问什么时候到的，家里情况怎样？当听到我要请假，他沉思了一会儿说："现在学习比较紧张，形势也比较紧张，按规定，排、连以上的干部一律不准假。"说到这里，他看了一下我的脸色又说："按规定，就不准你的假了。你父亲的工作由我来做。"

亮·点：连指导员来到红军学校，杨百让连长和陈赓校长都很关心。对魏洪亮的请假要求，陈赓并没有立即拒绝，而是沉思了一会儿，然后告知不准假的原因。陈赓对魏洪亮简短的几句话既体现了勇气，也体现了体谅。"勇气"，是基于原则基础上的理性选择，是用"左脑"做出的，即遵守规定和制度；"体谅"，是基于感情基础上的感性选择，是用"右脑"做出的，即理解连指导员的难处：父亲让其请假回家，母亲身体不好，魏洪亮是遵从父亲还是违背父亲，不好选择，陈赓校长非常体谅地表示亲自去做工作。如果纯粹用"左脑"，则少点人情味；如果纯粹用"右脑"，则感情用事，失去原则，唯有在"左脑""右脑"之间、在理性和感性之间、在"勇气"和"体谅"之间

保持一种平衡，才是成熟！

　　他说完之后，我勉强说了服从组织决定，可心里还是想回家看看。陈校长看出了我的情绪不对头，指着我鼻子说："要想做通你父亲的工作，首先得做通你的工作。"我有些触动，赶紧说："我没意见，真的。"他在屋里踱了几步，扭头对我说："下午带你父亲来一趟，我和他谈谈。"

　　回到连部，我对父亲说陈校长要他去一趟。父亲听后有些害怕，便问："陈校长不会批评我吧？"我没有把握地说"大概不会"。

　　下午四五点钟，我和父亲一同去找陈校长。还没进门，陈校长已笑着迎出来了，他抓着我父亲的手，拍着他的肩膀说："老哥，你好呵！听说你又添了个儿子，又是一份革命力量呵！"父亲看到陈校长这样和蔼可亲，也笑了，不再拘束。进屋后，我才看到桌上摆了好几盘菜，还有一只鸡。

　　陈校长一边让座一边说："老哥，今天我请你来坐一坐。"我们坐下后，就开始吃饭了。陈校长和我父亲拉着家常，问家里的生活，问村里的赤卫队等等。言谈话语之间，陈校长介绍了我的学习、进步情况，并几次对我父亲说："老哥，你养了个好儿子，他们连是模范连，搞得很不错。"我父亲听了这些话很高兴，他俩谈着谈着，不一会儿像成了老熟人了。陈赓校长说："老哥，现在学校学习、训练很紧张，正准备对付老蒋的'围剿'，我就不准备让你的孩子跟你回家了。"我父亲是一个通情达理的人，虽然来时很坚决，经陈校长这么一说，思想也通了，连声说："行，行，我同意，我同意。"临出门时，陈校长拿出半匹机织布给了我父亲,这布是三军团打沙城时缴获的。

　　第二天早上，我父亲高高兴兴地背着铺盖卷离开了学校，走时他连连夸奖说："你们的陈校长真是个关心咱穷苦人的好人啊！"分别时，再三嘱咐我要好好学习。

亮·点：陈赓见了老魏，先拉家常，问家里、问村里，说完再说部队里，说了个人说集体，"好儿子""模范连"，这些关心、这些荣耀，让老魏倍感温馨、备受鼓舞。在情感交流、"像老熟人"的基础上，陈赓校长非常自然地、坦率地表示因为学习和训练的紧张就不让小魏回家了。真是动之以情、晓之以理，先讲感情、后讲道理，"通情达理"的老魏自然"通达"了。对军队动心了——陈赓校长关心穷苦人；对孩子放心了——在人民军队，踏实！

不久，上边来了命令，又调我去红军大学。我不想去，陈校长耐心地找我谈话，讲了很多革命道理，要我按时报到。第二天，我含着泪告别了敬爱的陈赓校长，背起背包，跨着大步，噔噔地走过熟悉的木桥，离开了青松翠竹掩映的步校，离开了九堡镇，可是令人难忘的步校生活，特别是陈赓校长威严慈祥的音容笑貌和他对我的教诲，却在今后的革命征途上一直激励着我。

亮·点：陈赓校长对小魏说："按规定，就不准你的假了。"对老魏说："我就不准备让你的孩子跟你回家了。"听起来如此温和、合情合理，没有"你不清楚政策吗？""你有没有觉悟？""我不同意！"这样居高临下的批评和压迫感。领导的每一次谈话，都是树立信心、传播理念、催人奋进的机会。

参考文献：

① 魏洪亮：《忆陈赓校长》，《星火燎原》未刊稿第 2 集，解放军出版社 2008 年版，第 102—103 页。

49 让不识字不认表
不懂"相机"的人进步

　　说到战士的进步和变化，让我想起偶然看到的江苏扬州电视台一档方言电视节目，叫《地球天天在旋，扬州天天在变》，"旋"和"变"都念非常非常重的音，让人强烈地感觉到：地球就在你面前一秒不停地在"旋"！扬州就在你面前一分不停地在"变"！那些不识字不认表不懂"相机"的战士何尝不是如此呢。人民军队就是一所大学校，"地球天天在旋，战士天天在变！"

　　1934 年 8 月，红六军团离开湘赣边根据地，向西转移，准备与贺龙、关向应领导的红二军团会师。本来，军团部每天的行军命令上，都写着当天宿营的地名，后来发现敌人的踪迹很难预先确定，这样，军团部的命令上就出现了"相机宿营"字样。行军时战士们总是喜欢打听当天的宿营地，只要知道了宿营地，他们就一路走，一路问，离宿营地越来越近，行军情绪也就越来越饱满。因此，连长和政治指导员为了鼓舞大家赶路，平素并不向大家隐瞒宿营地。

　　这一天，战士们又向连长打听："今天在哪里宿营？"连长答道："命令上写的是相机宿营嘛！"战士们一听"相机宿营"，以为"相机"是个大镇，脚底下瞬间轻松了起来。到了下午二三点钟以后，碰见了老百姓，战士们就开始问："老板，离'相机'还有好远？""'相机'？"老百姓没有听说过这个地名，只好含糊其词地随声答道："大概还有十几里吧。"战士们信以为真，走得更快了。走了个把钟头，估计前面大概就是"相机"了。可是一问，和刚才那位老乡回答的完全一样，也是"十几里"。几个"十几里"走过去了，还不到"相机"，直到第二天拂晓，才在路旁休息。

部队刚休息，军团政委王震顺着山路走来，边走边和躺在路旁的战士们打招呼："怎么样？同志们！昨晚走累了吧！"战士们睁开眼睛一看，是王政委，翻身就要站起来。王政委赶紧让大家躺着休息，并说："休息吧，走累了。同志们，不走不行呵！昨天我们是从敌人的缝里钻出来的，不走就可能全军覆没哩！"排长恍然大悟似的说："哦？怪不得昨天没在'相机'宿营，大概是'相机'也有敌人吧？"王政委哈哈大笑起来："哪有个地方叫'相机'哟！"排长糊涂了："连长明明说昨天要在'相机'宿营嘛！怎么搞的？"接着他又若有所悟地站起来问道："大概是为了迷惑敌人吧？"

王政委笑着拍拍排长的肩膀说道："冬冬呵，要好好学习呀！'相机'本来就不是地名，'相机宿营'的意思，就是看情况决定宿营地点，你上哪儿会找到'相机镇'或'相机城'呢？"想起昨天沿途打听"相机"的情景，大家都笑得喘不过气来。从此以后，只要一听说今天"相机宿营"，战士们就很自然地会想到情况严重了，敌人可能就在山那边，于是，百倍警惕起来，脚步也就加快了。①

这种不懂"相机"的没文化现象，在指战员中并非个例。为了提高文化和思想，除了办红军学校，部队行军时，经常背着纸板，上面写着字，后面的战士看前面战士的纸板，一路行军，一路认字。红军总参谋长刘伯承每次行军前在"小鬼"的手心写上几个字，告知怎么读、什么意思，到宿营地，"小鬼"要念对，并把意思复述出来。

全面抗战爆发，八路军陆续东渡黄河，开赴抗日前线，萧劲光则被任命为八路军后方总留守处主任。彭德怀启程赴山西时留给萧劲光一句话："劲光啊，守好延安这座大本营，担子可不轻哟。"刘伯承率一二九师出征前也拉着萧劲光的手交代道："萧主任，我们走后，陕甘宁根据地的安全就靠你们咯。"主力将帅们临行前的叮咛，令萧劲光深感责任重大。

留守兵团的文化程度怎样呢？萧劲光回忆说：干部战士的文化水平普遍较低，不能看书读报者极为普遍，营连干部不识字者占百分之五十，指导员不能讲政治课的也为数不少。兵团政治部提出学习文化的具体要求，干部识字要在 2000 以上，能读报、看文件、写简单的书面报告；战士识字在 500 字以上，能写简单的信，能写墙报稿。经过几年的学习，实际上都远远超过了这个标准。当时干部、战士学文化的热情特别高。窑洞内外的墙上都挂着识字牌，还学习"新文字母"。纸笔缺乏，就用树技、木条代替笔在地上写，没有纸就用桦树皮代替纸。耿飙告诉萧劲光，他的文化水平本来不高，在驻守陇东期间，留了个到延安来的大学生在身边工作，每天教他学习文化。几年下来，自学了高中的数理化，读了不少书，很有提高。

毛泽东十分关注这支红色部队的建设，他把关注的焦点放在萧劲光身上。"劲光啊，有了问题并不可怕。发现问题的目的就是为了解决问题。怎么解决呢？我看，还是按照《古田会议决议》的精神去做，加强思想政治工作，加强团结，把这支来自各方面的比较散乱的部队建成一支具有很强战斗力、打不烂拖不垮的正规兵团。"毛泽东还要求萧劲光每天晚上到他这里，谈谈部队情况、汇报工作。那一段时间，萧劲光有空就往部队跑，一会儿找各部队的领导交谈，一会儿和战士们围在一起聊天，之后把自己关在屋里分析问题，再按时向毛泽东汇报工作。

遵照毛主席指示，萧劲光对部队的教育方式方法贯彻了四个基本原则：

一是少而精，不贪多。不论课堂、野外、操场，各种课目都抓住重点进行教学。

二是多做少讲。一切战术动作，都尽量避免在课堂内纸上谈兵，多在野外实际地形下，出具体情况，且做且讲。

三是理论与实际密切联系，反对抽象空洞的讲解，多打恰当的比喻，用图表、沙盘做形象教学，反对教者故弄玄虚，故作深奥，把原则讲成僵死的教条。

四是课内教育与课外教育相结合。在课外，利用俱乐部活动，组织演讲会，问答晚会，猜谜、揭晓、读报等活动，将教育训练的内容生动活泼地贯穿进去。

教育训练也注意与学习、生产结合起来。有的部队在行军中，不但能利用大小休息进行教育，而且在行军中，干部插入队里，提出简单明了的问题，战士边走边想，边做答案，干部且走且听，且做扼要总结。有的部队在河防土工作业中，一边做工事，一边读报学习。有的部队在生产打柴中，干部随手指一目标互相测量距离，识别地形。有时假设一简单情况，演习运动跃进。这种理论联系实际的训练方法，使指战员们的实际战术技术水平提高很快。②

留守兵团，这支原本散乱的队伍，文化水平低，作战水平低，能否担当起留守八路军后方的重任，让人捏了一把汗。八年抗战，留守兵团成长为一支保卫陕甘宁边区的红色劲旅，为前线输送了2000多名干部战士，为部队正规化建设作出了贡献。教育界有个说法，衡量学校的教学水平，不仅要看第一批招生的学校，更要看第三批招生的学校。能将基础薄弱的指战员培养出来，得益于毛泽东的指导和《古田会议决议》精神的引领，得益于萧劲光提炼出来的"四项基本原则"，这些原则和方法即使用于当今的实践，也是非常有效的。

对干部教育包括文化教有，罗荣桓一贯非常重视。早在 1940 年 3 月 24 日，罗荣桓在《关于巩固、严密及审查部队党组织的指示》中便指出："提高文化水准须认为是提高政治水准的重要手段，不能识字要识字，不能阅读要阅读，不能书写要书写，不能作文要作文。因此，提高文化水准不仅限于在一般党员中……还应包括高上级干部，须按各人现有程度提高。"

罗荣桓签发这份文件以前，专门对师直部分干部的文化水准作了了解。当他得知教导大队长李梓斌在文件上签名将"斌"写错了时，便派人将李请到师部，和蔼地问道："你读过书没有？"李回答："我是平江山沟里的放牛娃出身。小时候听说附近庙里有个教书先生，可学堂的门朝哪儿开我还不晓得呢。"罗荣桓被他逗得笑了起来："啊呀，我还不晓得呢，你后来是怎么识字的？"李："我是当了连长开始学的。以前当班、排长的时候，连钟表也不认识，搞不清几点钟，夜里换岗都是点根香，以香为准，一刮风，那岗就换得快了。当连长后，上级来了通知，我连'通知'这两个字也不认识，就让文书给我念，念完后，通信员叫我在通知上画个'知'字。我不会画，文书就教给我。因此，我头一个会认的字就是这个'知'字，以后再一个一个地学。"

罗荣桓颇有兴致地听他讲完，然后问道："听说你签名有时还要文书代笔，是吗？""是的。""连自己的名字都不会写，那怎么行呢？"罗荣桓皱起了眉头。李梓斌辩解道："现在我有图章了。到时候，盖个章就行了，不用签名。""唉，"罗荣桓摇了摇头，"老粗太粗了也不行啊！你识多少字啊？""我也不晓得。不过，一般文件都能看下来，可字潦草了不行。陈光代师长的签名一笔一画写得认真，我能认得。不过，有的字笔画多，就秀才认半边，念白字是常有的事。"

罗荣桓语重心长地说："偶尔念个把白字，也在所难免，但多了就不好了。教导大队好比是一所学校，你这个大队长就好比是校长，你都当了校长了，不提高文化水准不行，字不但要会念，还要会讲、会写、会用。"李梓斌问道："那我应该怎么学呢？"用到什么，你就可以学什么，慢慢地积少成多。比如唱歌：游击战，敌后方，坚持反'扫荡'……你不仅要会唱，而且要会讲、会写、会用。"

罗荣桓招呼李梓斌坐到自己跟前，拿起了一支铅笔边写边说："比如这个'游'，就是游来游去，活动的意思。罗荣桓在逐字讲解了歌词后，问道："你回去打算怎么办啦？"李梓斌激动地表示："我回去一定好好学习。"他回去后，买了纸墨、笔、砚，装进自己缝制的布袋，走到哪里，写到哪里，有时反"扫荡"上了山，就用大石头当桌子，坚持练习。几个月后，他的文化水平提高得很快，他的作业在"八一"军政大检阅时被展览出来，得到领导和群众的赞扬。

1941 年 7 月，中央军委政治部印发的第三号《宣教通报》介绍了第一一五师干部教育的成果。通报说：

> 一一五师半年来干部教育，在政策教育和文化教育方面收到了比较显著之成绩，主要表现在一般干部都知道对根据地的工作应作长期打算，表现在违反政策以及各种不良倾向的减少，有个别干部受训前常犯错误，受训后则判若两人。文化教育的收获表现在工农干部文化程度的提高，有几个旅级干部过去识字很少，现在能自己起草电稿和写信……有几个团能做到全体干部作日记。有几个连队由于干部文化学习的推动与影响，使战士学习情绪提高，有的连全连 94 个战士能记日记。③

李梓斌这样的大队长，不识钟表、常念白字，靠文书念通知……这样的"家底"让人心酸。这不是他个人的错，幸运的是，他来到了人民军队这所大学校，更幸运的是，他遇到了特别擅长政治思想工作、特别擅长倾听他人心声、特别擅长鼓励培养部下的罗荣桓政委。在这样的领导面前，李梓斌可以和盘托出，没有任何包袱；可以鼓足信心，一字一字地攻克文化难关。

难能可贵的是，像李梓斌这样千千万万的指战员，在那么艰苦的条件下，坚持学，学懂了，也做到了！

国民党山东军政负责人王耀武曾坦率地对陈毅说："共产党方面肯读书。"是的，共产党和人民军队肯读书、爱学习。爱学习的军队成就爱学习的战士，爱学习的战士成就爱学习的军队，军队与战士、战士与军队，组织与个人、个人与组织，相互成就！

昨天不识字，没关系；

昨天不认表，没关系；

昨天不懂"相机"，没关系；

加入人民军队，这一切都可以成为昨天、成为过去！

输在起跑线没关系，关键是赢在终点线！

参考文献：

①左齐（时红6军团第17师49团连政治指导员）：《"相机宿营"》，《星火燎原》第2卷，解放军出版社2009年版，第282—283页。

②《萧劲光回忆录》，当代中国出版社2013年版，第135页。

③《罗荣桓传》编写组著：《罗荣桓传》，当代中国出版社2006年版，第149—150页。